LEXIQUE DE RONSARD

PARIS. TYP. DE E. PLON, NOURRIT ET Cie, RUE GARANCIÈRE, 8.

LEXIQUE DE RONSARD

PRÉCÉDÉ D'UNE

Étude sur son vocabulaire, son orthographe et sa syntaxe

PAR

L. MELLERIO

Ancien élève de l'École normale supérieure
Professeur agrégé au lycée Janson de Sailly

ET D'UNE PRÉFACE PAR M. PETIT DE JULLEVILLE

PARIS
LIBRAIRIE PLON
E. PLON, NOURRIT ET Cie, IMPRIMEURS-ÉDITEURS
Rue Garancière, 10
—
MDCCCXCV

PRÉFACE

Il faut remercier M. Mellerio du service qu'il rend à l'histoire de la langue et de la poésie française en publiant cette étude sur le style et le vocabulaire de Ronsard. Grâce à lui, nous allons pouvoir enfin juger sur pièces un procès qui est resté pendant depuis trois siècles.

C'est surtout en grammaire qu'un préjugé régnant est difficile à ébranler. Montaigne avait dit de son style : « Que le gascon y aille, si le français ne peut. » On l'a cru sur parole, et Victor Cousin, qui toutefois avait dû lire Montaigne, écrivait : « Le style de Montaigne, piquant mélange de gascon, etc. » Nous savons aujourd'hui combien il y a de mots gascons dans Montaigne. Sept. Il suffisait de les compter. C'est toujours là qu'il en faut venir; ou plutôt c'est par là qu'il faudrait commencer; mais on aime mieux disserter d'abord.

Boileau, qui probablement n'avait pas lu Ronsard, car on cessa de le lire juste à l'époque où Boileau apprenait ses lettres; Boileau ayant dit de Ronsard que *sa muse en français parlait grec et latin*, tout le monde l'a cru et l'a répété. Cependant Ronsard lui-même semblait avoir pris soin de mettre en garde la postérité contre cette injuste sentence. Il disait dans son *Art poétique*, dans les deux *Préfaces* de la *Franciade* : « C'est un crime de lèse-majesté d'abandonner le langage de son pays, vivant et florissant, pour aller déterrer je ne sais quelle cendre des Anciens... Tu ne rejetteras point les vieux mots de nos romans... C'est sottise de tirer des Romains une infinité de vocables, vu qu'il y en avait d'aussi bons dans notre propre langue. » De telles déclarations ne conviennent guère à un auteur qui parlait *grec et latin en français*. Mais Boileau s'est trompé, peut-être. Depuis trente ans déjà, on le soupçonnait d'erreur ; pour l'en convaincre aujourd'hui, M. Mellerio nous apporte un *lexique* de Ronsard.

Les résultats de son enquête sont ici très clairement exposés ; s'ils ne justifient pas tout à fait l'opinion de ceux qui, par une réaction naturelle, allaient jusqu'à dire qu'il n'y a ni grec ni latin dans Ronsard, ils abrogent définitivement l'arrêt de Boileau, vraiment injuste et excessif. Mettons à part les noms propres ; les adjectifs tirés des noms propres ; les termes techniques, employés comme tels, sans intention de les faire entrer dans le vocabulaire commun ; il reste dans Ronsard une douzaine de mots grecs ; le double de mots latins ; autant de vieux mots français ; quelques vocables italiens et espagnols, dont pas un seul, peut-être, n'a été introduit par lui; des termes de vénerie, nombreux pour désigner avec précision les choses de la vénerie; rares dans l'emploi métaphorique. Il a créé, par une dérivation facile, une trentaine de verbes; il a créé surtout des adjectifs (en *eux*, en *in*, en *art*); environ vingt-cinq de ces diminutifs qui plaisaient au goût de son temps; enfin une centaine de ces fameux adjectifs composés (tels que *porte-ciel, rase-terre, tue-lions*), faits de deux mots français, par un procédé bien français, mais dont il a un peu abusé, créant par ce moyen des adjectifs épithètes, tandis que la langue aime à les employer plutôt comme substantifs. Tels sont les éléments particuliers de la langue de Ronsard. Le reste est français, pur français de Paris et de son temps. Encore peut-on dire que parmi ces mots qui étonnent par leur figure insolite, plusieurs probablement n'appartiennent pas plus à Ronsard qu'à ses contemporains. On les trouve chez lui; une recherche attentive les ferait rencontrer ailleurs. Tout le monde sait qu'il est téméraire d'affirmer qu'un mot n'est qu'à un auteur.

Le lexique de M. Mellerio nous aidera, je l'espère, à faire rendre enfin justice à Ronsard, ce très grand poète, trop exalté, sans doute, par ses contemporains enthousiastes, qui l'ont mis d'abord au-dessus d'Homère, au-dessus de tout; mais ensuite indignement trahi, presque au lendemain de sa mort, par le plus extraordinaire des revirements d'opinion dont fasse mention l'histoire littéraire. Après trois siècles, il est vraiment temps que sa mémoire trouve enfin le repos dans la gloire mesurée qui lui est due. Il a eu quelques parties d'un poète de premier ordre; une magnifique imagination; un don très singulier de faire jaillir des choses, même les plus humbles, ce qu'elles renferment de poésie. Mais, quoi qu'en ait dit Boileau, ce qu'il y a eu de plus précieux chez lui et de plus étonnant, c'est sa langue, dont rien ne surpasse la richesse, la variété, la souplesse, la force, et quelquefois la précision. C'est bien lui qui a dénoué le rythme du vers français; et nos grands poètes classiques, Molière aussi bien que Corneille, et Racine autant que Boileau lui-même, sont, sans le savoir, ses disciples et ses héritiers. Sans doute, leur style est à eux; et, après Ronsard, ils ont, pour ainsi dire, remis le vers français à la forge; mais le métal dont ils l'ont forgé leur vient de Ronsard, à qui reste l'honneur d'avoir créé en français la langue poétique.

Petit de Julleville.

ÉTUDE SUR RONSARD

Ronsard est certainement le poète envers lequel longtemps la postérité s'est montrée le plus injuste. De 1550 à 1585 il jouit sur la littérature et la poésie d'une souveraineté absolue qui ne souffrit ni adversaires ni rivaux. Ses contemporains accueillirent avec un enthousiasme sans bornes ce poète si plein de l'antiquité dont ils étaient eux-mêmes si épris. Tout le seizième siècle subit son influence et vit en lui, selon l'expression d'un de ses panégyristes, le *Génie et l'oracle de la poésie française*. Et, pendant près de cinquante ans, le *Phœbus des Français*, l'*Apollon de la Source des Muses* exerça sur le goût de ses contemporains une autorité presque sans conteste. Il semblait qu'il n'y eût pas d'honneurs assez éclatants, de distinctions assez rares pour glorifier son génie.

Comblé de faveurs par les plus grands princes de son siècle, il recevait du Pape des félicitations publiques ; les poètes étrangers venaient lui demander des avis et soumettre leurs œuvres à son approbation (*Le Tasse*, par exemple, pour sa *Jérusalem délivrée*); ses poésies étaient lues publiquement et commentées dans les écoles de France, d'Angleterre, de Pologne et même d'Allemagne. Bien plus, cet enthousiasme pour notre poète donnait naissance au dicton : *Donner un soufflet à Ronsard*, exprimant métaphoriquement l'idée de « faire une faute contre la pureté du langage ».

On pourrait former un volume des éloges qu'il reçut de son vivant, des oraisons funèbres et des épitaphes qu'on lui consacra après sa mort.

Ronsard devait payer cher cette faveur extraordinaire et presque sans précédent : vingt-cinq ans après sa mort il était oublié. Sous Louis XIII il a encore quelques partisans attardés, quelques admirateurs enthousiastes : ce sont surtout des universitaires, des membres des parlements de province, enfin quelques gentilshommes campagnards, qui par suite de leurs études ou de leur tour d'esprit, de leurs fonctions ou de leur éloignement de la capitale, ou de leur répugnance à suivre la mode, étaient restés à l'écart du mouvement, et, ne voulant pas brûler ce qu'ils avaient longtemps adoré, se refusaient à humilier Ronsard devant Malherbe. C'est à la piété de ces partisans attardés du poète vendômois, que l'on doit attribuer ses deux éditions posthumes de 1609 (un volume in-folio) et de 1623 (deux volumes in-folio); elles furent comme une tentative de réaction contre la réaction antironsardiste de Malherbe.

Mais cette tentative échoua : car si la dernière moitié du seizième siècle procède de l'école de Ronsard et suit les théories poétiques de la Pléiade, les premières années du dix-septième siècle marquent le terme de cet engouement, et dès 1625 la nouvelle École poétique, l'École de Malherbe, s'est emparée du Parnasse français.

Dès lors, pour la majorité, Ronsard est bien

> Le poète orgueilleux, trébuché de si haut,

dont parle Boileau. Il a attaché son nom à une entreprise hardie, il est vrai, mais couverte de ridicule, parce qu'elle n'a pas été comprise, et pour laquelle on a inventé les mots *Ronsardiser*, *Ronsardisme* et *Ronsardiste*.

Pourquoi cette réaction s'est-elle faite ? On l'a attribuée à Malherbe ; c'est un tort. Malherbe ne l'a pas faite ; il l'a plutôt enregistrée [1] ; il a été l'homme de la situation, sans pour cela l'avoir provoquée.

Quelles en furent alors les causes ? On peut, ce me semble, en signaler deux : la première, le besoin de réaction naturel aux hommes après un mouvement d'enthousiasme ; la seconde, les excès de certains disciples ou imitateurs maladroits de la Pléiade (du Bartas par exemple), qui, par recherche de l'originalité, n'hésitaient pas à violenter la langue et le génie français.

---

1. V. à ce sujet la thèse de M. F. Brunot sur Malherbe, et l'article de M. Brunetière (*Revue des Deux Mondes* du 15 décembre 1892).

Quoi qu'il en soit, du jour où Malherbe, dans un accès d'humeur, biffa vers par vers les œuvres du *Cygne vendômois*, Ronsard fut condamné à l'oubli au point que cent ans plus tard, en 1715, un écrivain pouvait dire : « Personne n'oserait se vanter de posséder un Ronsard, et encore moins de l'avoir lu. » (La Monnaye, *Menagiana*.)

Mais déjà dès le dix-septième siècle, on ne parle plus guère de lui que pour rappeler l'insuccès de sa tentative. Le poète que le cardinal du Perron appelait le « grand ornement des Muses et de la France » inspire à Boileau les vers injustes que l'on connaît : Ronsard, dit-il,

> Réglant tout, brouilla tout, fit un art à sa mode
> Et toutefois longtemps eut un heureux destin.
> Mais sa Muse, en *français parlant grec et latin*,
> Vit, dans l'âge suivant, par un retour grotesque,
> Tomber de ses grands mots le faste pédantesque.
> Ce poète orgueilleux, trébuché de si haut,
> Rendit plus retenus Desportes et Bertaut.
> (*Art poétique*, 124 et suiv.)

Quelques années après, François Gacon (1667-1725), poète satirique aujourd'hui oublié, qui, peut-être pas plus que Boileau, n'avait lu Ronsard, lui fait le même reproche à peu près dans les mêmes termes :

> Le célèbre Pierre Ronsard
> Avec tout le génie et l'art
> Qu'il faut pour faire un grand poète,
> Que si ses vers n'ont eu qu'un très faible destin,
> C'est qu'il a *très souvent besoin d'un interprète*,
> Et qu'il parle *français moins que grec et latin*.

Notre siècle a eu le mérite d'appeler de nouveau l'attention sur ce poète qu'on ne connaissait plus guère que de nom ou par le jugement de Boileau. Mais malgré la brillante et solide étude de Sainte-Beuve sur Ronsard, malgré les éditions de M. Blanchemain, de M. Becq de Fouquières, etc., malgré les travaux plus récents sur le seizième siècle, il semble que le jugement de Boileau soit resté sans appel. Pour ne citer qu'un exemple, le grand *Dictionnaire de Larousse,* imprimé en 1866, reproduit, en la développant, la sévère condamnation de Ronsard prononcée par Boileau. Après avoir cité le célèbre passage de Joachim du Bellay : « Là donques, Fran-
« çois, marchez courageusement vers cette
« superbe cité romaine, et des serves dé-
« pouilles d'elle, comme vous avez fait plus
« d'une fois, ornez vos temples et vos au-
« tels... Pillez-moi sans conscience les sacrés
« trésors de ce temple delphique... » l'auteur du Dictionnaire ajoute : « On sait si Ronsard,
« à qui Boileau plus tard reprochait d'avoir
« parlé grec et latin en français, suivit ces
« conseils qu'il avait donnés... Ses odes dites
« *pindariques,* d'une tournure laborieuse et sa-
« vante, divisées en *strophes, antistrophes* et
« *épodes,* à la mode grecque, *hérissées de néolo-
« gismes helléniques* et d'une enflure extraordi-
« naire, pèchent par la complication et l'obs-
« curité. »

En admettant même que ces assertions fussent vraies pour quelques odes pindariques (ce qui est encore fort contestable), elles seraient fausses pour la majeure partie des œuvres de Ronsard, par exemple les *Amours*, le *Bocage Royal*, les *Élégies*, les *Discours* et bien d'autres.

Il sera donc intéressant de voir, par la suite de cette étude, si Ronsard mérite vraiment ces reproches sous lesquels on l'accable, s'il a réellement *hérissé* ses poésies de *néologismes helléniques* ou de *mots latins*; mais il n'en faut pas moins constater que les écrits du poète vendômois sont encore sous le coup de ces injustes préventions; et ce qui peut contribuer à le prouver, c'est la persistance des mots *Ronsardisme*, *Ronsardiser* et *Ronsardiste*, dont les écrivains de notre siècle ont fait assez souvent usage.

On le voit, la condamnation prononcée contre lui semble être sans appel, malgré les efforts d'illustres avocats ; l'on peut tenter cependant, quoi qu'il en soit, d'établir d'une façon certaine et pour ainsi dire mathématique que Ronsard n'a jamais *en français* parlé *grec et latin* : ce que démontrera l'examen des théories de Ronsard, de son vocabulaire, de son orthographe et de sa syntaxe.

THÉORIES DE RONSARD

SUR LA LANGUE.

Et d'abord, quelle est l'origine de cette erreur? Elle semble avoir eu pour principe quelques dithyrambes écrits dans une langue barbare en effet, que l'on a longtemps attribués à Ronsard et qui ne sont pas de lui. On a souvent cité, pour s'en faire une arme contre lui, cette pièce récitée : *A la pompe du bouc de Jodelle* (1552), dont le refrain bizarre est :

> Iach, iach, Evoé,
> Evoé, iach, iach,

et où on lit des vers tels que ceux-ci, adressés au dieu Bacchus :

> O Cuisse-né, Archète, Hyménien,
> Bassare, Roy, Rustique, Eubolien,
> Nyctélien, Trigone, Solitère,
> Vengeur, Manic, Germe des Dieux et Père,
> Nomien, Double, Hospitalier,
> Beaucoup-forme, Premier, Dernier,
> Lenéan, Portesceptre, Grandime,
> Lysien, Baleur, Bonime,
> Nourri-vigne, Aime-pampre, Enfant,
> Gange te vit triomphant...
> (Éd. BLANCHEMIN, t. VI, 385.)

Claude Binet (*Vie de Ronsard*), qui, en sa qualité de contemporain, devait être bien informé, rapporte que ces dithyrambes sont de Bertrand Bergier de Montembeuf; c'est à tort qu'on les a rangés dans les œuvres du poète vendômois. On en a profité pour l'accuser d'avoir voulu asservir notre langue au grec et au latin, et, pour justifier cette assertion, on a faussé le sens de quelques-uns de ses vers.

Quand il s'écrie :

> Ah ! que je suis marry que la Muse françoise
> Ne peut dire ces mots comme fait la Grégeoise,
> Ocymore, Dispotme, Oligochronien...
> (*Tombeau de Marguerite de France*, t. VII, p. 178.)

ce n'est pas un regret qu'il exprime, à vrai dire : il constate l'impossibilité de parler grec en français. Il ne s'aveugle pas sur la valeur de ces mots, que l'on a si souvent cités pour le condamner ; dans l'édition de 1575 on lit cette note de Ronsard : « Ces mots « grecs seront trouvez fort nouveaux, mais « d'autant que nostre langue ne pouvoit ex- « primer ma conception, j'ay esté forcé d'en « user, qui signifient une vie de petite durée. »
(VII, p. 178.)

Mais, dit-on souvent, si l'on accuse Ronsard d'avoir en *français parlé grec et latin*, l'accusation peut paraître fondée, puisqu'elle repose sur un aveu fait par Ronsard lui-même :

> Les François qui mes vers liront,
> S'ils ne sont et Grecs et Romains,
> En lieu de ce livre ils n'auront
> Qu'un pesant faix entre les mains. (III, p. 252.)

Il suffit, pour s'entendre, de prendre au figuré ces vers qu'on a pris trop longtemps à la lettre. Loin d'avouer qu'il parle grec et latin en français, Ronsard, dans ces quatre vers, fait allusion, non pas à la langue qu'il parle et qui est parfaitement française, mais aux idées qui sont développées dans sa poésie, et encore plus aux faits qu'elle rappelle et aux allusions qu'elle renferme. Il déclare qu'on ne pourra comprendre ses vers que si l'on connaît à fond les littératures et la mythologie anciennes. Il écrit en français, mais il pense en grec et en latin ; et en cela, il est bien de son siècle.

On l'accuse d'avoir préféré les langues anciennes à la langue maternelle ; il faudrait plutôt lui savoir gré de son amour pour le français. C'est lui, ne l'oublions pas, qui, dans la préface de la *Franciade*, écrit contre les « latineurs et grécaniseurs » de son temps ces lignes pleines de sens :

« Je te conseille d'apprendre diligemment
« la langue grecque et latine, voire italienne
« et espagnole : puis, quand tu les sçauras
« parfaitement ; *te retirer en ton enseigne* comme
« un bon soldat, et *composer en ta langue mater-*
« *nelle*... Car c'est un *crime de lèze majesté*
« *d'abandonner le langage de son pays vivant et*
« *florissant* pour vouloir déterrer je ne scay
« quelle cendre des anciens... » (III, p. 35.)

Ainsi le chef de la révolution poétique au seizième siècle a combattu pour l'indépendance et l'intégrité de la langue maternelle, et comme le dit le manifeste de la Pléiade, pour sa *défense* et son *illustration*.

Il faut avouer cependant qu'il tenta de la modifier, et voulut créer pour la poésie une langue plus noble, plus riche, plus expressive que la prose. Mais loin d'emprunter exclusivement, comme on l'a dit à tort, des mots au grec et au latin, c'est surtout en puisant à ses sources nationales qu'il entend enrichir notre langue.

Il encourage le poëte à connaître les dialectes provinciaux, et à ne pas craindre d'y recourir pour compléter et enrichir son vocabulaire : « Je te conseille d'user indifféremment « de tous les dialectes... », dit-il dans la préface de sa *Franciade*; et, dans son *Art poétique*, il développe la même idée qu'il serait peut-être imprudent d'approuver sans réserves : « Tu sçauras *dextrement choisir et approprier* à « *ton œuvre les mots plus significatifs des dialectes* « *de nostre France*, quand mesmement tu n'en « auras point de si bons ny si propres en ta « nation ; et ne te faut soucier si les vocables « sont Gascons, Poictevins, Normans, Man- « ceaux, Lionnois, ou d'autres païs, pourveu « qu'ils soient bons et que proprement ils si- « gnifient ce que tu veux dire. »

Ces idées du maître, furent reprises par l'un de ses *adorateurs*[1], Vauquelin de la Fresnaye, qui, dans son *Art poétique*, s'exprime à peu près dans les mêmes termes :

> L'idiome Norman, l'Angevin, le Manceau,
> Le François, le Picard, le poli Tourangeau
> Apprens, comme les mots de tous ars mécaniques,
> Pour en orner après tes phrases poétiques...
> (Vauquelin de la Fresnaye, *Art poétique*,
> t. I, p. 12 et 13.)

Ronsard va plus loin encore. Comme plus

---

[1]. Le mot est de Vauquelin.

tard devaient le tenter Fénelon et La Bruyère, il veut faire revivre les mots expressifs du vieux français qui tombent ou déjà sont tombés en désuétude : « Tu ne rejetteras point « les vieux mots de nos romans, dit-il dans « son *Art poétique,* ains les choisiras avec « meure et prudente élection. » Si nous revenons à la préface de la *Franciade,* où Ronsard a exposé la plus grande partie de ses théories poétiques, nous trouvons encore ce passage significatif : « Je t'adverti de ne faire « conscience de *remettre en usage les antiques* « *vocables* et principalement ceux du *langage* « *wallon et picard,* lequel nous reste par tant « de siècles, *l'exemple naïf de la langue françoise,* « j'enten de celle qui eut cours après que la « latine n'eut plus d'usage en nostre Gaule, « et *choisir les mots les plus pregnans et significa-* « *tifs* non seulement dudit langage, mais de « toutes les provinces de France pour servir « à la poésie lors que tu en auras besoin... »

Ronsard recommandait encore (et après lui, Vauquelin de la Fresnaye reprit cette idée) l'emploi des *termes de métier, de vénerie, d'agriculture,* etc. : « Tu *praticqueras* bien souvent « les *artisans de tous mestiers,* comme de Ma- « rine, Venerie, Fauconnerie, et principale- « ment les artisans de feu, Orfèvres, Fon- « deurs, Mareschaux, Minerailliers ; et de là « tireras maintes belles et vives comparaisons « avecques les noms propres des mestiers pour « enrichir ton œuvre et le rendre plus agréa- « ble et plus parfait... »

(*Art poétique,* t. VII, p. 321.)

On le voit, la langue que Ronsard rêvait de créer pour la poésie était une langue artificielle de formation, mais française dans ses éléments. Loin d'être *latineur ou grécanizeur,* à cette époque où maint écrivain *despume la verbocination latiale*[1], Ronsard défendit toujours avec un soin jaloux l'intégrité de notre langue.

Et à ce propos, d'Aubigné raconte que Ronsard disait à ses disciples : « Mes enfants,
« deffendez votre mère de ceulx qui veulent
« faire servante une damoyselle de bonne
« maison. Il y a des vocables qui sont françois naturels, qui sentent le vieux, mais le
« libre françois comme *dougé, tenue, empour,*
« *dorne, bauger, bouger* et autres de telle sorte.
« Je vous recommande par testament que vous
« ne laissiez point perdre ces vieux termes,
« que vous les employiez et deffendiez hardi-
« ment contre des maraux qui ne tiennent pas
« élégant ce qui n'est point escorché du latin
« et de l'italien et qui aiment mieux dire
« *collauder, contemner, blasonner,* que *louer, mes-*
« *priser, blasmer :* tout cela est pour l'escholier
« limousin. Voilà les propres termes de Ronsard. » (*Tragiques :* avertissement.)

Ainsi non seulement il ne cherchait pas à parler grec et latin en français, mais encore il recommandait de ne point *écorcher le latin,*
« comme nos devanciers qui ont trop sottement
« tiré des Romains une infinité de vocables
« estrangers, veu qu'il y en avoit d'aussi bons
« dans nostre propre langue ».

---

1. Expression de Rabelais.

En effet, si l'on examine les quatre-vingt-dix ou cent mille vers que Ronsard a composés, on est frappé du petit nombre de mots étrangers qu'il a admis dans ses œuvres. La langue est presque toujours pure et puisée à la bonne source française.

Est-ce à dire que Ronsard se soit abstenu de toute innovation dans la langue? Non : il a créé quelques mots nouveaux, surtout des dérivés ou des composés ; et c'est en lui prêtant à tort des innovations dont il n'était pas coupable que ses contemporains et ses successeurs l'ont exposé aux critiques qui l'accablent depuis près de trois siècles.

Ronsard autorise la création de mots nouveaux : « Je te veulx bien encourager de « prendre la sage hardiesse d'inventer des « vocables nouveaux », dit-il, mais il ajoute aussitôt cette restriction qui atténue son audace et manifeste une fois de plus sa préoccupation constante de ne pas forcer le génie de notre langue : « pourveu qu'ils soient moulez et « façonnez sur un patron desjà receu du peu- « ple... » (*Franciade*, préface, t. III, p. 32.) Et il en donne la raison : « Il est fort difficile « d'escrire bien en notre langue, si elle n'est « enrichie autrement qu'elle n'est pour le pré- « sent de mots et de diverses manières de « parler... »

Quelquefois même il prêche d'exemple, et, pour faciliter la besogne aux auteurs qui, dit-il, « sçavent bien à quoy s'en tenir » sur la difficulté d'écrire en français, il leur conseille ce qu'il appelle le *provignement*, c'est-à-dire la formation de dérivés d'un usage commode, tirés de mots qui tombent en désuétude. « Si les vieux mots abolis par l'usage ont « laissé quelque rejetton, comme les branches « des arbres couppez se rajeunissent de nou- « veaux drageons, tu le pourras *provigner,* « amender et cultiver, afin qu'il se repeuple « de nouveau : exemple de *lobbe* qui est un « vieil mot françois qui signifie mocquerie et « raillerie. Tu pourras faire sur le nom le « verbe *lobber,* qui signifiera mocquer et gau- « dir, et mille autres de telle façon. » (*Art poétique.*)

Le malheur pour Ronsard est qu'il ne s'en tint pas là : il crut que l'on pouvait former en français des mots composés à la façon des Grecs et des Latins : ajoutons, pour sa décharge, qu'il les formait exclusivement d'éléments français, ce qu'on oublie généralement d'ajouter. « *Tu composeras,* dit-il, hardiment « *des mots à l'imitation des Grecs et Latins,* pour- « veu qu'ils soient gracieux et plaisans à l'au- « reille, et n'auras soucy de ce que le vulgaire « dira de toy... » (*Art poétique,* t. III, p. 335.)

Il est vrai de dire qu'il n'usa de la permission qu'avec mesure; mais il a suffi de quelques mots bizarres formés par lui pour lui assurer une réputation de barbarie qu'il ne méritait certes pas : c'est ce que prouve l'étude de son vocabulaire et de ses éléments constitutifs.

VOCABULAIRE DE RONSARD

Il faut distinguer dans le vocabulaire de Ronsard deux parties : l'une lui est commune avec ses contemporains, et tout travail d'ensemble sur la langue du seizième siècle peut en rendre compte ; l'autre est plus originale, elle est son œuvre, sa création propre : celle-ci seule nous intéresse.

Les études que Ronsard fit sous la direction du savant Daurat au collège de Coqueret eurent la plus grande influence sur le développement de son génie : on peut dire qu'il en est sorti tout entier. Ronsard, dit un de ses biographes, « demeurait sur ses livres jusqu'à deux ou trois heures du matin, et en se couchant, réveillait Baïf (ils habitaient la même chambre), qui se levait aussitôt et ne laissait pas refroidir la place ». Cette fièvre de travail, cet enthousiasme pour l'antiquité que la Renaissance inspirait à tous les esprits cultivés d'alors, et qui dévoraient notre poète, l'entraînaient, le jour, dans les bibliothèques publiques et privées. S'assimilant toutes les œuvres des anciens, il en tira la « substantifique moëlle » qu'elles contenaient ; il s'appropria ainsi bientôt leur langue, leurs idées, leur tour d'esprit même ; et dès qu'il entreprit d'écrire, il écrivit comme un ancien eût écrit. Les idées, les souvenirs de la Grèce et de Rome inondèrent sa poésie ; il y versa comme à plaisir les trésors d'une érudition peut-être indigeste ; et certaines pages de ses œuvres sont inintelligibles ou peu s'en faut, sans le secours d'un dictionnaire d'histoire ou de mythologie : les dieux, les héros des légendes viennent à tour de rôle défiler devant les yeux du lecteur et défier sa sagacité. Il n'y a pas un sentiment, pas une idée qui ne prenne comme d'elle-même, en ses écrits, la forme d'une fable ou d'une allégorie mythologique ; la forme même est souvent purement grecque.

La langue s'en ressent parfois, il est vrai ; mais les emprunts que Ronsard a faits au grec et au latin sont beaucoup plus rares qu'on n'a dit.

D'ailleurs, sans parler de tout son vocabulaire mythologique qui est le même (ou peu s'en faut) que le nôtre, les quelques mots nouveaux qu'il a tirés du grec et du latin peuvent être rangés en trois catégories. Ce sont :

1° Des noms propres ;

2° Des termes techniques qu'il a employés comme tels sans chercher à les franciser ;

3° Des mots (substantifs, adjectifs ou verbes), qui sont en très petit nombre et qui d'ailleurs *presque tous sont restés dans notre langue*.

Pour s'en assurer, il suffit d'entrer dans le détail et de décomposer pour ainsi dire le vocabulaire de Ronsard en ses principaux éléments constitutifs : l'on verra ainsi tour à tour ce qu'il doit au grec et au latin, à l'espagnol ou à l'italien, au vieux français ou aux dialectes provinciaux, aux métiers, et enfin à sa propre invention.

ÉLÉMENTS GRECS.

Nous ne parlerons plus du fameux vers

> Ocymore, Dispotme, Oligochronien ;

on a vu ce qu'il faut en penser.

Il serait à souhaiter que l'on pût de même décharger la mémoire de Ronsard des épithètes *Carpime, Evaste, Agnien, Manique, Lenéan, Nomian, Nyctelian, Evien,* et autres semblables, qui toutes ont besoin d'un commentaire et sembleraient (si ce n'étaient des qualificatifs mythologiques) justifier le reproche de Boileau.

Mais si nous citons le qualificatif *Phanète,* appliqué à Apollon, les noms de *Cronien,* donné à Neptune, de *Philien* et *Xénien,* à Jupiter, de *Pithon* ou *Python,* à la déesse de l'éloquence, et une vingtaine d'autres, dont on trouvera plus loin l'énumération[1], nous aurons épuisé la liste des noms mythologiques grecs que Ronsard emploie et qui sont tombés la plupart en desuétude : il ne faut pas oublier *Anangé,* employé par le poète pour désigner la déesse aveugle de la fatalité ('Ανάγκη).

On peut encore relever les quelques mots suivants qui ont la même origine et n'ont pas eu plus de succès : *Charite* (Χαρίς) (qui cepen-

---

1. Duliche, Eraton, Ménétie, Ariadne, Die, Lacëne, Pegasis, Semele, Eryce, Cleion et Cleio, Phtinopore, Triete, Bassar, Enyon.

dant tend à reprendre vie aujourd'hui), *Entéléchie, Pasithée, Népenthe, Pyralide, Lychnite, Sciamaches.*

Enfin les autres mots grecs que l'on peut signaler dans ses œuvres sont restés dans la langue avec le sens qu'il leur attribue. Ce sont : *idole, enthousiasme, métamorphose, phare, prognostique, sympathie,* et ce dernier seul est de son invention.

ÉLÉMENTS LATINS.

Les mots purement latins sont plus nombreux que les mots grecs dans le vocabulaire de Ronsard. Encore y en a-t-il fort peu qui lui soient particuliers. Beaucoup en effet appartiennent à la langue des quinzième et seizième siècles.

Quelques-uns remontent aux origines du français, comme *ancelle, ardre, arène, carme, coulpe, ire* (et ses dérivés *iré, ireux*), *occire, purger, querelle, tourbe,* et bien d'autres qu'il serait oiseux d'énumérer.

Un très petit nombre est de l'invention de Ronsard. Ce sont : *ariole, blandice, elargir (largiri), exercite* (cité par Palsgrave), *dace, manicles, partir (partiri), fame (fama), glix (glis.), mercerie (merces), moleste* (subst. dér. de *molestus*), *Orque (orcus), perennel (perennis), pronube (pronuba Juno), roter (eructare), semestre* (employé adjectivement), *subvertir (subvertere), vitupère* (subst. déjà cité par Palsgrave, repris par Ronsard). Ajoutons encore *aspérir, indole, macter, musser, tollir, vate* (*vates*); et nous aurons à peu près tous les mots de forme latine dont Ronsard ait fait particulièrement usage[1].

Il ne nous reste plus à signaler que quelques adjectifs en *eux tirés d'adjectifs latins en osus* (*oblivieux*, etc.), *ou formés sur ce patron* (*odoreux, présagieux*), et quelques autres adjectifs à terminaisons variées comme *facond, erratique, disert, alme, tusque*.

En somme, par l'examen attentif de ces listes de mots l'on peut déjà se faire une idée exacte de ce qu'a été, sur Ronsard au point de vue du vocabulaire, l'influence grecque et latine; et l'on sera forcément amené à conclure que, pour ce qui concerne le grec et le latin, l'accusation de Boileau ne repose sur aucun fondement sérieux.

Ronsard certes a employé un plus grand nombre de mots venus du grec et du latin; mais ceux-là faisaient partie du fonds commun à tout le seizième siècle, et ses contemporains en ont, comme lui, fait usage. Ceux qui viennent d'être signalés sont les seuls qu'il dut créer ou tenter de faire revivre; et si, à côté de quelques termes barbares et peu utiles, d'ailleurs en très petit nombre, il a su inventer et faire vivre quelques mots élégants de forme et répondant à un besoin, il serait injuste de lui en faire un crime : je n'en veux pour preuve que le joli mot de *sympathie* dont il est l'auteur.

Si maintenant nous poussons plus loin notre

---

1. Voir pour le sens de ces mots le Lexique.

examen, nous verrons combien peu Ronsard a subi les influences étrangères; et nous serons forcés d'avouer que sa préoccupation dominante, unique, a bien été toujours, non d'implanter en France une langue poétique hétérogène, mais d'en créer une exclusivement nationale, composée exclusivement (ou presque) d'éléments français.

ÉLÉMENTS ESPAGNOLS ET ITALIENS.

On sait l'influence que les événements politiques ont, au seizième siècle, donnée à l'Espagne et à l'Italie sur les affaires de la France, sur ses mœurs, et même sur sa langue.

Cependant le vocabulaire particulier de Ronsard ne comprend qu'un très petit nombre de mots empruntés à l'espagnol : ils sont au nombre de sept : *abricot, guiterre* (aujourd'hui guitare), *vasquine* (aujourd'hui basquine), *truchemant, parangon* et son dérivé *parangonner* : tous ces mots étaient employés avant lui ou se trouvent dans les œuvres de ses contemporains; le seul mot d'origine espagnole qui lui soit propre est le terme technique de *Riagas* (sorte de poison).

On le voit, l'influence espagnole sur Ronsard a été presque nulle; plus grande a été l'influence italienne, et en cela il n'a fait que suivre la mode : car les guerres du quinzième et du seizième siècle avec l'Italie, les alliances contractées par nos rois, avaient eu pour effet d'introduire dans notre langue une foule de mots italiens (termes de métier militaire, de cour, etc.).

Ainsi les mots suivants que Ronsard a employés comme ses contemporains : *brave, colonel, escrimer, morion, mousquette, pennache, quadrelle, scadron, soldat, artichaut, courtisan* et *courtiseur, madrigal, accort, baster, chiourme, garbe*.

Les emprunts personnels qu'il a faits à l'italien se réduisent à quatre : les deux verbes *dénerver* et *déveiner*, le participe *forussis* (italien *fuorusciti*, bannis) et le substantif *serée* (italien *sera*, soir).

D'accord avec Henri Estienne, Ronsard croyait à la *précellence* de sa langue maternelle sur le *langage françois italianisé*, et il n'eût pas désavoué cette déclaration de son contemporain : « Ces vocables estrangers doivent servir de passe-temps plustost que d'ornement ou enrichissement; et le langage de ceux qui en usent autrement doit estre déclaré, non pas françois, mais *gaste-françois*. »

EMPRUNTS AU VIEUX FRANÇAIS.

C'est en puisant à ses sources nationales qu'il entendait enrichir la langue, en remettant « en honneur les antiques vocables ». Il ne se contentait pas de donner les préceptes de cette restauration; il prêchait d'exemple, enchâssant dans ses poésies les vieux mots qu'il jugeait dignes de vivre; et l'on peut retrouver dans ses œuvres une trentaine de mots qu'il a repris au vieux français et qui depuis ont disparu.

Ce sont : les adjectifs *caut, coint*, le comparatif *greigneur*, la préposition *envis*, les verbes *avaller, chaloir, cuider, béer, douloir, souloir*, et les substantifs *arroy, déduit, guerdon, hoir, loz, ost* et *tançon*.

Il faut encore citer les mots suivants d'un usage moins général : *embler, hucher*, d'où *huchet, ribler, mire, brehaigne, faitif* et *mehaigne*. A ce dernier mot Ronsard a joint une note où éclate sa préoccupation constante : « Nos critiques, dit-il, se mocqueront de ce vieil mot françois; mais il *faut les laisser caqueter...* Je suis d'opinion que *nous devons retenir les vieux vocables significatifs*[1] jusques à tant que l'usage en aura forgé d'autres nouveaux en leur place... »

EMPRUNTS AUX DIALECTES DE LA FRANCE.

Pour déterminer les emprunts que Ronsard a faits aux dialectes du centre de la France,

---

1. Des six mots cités par d'Aubigné, Ronsard n'a employé que *dougé* (V. Lexique) et son dérivé *dougément*. *Dorne* est dans l'Aunis le nom du *tablier* (V. Littré). Quant aux autres, ils se rattachent : *bouger* (prov. *bolegar;* ital. *bulicare*) à *bouillir* (V. Scheler et Littré), *bauger* à *bauge* (V. Lexique), *empour* à *empérier* (empereur).

En l'absence de contexte, il est difficile de préciser le sens de *tenue*. Est-il pris dans une de ses rares acceptions : *tenue noble*, fief relevant d'un autre fief? ou avec le sens qu'il a dans le Berry? Il signifierait alors une portion de territoire d'une commune comprenant des propriétés de même nature (V. Littré).

il suffit de s'en rapporter à Henri Estienne
(*Préc. du lang. fr.*), aux notes que nous devons aux commentateurs de Ronsard ou à Ronsard lui-même : à l'aide de ces renseignements, grâce aussi aux thèses et ouvrages récents publiés sur les dialectes de la France, il est possible de relever dans les œuvres de notre poète sept mots empruntés aux patois tourangeau, blaisois et vendômois.

Ce sont : *astelles* (éclats de bois, aujourd'hui en Champagne et en Lorraine des *ételles*), *bers* (première forme de berceau, subsiste dans le dialecte blaisois), *crouillet* (loquet, subsiste à Blois sous la forme *courrouil* dont il est le diminutif *courrouillet,* abrégé en *crouillet*), *dougé* et *dougément* (termes de métier, V. Lexique), *harsoir* (corruption de *hier soir* dans le dialecte blaisois), *rabas* (revenant), enfin *besson* (jumeau), qui subsiste encore dans le patois du Berry.

TERMES DE VÉNERIE.

Après les mots empruntés aux patois provinciaux, les termes de vénerie et de fauconnerie jouent un rôle important dans le vocabulaire de Ronsard. Il suffit de citer un passage des vers d'Eurymédon et Callirhée (t. I, p. 255), pour voir qu'il en avait une connaissance approfondie : dans ces vers, qu'il a, comme à plaisir, bourrés de termes techniques, il fait le portrait d'un parfait chasseur :

> C'estoit un Meleagre au mestier de chasser :
> Il sçavoit par sus tout *laisser-courre* et *lancer,*

> Bien desmesler d'un cerf les ruses et la *feinte*,
> Le *bon temps*, le *vieil temps*, l'*essuy*, le *rembuscher*,
> Les *gaignages*, la *nuict*, le *lict* et le *coucher*,
> Et bien *prendre le droict* et bien *faire l'enceinte*;
> Et comme s'il fust né d'une nymphe des bois,
> Il jugeoit d'un *vieil cerf* à la *perche*, aux *espois*,
> A la *meule*, *andouillers* et à l'*embrunisseure*,
> A la *grosse perleure*, aux *goutières*, aux *cors*,
> Aux *dagues*, aux *broquars* bien nourris et bien forts,
> A la belle *empaumeure* et à la *couronneure*.
> Il sçavoit *for-huer* et *bien parler* aux chiens,
> *Faisoit* bien la *brisée*, et le premier des siens
> Cognoissoit bien le *pied*, la *sole* et les *alleures*,
> *Fumées*, *hardouers* et *frayoirs*, et sçavoit,
> Sans avoir veu le cerf, quelle *teste* il avoit,
> En voyant seulement ses *erres* et *fouleures*.

En joignant à ce fragment une pièce du *Bocage royal*, dédiée au roi Henri III et intitulée *Songe* (t. III, p. 288-293), et quelques termes de chasse disséminés dans ses différents écrits, on aurait à peu près la liste des termes les plus usités jadis dans la vénerie et qui le sont d'ailleurs encore aujourd'hui. Notons encore le verbe *siller* (l'orthographe étymologique serait *ciller*, dérivé de *cil*), comme emprunté à la fauconnerie : c'est proprement couvrir d'un chaperon la tête du faucon pour l'aveugler; mais Ronsard l'emploie toujours dans le sens figuré.

TERMES DE MÉTIER.

Quant aux termes de métier que l'on peut signaler dans les œuvres de Ronsard, ce sont des noms d'instruments : *besaiguë*, *havet*, *dolouère*, *sarcloère* (sarcloir), *maillet*, le mot *estaim*, pour désigner la laine cardée, et enfin un terme de marine, la *commande*, pour dénommer le câble ou la chaîne qui retient un bateau à quai.

MOTS NOUVEAUX FORMÉS PAR RONSARD.

Ronsard ne s'est pas contenté d'emprunter des mots tout faits aux langues anciennes ou aux dialectes provinciaux ; il en a créé aussi de nouveaux : ce sont surtout des *verbes* et des *adjectifs*.

Les premiers, il les forme de préférence avec le préfixe *en* qu'il fait suivre d'un verbe de la première conjugaison (ex. *emparfumer*).

Les autres sont, ou formés de mots racines (substantifs ou verbes) en ajoutant les suffixes *eux, in, ard, ier*, ou composés à la façon grecque de deux mots accouplés (ex. *chasse-soucy, serpens-pied*). Nous allons examiner tour à tour ces deux catégories de mots nouveaux.

Verbes. Les verbes composés par Ronsard sont presque tous de la première conjugaison, la seule vivante au reste, puisque, aujourd'hui encore, tout verbe qu'on crée lui appartient fatalement. Il faut signaler cependant quelques verbes composés appartenant à la seconde conjugaison : *enaigrir, s'enfiévrir, enfleurir, embrunir, s'emmaigrir, envieillir.* Ceux de la première sont, avons-nous dit, plus nombreux : *empaner* et *empenner, emparfumer, engemmer* et *emperler, empierrer* (pétrifier), *encharner, encorder* (jouer sur les cordes de la lyre), *endemener, eneauer, s'enfeuiller, enfieller, enfouer, englacer, enjoncher, enluminer* (éclairer), *enlustrer* (eclairer), *enmanner, ennouer, s'ennuer, enonder, enreter, enrocher, ensaffraner, enserrer, entomber*[1].

Enfin l'on aura la liste à peu près complète des verbes créés par Ronsard ou détournés de leur sens, si l'on ajoute à ceux-ci les suivants : *blondoyer, rousoyer, vanoyer, sourcer, montagner* et *planer, verdeler* et *printaner*.

Adjectifs. C'est surtout dans la création de nouveaux adjectifs que Ronsard a lâché la bride à sa fantaisie : il faut cependant remarquer qu'il les dérive la plupart du temps de mots français et qu'il les forme à l'aide des suffixes *eux, in, ard, al, er, is,* etc., qui tous remontent à l'origine même de notre langue.

A l'aide du suffixe *eux,* Ronsard a créé un assez grand nombre d'adjectifs dérivés, et il faut avouer qu'en général ses innovations ne sont guère heureuses.

Voici la liste de ces adjectifs :

Aigueux,
Arbreux,
Areneux,
Argenteux,
Crineux,
Despiteux,
Espouvanteux,
Fromenteux,
Germeux,
Gemmeux,
Glandeux,
Glueux,
Grateleux,
Haillonneux,
Impiteux,
Larmeux,
Miauleux,
Myrteux,
Nectareux,
Nouailleux,
Oblivieux et oublivieux,
Odoreux,
Ondeux,
Perleux,

---

1. V. Lexique pour tous ces mots.

Peupleux,
Pieteux,
Pluyeux,
Poisseux (couleur de la poix),
Pommeux,
Présagieux,

Rameux,
Saigneux,
Sueux,
Tétineux,
Ventueux et venteux,
Ventreux.

Les adjectifs en *in*, aussi nombreux et plus estimés peut-être de Ronsard et de ses contemporains, nous paraissent presque tous bizarres, et donnent en général aux vers une apparence d'affectation sentimentale qu'il est difficile de goûter aujourd'hui. Ce sont :

Achillin,
Adonin,
Aimantin et adamantin,
Albastrin,
Ambrosin,
Bouquin,
Chiennin,
Colombin,
Cyprin,
Géantin,
Hélénin,
Herculin,
Ivoirin et yvoirin,
Marbrin,
Mariandin,

Méandrin,
Medusin,
Mercurin,
Mitouin,
Musin,
Myrtin,
Orin,
Pegasin,
Poupelin,
Pourprin,
Rosin,
Sauvagin,
Titanin,
Tourterin.

Les adjectifs en *ard* ou *art* sont beaucoup moins nombreux : on en peut compter environ une dizaine :

Frétillard,
Jazard,
Mangeard,
Raillard,

Rosart,
Rouhard,
Sommeillard,
Songeard.

Ajoutons-y *pillard*, qui subsiste comme subtantif, et *braguard*, devenu trivial.

Il faudrait encore citer :

1° Quelques adjectifs en *al*, comme *étéal*, *nuital*, *nymphal*, etc.

2° Quelques autres en *ier*, comme *bletier*, *bocager*, *ramager*, *escumier*.

3° Quelques-uns terminés en *is* : *tortis*, *traitis*.

Enfin notons l'adjectif *Muncerien* (de Münster), et *Albion*, employé comme qualificatif : les *Albionnes arènes* (II, p. 300).

DIMINUTIFS.

Les diminutifs étaient fort en honneur au seizième siècle. Dans sa Précellence du langage françois, H. Estienne est fier de pouvoir prouver, même sur ce point, la supériorité du français sur l'italien : « Estant chose asseurée « et notoire que les mots qu'on appelle dimi- « nutifs tiennent le premier lieu en mignar- « dises, je prie les Italiens ne trouver mauvais « si je dis que nous en avons meilleure provi- « sion qu'eux... » (H. Estienne, *Précellence du langage françois*, p. 95, éd. Feugère), ce qu'il prouve aussitôt en citant une foule de diminutifs employés par Remy Belleau. Belleau, en effet, les a prodigués jusqu'à la satiété.

Sans en avoir fait un usage immodéré, Ronsard a suivi sur ce point le goût de son époque : on pourrait citer comme un des modèles du genre les vers qu'il adresse à son âme (VII, p. 315), imitation des fameux vers d'Adrien : *Animula blandula...*

> *Amelette Ronsardelette,*
> *Mignonnette, doucelette,*
> Très-chère hostesse de mon corps,
> Tu descends là-bas *foiblelette,*
> Pasle, *maigrelette, seulette,*
> Dans le froid royaume des morts.

En plus de ceux-ci, les diminutifs que Ronsard emploie le plus volontiers sont les suivants, dont fort peu d'ailleurs sont des néologismes :

Argentelet,	Mignardelet,
Blanchet,	Mollet,
Blondelet,	Mousselet,
Brunet et brunelet,	Noiret,
Camuset,	Paillardelet,
Doucet et doucelet,	Pourperet,
Grasset,	Rouget,
Greslet,	Tendret et tendrelet,
Jeunet,	Verdelet,
Jumelet,	Vermeillet.

A cette liste d'adjectifs il faut ajouter les diminutifs des noms, ex. : *archet* et *archelet* (petit arc), *archerot* (le petit archer : l'Amour), et les verbes *sauteler, voleter, trembloter, pinçoter,* qui sont en réalité des diminutifs des verbes *sauter, voler, trembler, pincer.* (H. Estienne, *Préc.*, éd. Feugère, p. 101.)

Jusqu'ici les innovations de Ronsard ne sont pas bien nombreuses : il n'en est pas de même des adjectifs composés.

ADJECTIFS COMPOSÉS.

Pour créer ses adjectifs, *composés à la façon des Grecs,* il a recours à trois procédés différents.

Il les forme :

1° En accouplant deux substantifs unis ou non par un trait d'union — ou deux adjectifs — ou un substantif et un adjectif ;

2° En accouplant un adverbe et un adjectif ou un participe pris adjectivement ;

3° En accouplant un verbe à un mode personnel avec un substantif, ou un adjectif ou plus rarement un adverbe.

Premier procédé. — Le premier de ces procédés est moins que le troisième conforme au génie de la langue française : c'est aussi celui que Ronsard a le moins souvent employé : il n'y a guère dans ses œuvres qu'une vingtaine d'adjectifs composés de cette façon : dans les uns la fusion s'est faite entre les deux parties du mot ; dans les autres, à défaut de fusion, la composition est marquée soit par le trait d'union, soit par la préposition *de.* Ce sont :

Claire-voix,
Chèvre-pied et pied-de-chèvre,
Cuisse-né,
Dosailé,
Doux-amer,
Doux-fier et fier-doux,
Fils-de-pluye,
Fils-d'œuf,
Front-cornu,
Humble-fier et fier-humble,
Homme-femme,
Pallevermeil,
Piedvite et vistepied,
Sage-preux,
Serpenspied,
Souple-jarret,
Verdgay.

Deuxième procédé. — Ronsard a formé une cinquantaine d'adjectifs composés à l'aide d'un adverbe et d'un adjectif ou d'un participe employé adjectivement ; on pourrait dire qu'en réalité ce ne sont pas là des mots composés : car on peut toujours placer un adverbe de manière devant un adjectif pour en modifier le sens ; la juxtaposition devient fusion ou non ; ce n'est qu'une question d'orthographe. Mais ce qui prouve que Ronsard avait bien l'idée de créer de cette façon des mots composés, c'est le soin qu'il prend régulièrement d'unir par un trait d'union les deux parties des mots ainsi formés.

Les adverbes qu'il emploie de préférence sont *bien* et *mal*. C'est ainsi qu'il crée :

Bien-disant,
Bien-flairant,
Bien-appris et mal-appris,
Bien-peigné,
Bien-né,
Bien-tournant,
Bien-volant,
Bien-aisé,
Bien-ouvré,
Bien-accomply,
Bien-uni,
Bien-tourné,
Bien-habile,
Bien-germeux,

Bien-parlant,
Bien-chéri,
Mal-plaisant,
Mal-pudique,
Mal-rongné,
Mal-caut,
Mal-accoustré,
Mal-basty,
Mal-paré,
Mal-agencé,
Mal-façonné,
Mal-rassis,
Mal-tourné.

Il y en a encore quelques-uns composés avec la négation *non*, suivie d'un adjectif :

Nompareil,
Non-ocieux,

Non-oisif,
Non-dit.

D'autres enfin formés avec *demy, haut, aigu, peu, tout, toujours,* et même avec *deux-fois* comme préfixes :

Aigu-tournoyant,	Haut-tonnant,
Demi-ceint,	Haut-célébrant,
Demy-fleury,	Haut-élevant,
Demy-grison,	Peusobre,
Demy-panché et my-penché,	Tout-oyant,
	Tout-voyant,
Deux-fois-né,	Toujoursverd.

Troisième procédé. — Le troisième mode de formation pour les adjectifs composés est celui qui est le plus dans le génie de la langue ; c'est aussi celui qui se rapproche le plus du procédé grec : il consiste à accoupler un verbe à un mode personnel (indicat. prés. 3ᵉ pers. du sing.) avec un substantif, un adjectif ou un adverbe. C'est d'après ce système de formation que se sont jadis constitués les mots *couvre-chef, garde-malade, garde-chasse,* etc., et bien d'autres encore usités aujourd'hui.

Ronsard en a créé un certain nombre qu'il emploie comme qualificatifs, comme *épithètes de nature* énonçant un trait caractéristique d'un être ou d'une chose. Remarquons encore que les éléments dont il forme ces adjectifs composés sont toujours des éléments français : ce sont tous des verbes de la première conjugaison comme *aimer, chasser, irriter, porter,* etc., tantôt suivis, tantôt précédés d'un substantif. Ex. : *porteciel* (Atlas), *irriter mer* (Aquilon), *ronge-poumon* (la toux), etc.

On ne peut noter qu'un exemple d'adjectif

composé d'un verbe et d'un adjectif : *grippe-tout*, et les deux adjectifs composés *marche-tard* et *tire-loin*, créés à l'aide d'un verbe et d'un adjectif employé adverbialement ou d'un adverbe.

Voici la liste de ces adjectifs composés :

Aime-ris,
Ayme-laine,
Aime-fil,
Aime-estaim,
Ayme-rochers,
Ayme-bois,
Ayme-bal,
Ayme-son,
Brise-tombe,
Chasse-nue,
Couvre-cerveau,
Domte-poullain,
Donne-blé,
Donne-vin,
Donne-vie,
Embrasse-terre,
Esbranle-rocher,
Guide-dance,
Grippe-tout,
Irrite-mer,
Jour-apporte,
Mange-sujet,
Marche-tard,
Oste-soif,
Oste-soin,
Porteciel,
Porte-epy,
Porte-flame,
Porte-brandon,
Porte-proye,
Porte-laine,
Porte-maisons,
Porte-couronnes,
Porte-lance,
Porte-fléau,
Pousse-terre,
Rase-terre,
Ronge-pampre,
Ronge-poumon,
Songe-creux,
Tire-loin,
Tu-géans,
Tue-lyon,
Trouble-cerveau.

Cette dernière forme de composition est éminemment française. La vieille langue s'en servait pour créer des noms propres et des noms communs, dont on retrouve de nombreux exemples dans les chansons de gestes, les fabliaux, et plus tard dans les œuvres de Villon, de Rabelais et de leurs contemporains.

L'innovation de Ronsard fut de créer d'après ce procédé des adjectifs épithètes : ainsi le vieux français avait le substantif : *couvre-chef*. Ronsard en fit l'épithète *couvre-cerveau*. Ex. : la toge *couvre-cerveau*.

On sait maintenant ce qu'est le vocabulaire de Ronsard et quel rôle secondaire y jouent, quoi qu'on en ait dit, les influences gréco-latines et étrangères : il nous reste à conclure.

Auparavant, il n'est peut-être pas sans intérêt de rappeler une appréciation que porte sur notre poète une des plus renommées parmi les histoires de la littérature française : « Venu après Rabelais et Calvin, il n'apprit « pas d'eux à tirer son langage non de sa « mémoire, mais de son cœur et de sa raison. « De là cet *amalgame de langues savantes et de « patois provinciaux*, bariolé d'italien, de grec « et de latin, de mots savants et de mots de « boutique; vrai pêle-mêle d'audace et d'im- « puissance, d'inexpérience et de raffinement, « de paresse et de labeur, qui a donné à Ron- « sard une sorte d'immortalité ridicule... C'est « à bâtir ce monstrueux édifice qui devait « crouler après lui, que Ronsard passa une « assez longue vie..., qualifié de prodige de « la nature et de miroir de l'art... ; pour com- « ble de fortune mourant avant que Malherbe, « qui avait alors trente ans, s'avisât d'être « poète... » Par malheur pour M. Nisard, si ses antithèses sont bien pondérées, son affirmation est loin d'être exacte et conforme à la vérité.

Car non seulement Ronsard et son école

n'ont pas « parlé grec et latin en français »,
mais pour qui a sans parti pris étudié les
œuvres de la Pléiade, il est évident (et on l'a
démontré contre l'avis de Boileau... et de
M. Nisard) que la Pléiade a réagi contre la
tendance qui entraînait les écrivains du seizième siècle à abandonner la langue nationale
« pour déterrer je ne sçay quelle cendre des
anciens ». Son tort principal a été de ne voir
les idées et les sentiments modernes qu'à travers le voile de l'antiquité et de ne les exprimer qu'à la façon des Grecs et des Latins :
c'est ce qui explique l'insuccès de sa réforme.
Mais son but, ne l'oublions pas, c'était la
défense et l'illustration de la langue : cela ressort
clairement du manifeste de l'école rédigé par
Joachim du Bellay.

Si quelques-uns de ses amis se sont peu à
peu écartés de ce programme, Ronsard ne
peut en être responsable; car pour lui, il l'a
fidèlement accompli et a su s'affranchir de
semblables erreurs : c'est déjà évident pour la
forme de sa poésie : car s'il invente des mètres
qui depuis ont été repris avec succès par
l'école romantique, il n'a guère imité certains
poètes de la Pléiade qui cherchaient à modifier notre prosodie et à faire des *vers mesurés* à
la façon des Grecs et des Latins (Baïf par
exemple).

C'est encore plus évident maintenant pour
la langue même qu'il emploie : car l'on voit
ce qu'il faut penser de ce « monstrueux édifice » de langage « bariolé d'italien, de grec
et de latin » qu'on lui reprochait...

On ne peut nier que Ronsard ait créé des mots nouveaux (il s'en fait gloire), qu'il en ait même voulu créer un trop grand nombre; et l'on est forcé de reconnaître avec Fénelon, dont le jugement en somme est assez modéré et assez juste, que « Ronsard avait trop en-
« trepris tout à coup. Il avait forcé notre
« langue par des inversions trop hardies et
« trop obscures... Il y ajoutait trop de mots
« composés qui n'étaient point encore intro-
« duits dans le commerce de la nation... »

Passons condamnation sur les mots composés dont Ronsard a peut-être fait abus : mais n'oublions pas que ce sont là presque ses seules innovations, et rappelons-nous surtout que ces mots sont toujours formés d'après le génie de la langue et composés d'éléments français... Tout se réduit d'ailleurs à une question de chiffres : tout compte fait, et en comprenant dans ce total les mots composés, les noms propres et leurs dérivés, il n'y a guère dans l'œuvre de Ronsard que deux ou trois cents mots grecs ou latins (ou formés à l'instar des mots composés grecs), aujourd'hui disparus, dont la plupart étaient couramment employés de son temps et qu'il a disséminés dans plus de quatre-vingt mille vers. Si l'on voulait reprendre la piquante comparaison faite par M. A. Darmesteter (Thèse : *De la création actuelle des mots nouveaux,* p. 173), l'on verrait, non sans surprise peut-être, que Ronsard emploie moins d'expressions et de mots latins que nos classiques du dix-septième siècle en général et que Boileau en particulier, et qu'une page de Boileau, qui renferme *plus de mots de création savante,* est d'apparence plus latine et plus grecque qu'une page du poète condamné par lui.

Il est vrai que cette même page de Ronsard offrira peut-être plus de difficultés à l'interprétation ; mais ces difficultés, loin de tenir à son vocabulaire, proviendront surtout de deux causes : l'*orthographe* et la *syntaxe*.

ORTHOGRAPHE

Au seizième siècle, l'orthographe est très capricieuse, et l'absence de règles fixes, de principes immuables, permet de dire qu'elle n'existait pas. L'un des auteurs de la Pléiade, Joachim du Bellay, déclare que « parmi nous l'orthographie estoit aussi diverse qu'il y avoit de sortes d'escrivains ». (*Œuvres inédites*, in-8°, 1573, f. 44.) Chacun avait donc son orthographe particulière : bien plus, le même écrivain ne se faisait aucun scrupule de varier pour le même terme sa façon de l'écrire, et l'on trouvera, souvent dans la même page, le même mot écrit de plusieurs façons différentes. C'est ainsi, par exemple, que Rabelais orthographie indifféremment *huile, huyle, huille*, de même que chez Ronsard bouclier s'écrit aussi bien *boucler, bouclair*, que *bouclier*.

Déjà, dès cette époque, deux écoles contraires se trouvaient en présence : l'une qui ralliait alors la plupart des écrivains et des imprimeurs, et qui prônait l'orthographe étymologique; l'autre, n'ayant qu'un petit nombre d'adeptes, voulait que l'orthographe fût conforme à la prononciation. Les chefs de cette école furent Maigret, Pelletier, Ramus; mais leurs efforts échouèrent ; et ce qui contribua surtout à l'insuccès de leur réforme, c'est qu'ils étaient d'origine différente, l'un Lyonnais, l'autre Manceau, le dernier Parisien, et qu'ils ne purent se mettre d'accord sur le fondement même de leur théorie, sur la prononciation.

En principe, Ronsard est partisan des théories orthographiques de Maigret, et nul doute que, sans l'opposition de ses amis et peut-être sans une certaine prudence naturelle, il les eût appliquées exactement dans ses ouvrages.

Il dira bien au début de son *Advertissement au lecteur* (t. II, p. 14) : « J'avois délibéré, lecteur, de suivre en l'orthographe de mon livre la plus grand' part des raisons de Louys Maigret, homme de sain et parfait jugement qui a le premier osé dessiller les yeux pour voir l'abus de nostre escriture... »; mais « l'opiniastre avis des plus célèbres ignorans de son temps » l'en empêcha, et cette déclaration, présentée à l'état de plus-que-parfait, restera platonique ; car après avoir loué si expressément la tentative de Maigret, il terminera en nous annonçant qu'on ne trouve en ses écrits que « quelques marques de ses raisons ».

En réalité, Ronsard n'appartient à aucune école orthographique. Ainsi que l'a remarqué M. Becq de Fouquières (*Œuvres choisies de Ronsard*, préface), « comme tous les poètes de son temps, Ronsard en use fort librement avec l'orthographe ; il la modifie à chaque instant, parfois sans nécessité, écrivant un mot de trois ou quatre façons différentes, mais le plus souvent pour la mesure ou pour la rime, ajoutant ou rejetant des lettres, faisant permuter les unes avec les autres, modifiant les sons et ne faisant aucune distinction entre les nasales... »

C'est dans son *Abrégé de l'Art poétique* (t. VII, p. 317) et dans l'*Advertissement au lecteur*, mis en tête des *Odes* (t. II, p. 14), que Ronsard a résumé ses théories orthographiques ; et, à première vue, l'on peut remarquer qu'il se préoccupe peu de concilier ses principes avec ceux de Maigret, dont il se dit si fort partisan. S'il réclame en effet la suppression de l'*y* étymologique, sauf dans les noms grecs non encore francisés, des consonnes superflues comme le double *cc* dans *accorder* (qu'il écrit *acorder*), du *ph* qu'il remplace par *f* selon l'orthographe italienne, d'autre part, en nombre de cas, il adopte l'accent aigu et réclame la création de nouveaux signes pour *i* et *u* consonnes (*j* et *v*), pour *ll* mouillé, *gn* (*ñ* espagnol) et *ch*, ainsi que la restitution du *k* et du *z*, qu'il demande « de remettre en leur premier honneur ».

En outre, beaucoup d'exemples permettent de constater chez Ronsard la préoccupation de faire revivre certaines lettres que l'étymologie réclame et que l'usage avait dès lors supprimées. Il est vrai que cette préoccupation de l'étymologie ne lui est pas particulière : elle est commune aux écrivains de son siècle ; mais souvent Ronsard s'y astreint dans des cas où des contemporains se sont montrés plus indépendants. C'est ainsi qu'il écrit sans exception *debte* pour dette, *aureilles* pour oreilles.

Mais souvent aussi il arrive que, sous prétexte de rétablir l'orthographe étymologique,

Ronsard, comme ses contemporains d'ailleurs, a surchargé certains mots de lettres inutiles et parfois même de lettres qu'ils n'ont eu ou n'auraient dû avoir à aucun moment de leur existence.

Néanmoins, malgré cette libre fantaisie appliquée à l'orthographe, Ronsard est en somme assez modéré ; et tout compte fait, il se trouvera encore plus voisin de l'orthographe moderne que tels de ses contemporains, Robert Estienne par exemple ou Rabelais.

A l'occasion aussi, et cela assez souvent, il s'affranchit délibérément de ses scrupules : il semble même en ce cas faire effort pour s'éloigner le plus possible de l'orthographe étymologique, et pour en donner aux mots une qui soit, à son sens du moins, plus véritablement française, plus conforme au génie original de la langue : « Tu éviteras, dit-il, toute orthographie superflue et ne mettras aucunes lettres en tels mots si tu ne les profères : au moins tu en useras le plus sobrement que tu pourras en attendant meilleure réformation. » (*Art poétique*, t. VII, p. 334.) C'est l'orthographe *rationnelle* qu'il recommande ici en proposant d'orthographier *ecrire* et non *escripre*. Tantôt aussi il admet une sorte de compromis entre l'orthographe française et la latine ; c'est à cette fluctuation de ses principes qu'il faut attribuer les mots écrits comme *ny* pour *nid* (de *nidum*), *œle*, *aile* ou *œsle* pour *aile* (de *alam*).

Le respect de l'étymologie lui fera employer couramment *e* dans les mots comme *meur*, *seur* (mûr, sûr), d'où il a disparu aujourd'hui, remplacé par l'accent circonflexe, et dans les participes de la quatrième conjugaison. Ex. : *reçeu, repeu,* pour reçu, repu.

Par contre, la tendance opposée l'entraînera, ainsi que nombre de ses contemporains, à mettre dans les syllabes finales *y* à la place de *i.* Ex. : *icy, ny, sourcy, j'ay, j'entendray,* etc.

De même il redoublera volontiers certaines consonnes, en particulier *l* et *t,* pensant par là donner aux mots qu'il emploie plus de nombre et d'harmonie; et c'est ainsi qu'il écrira *parolle, fidelle, souhaitte, planette,* etc.

Parfois aussi, pour « faire sa rime plus sonoreuse ou parfaite » (*Advertissement au lecteur,* t. II, p. 17), Ronsard substitue une voyelle à une autre et change *e* en *a* ou *a* en *e.* C'est ainsi qu'il écrit indifféremment *empaner* et *empenner, parrein* et *marreine* pour *parrain, marraine, veincu, veinqueur, evidant, ardant,* etc. « Et si quelqu'un, dit-il, par curieuse opinion plutôt que par raison, se colere contre telle honteuse liberté, il doit apprendre qu'il est ignorant en sa langue, ne sentant point que *e* est fort voisin de la lettre *a,* voire tel que souvent, sans y penser, nous les confondons naturellement, comme en *vent...* » (*Advertissement au lecteur,* t. II, p. 17.) C'est une liberté concédée aux poètes, et si le lecteur ne se contente pas de ces raisons, « qu'il regarde, ajoute-t-il, la liberté des Grecs et des Latins, qui muent et changent, changent et remuent les lettres ainsi qu'il leur plaist, pour obéir au son ou à la forçante loi de leurs vers, comme κραδία pour καρδία, *olli* pour *illi...* » (T II, p. 17.)

Aussi n'hésite-t-il guère à modifier l'orthographe usuelle selon ses besoins, et à l'occasion il va jusqu'à transposer dans le corps des mots certaines lettres.

Dans les mots composés, Ronsard se préoccupe le plus souvent de rappeler distinctement les éléments de la composition ; pour éveiller l'attention, il n'oublie guère le signe sensible, trait d'union ou apostrophe. Ainsi il écrit *r'assembler, r'appeler, vray-semblable, humble-fier* et *fier-humble*, etc. ; rarement les deux mots sont entièrement fondus ensemble.

Mais ce qu'il y a certainement de plus curieux à noter, ce sont les façons différentes dont Ronsard écrit chaque nom propre ; là en effet il se permet à peu près toutes les libertés : on aura par exemple tantôt *Anchiloche*, tantôt *Archiloc* (Archiloque), *Herodes*, *Brenne* (Brennus), *Perse* (Persée), *Béart* (Béarn), *Rosne* (Rhône), *Chambour* (Chambord), *Lucresse* (Lucrèce), *Dele* (Délos), *Couligny* et *Colligny*, *Narssis* et *Narcisse*, *Neptun* et *Neptune*, *Valecluze* (Vaucluse), *Norouëgue* (Norvège). Il est juste de dire que généralement ces modifications orthographiques ne sont que des sacrifices faits à la mesure et surtout à la rime.

On sait là-dessus quelle était l'opinion de Ronsard. Il jugeait que, pour la rime, il était permis au poète d'ajouter selon le besoin ou de retrancher dans les mots certaines lettres, et il usa largement de cette liberté.

Dans son *Abrégé de l'Art poétique* (t. III, p. 328), on lit ceci : « Tu mettras

Contre Mezance Ené' branla sa picque.

« Autant en est-il des vocables terminez en *oue* et *ue*, comme *roue, joue, nue, venue*, et mille autres qui doivent recevoir syncope au milieu de ton vers. Si tu veux que ton poème soit ensemble doux et savoureux, pource tu mettras *rou', jou', nu'*, contre l'opinion de tous nos maistres qui n'ont de si près avisé à la perfection de ce mestier... » Puis, quelques lignes plus loin, pour les mots *fort, ort, accort, renart, art*, s'ils doivent rimer avec *or, char*, etc., il permet de supprimer « par licence la dernière lettre » *t* du mot *fort*, *d* du mot *fard*, etc., et de mettre « simplement *for* avec l'apostrophe *for'* » ; de même pour *far'*, s'il rime avec *char*.

Ronsard autorise encore la syncope de *come* (comme) en *com'*, de *donnera, sautera*, et autres formes analogues en *don'ra, saut'ra*.

« Tu pourras, dit-il ailleurs, à la mode des Grecs qui disent ὄυνομα pour ὄνομα, adjouter un *u* après un *o* pour *faire la ryme plus riche et plus sonante*, comme *troupe* pour *trope*, *Callioupe* pour *Calliope*... » (*Abrégé de l'Art poétique*, t. VII, p. 329.)

Mais par contre, si la rime le demande, il supprimera, sans le moindre scrupule, l'*u* après l'*o* et écrira aussi bien *trope* pour *troupe*, *espose* pour *espouse*.

Si la rime autorise bien des modifications dans l'orthographe des mots, la mesure du vers en autorise d'autres. Ainsi, comme nous l'avons vu plus haut, on peut syncoper *donnera, sautera, ruera*, en *don'ra, saut'ra, ru'ra*, etc. *Souverain, tourterelle*, deviennent *souv'rain, tour-*

t'relle. *Animoit* (imparf. indic. de animer) s'abrège en *a'moit*.

Les pronoms mêmes subissent des abréviations; pour les pronoms de la troisième personne *le*, *la*, cela n'a rien d'étonnant et est conforme à la règle; mais Ronsard va plus loin : car selon le besoin *elle* deviendra *ell'* ou *el'*. Ex. : « *Ell' s'arme.* »

Un des exemples les plus frappants de la liberté que Ronsard prend avec les mots est fourni par le verbe *avoir*. Ce verbe fréquemment employé dans notre langue, puisque, indépendamment de son sens propre, il sert d'auxiliaire à une foule d'autres verbes, peut dans certains cas être gênant pour la mesure du vers : que fait alors Ronsard? il l'abrège, et de l'interrogation *Avez-vous?* il fera par syncope « *A'vous?* » (T. I, p. 19.)

La mesure réclame-t-elle un mot de trois syllabes, alors que le vocabulaire ne lui fournit qu'un dissyllabe pour exprimer son idée, Ronsard ne sera pas plus embarrassé : ce mot, il le transformera en un trissyllabe en redoublant la syllabe initiale : ainsi *flottant* deviendra *flo-flotant*. (T. II, p. 348.)

Enfin il nous reste à signaler la plus importante peut-être, mais certainement la plus utile, des innovations orthographiques de notre poète : c'est d'ailleurs la seule qui lui ait survécu.

Préoccupé par-dessus tout de donner à ses vers un tour harmonieux, il avait été frappé de ce qu'offre de rude et de désagréable à l'oreille la rencontre du verbe dans ses formes terminées en *a, aura, aima, a, aimera,* et d'un des pronoms *il* ou *elle;* l'ancienne langue n'avait rien fait pour l'éviter, et jusqu'à lui l'on disait et l'on écrivait couramment : *aime-il, aime-elle* (ici l'élision faisait disparaître l'hiatus), *aima-il, aima-elle, a-il, a-elle.* Désireux de supprimer la cacophonie qui résulte de cet hiatus, Ronsard créa le *t* euphonique qui, intercalé entre les deux voyelles, en adoucit le son. Ex. : au lieu de *a-elle,* a-t-elle (t. I, p. 206, Var. et note 2); *aymera-t-il* et non *aymera-il,* modification heureuse qui a été conservée.

C'est Remi Belleau, dans ses *Commentaires* sur le second livre des Amours (1560 et 1567), qui attribue à Ronsard l'invention du *t* phonique. Peut-être y a-t-il quelque inexactitude dans cette assertion : car l'on trouve déjà dans Pathelin :

A'vous mal aus dens, Maistre Pierre?

Cet usage n'a-t-il pas plutôt commencé par le peuple, qui dut prononcer *aima-t-il* par analogie avec *finit-il, reçut-il,* puis *aime-t-il,* bien avant qu'on l'écrivît ? Ronsard n'aurait eu alors que le mérite de généraliser cet usage par l'exemple qu'il donna.

Tels son*t*, sauf erreur, les points les plus frappants et les plus caractéristiques de l'orthographe de Ronsard. Pour ce qui est de l'orthographe de son siècle, on n'a qu'à se reporter aux nombreux travaux faits sur l'orthographe et la prononciation au seizième siècle. (Ambr. F. Didot, A. Darmesteter, C. Thurot, etc.)

Nous n'avons enregistré ici que les particularités orthographiques propres à notre poète : encore ne faudrait-il pas croire qu'il soit constamment resté fidèle à ses principes. Il prend d'ailleurs soin de s'en excuser lui-même (*Advertissement au lecteur*, t. II, p. 17) : « Si tu m'accuses, dit-il, d'estre *trop insconstant* en l'orthographe de ce livre..., tu t'en dois colerer contre toy mesme, qui me fais estre ainsi, cherchant tous les moyens que je puis de servir aux oreilles du sçavant, et aussi pour accoustumer le vulgaire à ne regimber contre l'éguillon *lors qu'on le piquera plus rudement, monstrant par cette inconstance que, si j'estois reçeu en toutes les saines opinions de l'orthographe, tu ne trouverois en mon livre presque une seule forme de l'escriture que sans raison tu admires tant*, t'assurant qu'à la seconde impression je ne feray si grand tort à ma langue que de laisser estrangler une telle vérité sous couleur de vain abus... » C'est bien ainsi que devait s'exprimer un partisan des « doctes opinions » de Maigret : pour ne pas effaroucher les partisans des usages reçus, pour accoutumer peu à peu le lecteur aux modifications profondes que préconisait Maigret, il devait lui présenter cette inconstance même dont il s'accuse comme la conséquence des idées préconçues du public. Il était encore dans son rôle en lui annonçant des changements plus grands encore dans ses éditions subséquentes. Mais, comme bien des novateurs, Ronsard montra plus d'audace que de persévérance, et l'examen de ses œuvres prouve que sa ferveur se refroidit vite... La tentative de Maigret avait d'ailleurs bientôt avorté, combattue par Guillaume Des Autels que soutenait le public, et tuée par le ridicule.

Aussi voit-on le plus souvent la pratique de Ronsard en désaccord ou même en opposition avec sa théorie : il eut trop de prudence pour s'obstiner à défendre une cause perdue d'avance, et trop de fantaisie pour s'astreindre à des règles fixes : ou plutôt il n'eut de règle que son caprice ; et l'on peut, pour conclure cette étude sur son orthographe particulière, dire qu'il y eut en lui deux hommes : l'un prônant avec ardeur une méthode qu'il jugeait très digne d'illustrer la langue, l'autre trop éclairé et trop circonspect pour la pratiquer résolument.

SYNTAXE

C'est une opinion communément reçue qu'à toutes les époques de notre littérature nos meilleurs écrivains, et surtout les poètes, ont su s'affranchir des règles étroites de la grammaire, et l'on va répétant que par d'heureuses hardiesses de pensée et d'expression, par l'emploi de tours de phrase habilement choisis ou inventés, la plupart se sont créé, en quelque sorte, une syntaxe particulière. Mais ne confond-on point en pareil cas la syntaxe et le style ? Si l'on veut dire que chaque écrivain a sa manière, qui lui est propre, d'exposer ses idées et ses sentiments, rien n'est plus vrai, et, selon le mot de Buffon, « le style, c'est l'homme même » ; mais si l'on en veut conclure que chacun a sa grammaire particulière, rien ne sera plus contestable. Pour Ronsard, en particulier, ce serait absolument faux : car, à très peu de chose près, sa syntaxe est conforme à celle de ses contemporains ; et si parfois elle semble capricieuse et fantaisiste, il ne faut pas oublier qu'avec un poète de verve et de premier jet l'on ne doit point trop s'embarrasser de scrupules grammaticaux, et que, d'ailleurs, ces scrupules seraient d'autant moins justifiés que la syntaxe encore incertaine et hésitante au seizième siècle autorisait plus de licences qu'aujourd'hui.

Nous nous bornerons à signaler les particularités syntaxiques propres à Ronsard, en passant en revue tour à tour les différentes parties du discours.

ARTICLE.

Dans l'état actuel de la langue, l'article sert à déterminer tantôt des substantifs *concrets*, tantôt des substantifs *abstraits*.

Les substantifs concrets se subdivisent en *noms propres*, *noms communs* et *noms de matière*.

Les noms propres comprennent les *noms géographiques* (noms de pays, de fleuves, de montagnes, etc.) et les *noms de personnes*.

Avec les *noms géographiques*, l'ancienne langue supprimait l'article, habitude qui subsista durant la première moitié du seizième siècle.

Ronsard omet quelquefois l'article devant les *noms géographiques*, mais il préfère l'employer : c'est ainsi qu'on trouve dans ses œuvres :

SUPPRESSION DE L'ARTICLE.

Ceux qui habitent Niphate. (II, p. 195.)
Les gras rivages d'Euphrate. (II, p. 195.)
Ceux de Vendomois...
Ceux d'Anjou... (I, p. 230.)

EMPLOI DE L'ARTICLE.

Ton premier aisné François
Regira l'Europe sienne. (II, p. 194.)
Le Loir tard à la fuite. (II, p. 155.)
Pour commander seul à la France. (II, p. 23.)

Avec les noms propres de personnes on n'emploie pas l'article : mais souvent chez Ronsard les héros ou les dieux de la mythologie sont désignés par des surnoms, des adjectifs pris substantivement : en ce cas ces surnoms devraient être précédés toujours de l'article. Ex. :

> ... la harpe du Delien. (II, p. 75.)
> La contentieuse querelle
> De Minerve et du Cronien. (II, p. 75.)

Mais Ronsard le supprime aussi devant certains surnoms plus usités :

> Mais les soucis et les pleurs
> Sont sacrez à Cytherée. (II, p. 270.)

Avec les noms communs la suppression de l'article est plus rare : cependant on la constate dans les cas où l'usage pratique l'autorise encore.

1° Quand il équivaut à l'indéfini *quelconque* :

> Rocs, eaux, ne bois, ne logent point en eux
> Nymphe qui ait si follastres cheveux. (I, p. 25.)

2° Devant les substantifs attributs ou régimes pris dans un sens tout à fait indéfini. Ex. :

> Le style prosaïque est ennemi capital de l'éloquence poétique.
> Tu enrichiras ton poème par varietez prises de la nature.
> (Fr., préface.)
> Le peuple oisif, pour nouvelles apprendre,
> Droit en la place en foule se vint rendre. (III, p. 65.)
> Heureux, cent fois heureux, si le Destin
> N'eust emmuré d'un rempart aimantin
> Si chaste cœur dessous si belle face. (I, p. 4.)

Avec les noms *de matière*, Ronsard supprime aussi quelquefois l'article :

> Trefle et sain-foin leur donna pour pasture. (III, p. 68.)

Dans son *Art poétique*, Ronsard écrit : « Tu n'oublieras jamais les articles et tiendras pour tout certain que rien ne peut tant défigurer ton vers que les articles delaissez. » Cette déclaration ne l'empêche pas à l'occasion de supprimer l'article avec les noms abstraits, conformément à l'usage de l'ancienne langue :

> Nature ornant la dame… (I, p. 2.)
> Et toutefois, Ronsard, ils disoient vérité. (V, p. 190.)

Enfin l'on constate couramment au seizième siècle et par suite chez Ronsard l'absence de l'article défini avec les adjectifs indéfinis *même* et *tout* et de l'article indéfini avec *autre* et *tel*. Ex. :

> Incontinent par *toute* Chaonie
> Se respandit une tourbe infinie. (III, p. 61.)
> Ceux que tu vois d'un visage si blesme
> Couchez icy ont eu fortune *mesme*,
> De *mesme* ville, issus de *mesme* part. (III, p. 104.)
> Cherchons *autre* chemin. (V, p. 181.)
> Pource, Troyen, ne commets *telle* faute. (III, p. 242.)

SUBSTANTIF.

L'emploi des substantifs chez Ronsard donne lieu à deux sortes de remarques :
 1° Relativement à leur *genre*.
 2° Relativement à leur *fonction*.

GENRE.

Dans son *Esclaircissement de la langue française,* au début du seizième siècle, Palsgrave constate que six noms seulement sont du genre commun, c'est-à-dire tantôt masculins, tantôt féminins : *affaire, évangile, meurs, navire, val, gent.* A la fin du seizième siècle, le nombre en avait considérablement augmenté, et l'on en pouvait compter une cinquantaine environ : Ronsard n'en offre qu'un petit nombre. Voici les principaux : *abysme, age, erreur, espace, horreur, image, navire, œuvre, ombre, poison.* (V. Lexique.)

FONCTION.

Au point de vue de leur fonction, on notera la remarques suivante.

A l'exemple du grec et du latin, Ronsard emploie fréquemment le substantif d'une manière absolue, sans préposition, pour marquer une circonstance de temps, de lieu, de manière, etc. Ex. :

> Si est ce que la voix des plus braves poètes
> De peur fut enrouée, et le vent de leur sein
> Ne sortit pour enfler la trompette d'airain,
> Chacun *craignant sa vie* en saison si douteuse.

Encore ici peut-on admettre qu'il emploie le verbe *craindre* comme transitif : ailleurs l'exemple est plus probant et vraiment de tournure grecque :

> Là vénérable en une robe blanche,
> Et *couronné la teste* d'une branche,
> Divin Muret, tu nous liras Catulle. (VI, p. 176.)

ADJECTIF.

Pour les adjectifs, il y a à considérer leur *accord* avec le substantif et leur *place*.

Accord. — L'adjectif *grand* persiste sous sa forme ancienne pour le féminin *grand*. Ex. :

> Par les forests erre ceste grand bande. (III, p. 61.)
> ... de grands flames ardantes. (V, p. 197.)
> ... de grands cruches profondes. (V, p. 197.)

Les autres adjectifs se conforment à la règle actuellement existante ; mais dans certains cas Ronsard les fait accorder là où la langue moderne a supprimé l'accord. Ex. :

> En rechignant s'en est allée
> *Nuds* pieds et toute eschevelée. (II, p. 29.)

Dans d'autres cas, pour la rime, Ronsard fera accorder l'adjectif, employant une tournure grecque vicieuse en français. Ex. :

> ... vous jurastes vos yeux
> D'estre plutost que moi ce matin esveillée :
> Mais le dormir de l'aube, aux filles gracieux,
> Vous tient d'un doux sommeil encor les yeux *sillée*.

Les adjectifs terminés au féminin par une voyelle conservent cette voyelle dans la formation des adverbes en *ment*. Ex. : *vrayement, gayement, sanglantement*.

Aujourd'hui, tout adjectif (adj. indéf., article) qui modifie plusieurs substantifs doit être répété devant chacun d'eux : la syntaxe au seizième siècle laissait plus de liberté à l'écrivain : la répétition n'était pas obligatoire, et c'est ainsi que Ronsard a pu dire :

... le bon poète jette tousjours le fondement de son ouvrage sur *quelques* vieilles annales du temps passé ou renommée invétérée. (III, p. 23.)

... Discours de *l'*altération et changement des choses humaines. (VI, p. 125.)

La langue moderne exagérait la répétition de l'indéfini *quelques* dans le premier exemple et de l'article *le* dans le second.

Place. — Chez Ronsard, comme chez ses contemporains, la place de l'adjectif est à peu près la même que dans la poésie moderne. Mais quand l'adjectif est une *épithète de nature* ou qu'il énonce une qualité propre et essentielle d'un être ou d'une chose, il précède presque toujours le substantif. Ex. :

Le chœur des *Pierides* Muses. (II, p. 95.)
Tu tri'ras les plus vaillans
    Bataillans
De la *françoise* jeunesse. (II, p. 194.)
Les dons d'Apollon dont se vid embellie
Quand Pétrarque vivoit, *sa native* Italie.
(El., XXXIII, t. IV, p. 357.)

La langue moderne exige que deux adjectifs qualifiant un seul et même substantif soient unis par la conjonction *et* : au seizième siècle il n'en était pas de même, et Ronsard emploie couramment deux adjectifs pour qualifier un même nom.

Une diverse amoureuse langueur. (I, p. 86.)

Lex. Ronsard.

Pluriel. — La formation du pluriel dans les *noms* et les *adjectifs* n'offre rien de remarquable, si ce n'est que les noms en *é* et les participes passés forment leur pluriel en *ez* (v. ci-dessus Orthographe) : *prez, eveschez, preparez*.

Enfin les *adjectifs composés* sont souvent employés par Ronsard avec un complément : ce complément, s'il est adjectif, s'accorde avec la dernière partie du mot composé ; s'il est substantif, il en est complément déterminatif. Ex. :

> Saincte, qui fais une frayeur avoir
> Au cueur malin qui risque tes mystères,
> Ayme-rochers, ayme-*bois solitaires*,
>
> Mère, déesse, ayme-bal, *ayme-son*
> *De ces guerriers*. (III, p. 57.)

PRONOM.

Il y a quelques remarques à faire sur l'emploi des pronoms personnels, relatifs et indéfinis.

PRONOM PERSONNEL.

Ronsard omet fréquemment le pronom sujet quand il est suffisamment indiqué par le contexte. Ex. :

> Peuple troyen, dardanienne race,
> Ce jouvenceau qui par la populace
> Vit sans honneur, Astyanax nommé,
> Est fils d'Hector, que tant *avez* aimé. (III, p. 66.)

Sujet sous-entendu : *vous*.

> Mais j'esperoy que d'un masle courage
> *Iroit* un jour des Gaules surmonter
> Le peuple rude et fascheux à donter. (III, p. 55.)

Sujet sous-entendu : *il.*

> Puis en lisant l'ingénieux Ovide
> En ces beaux vers où d'Amour *est* le guide
> *Regagnerons* le logis pas à pas. (VI, p. 87.)

Sujets sous-entendus : *il* et *nous.*

Il omet aussi quelquefois le pronom réfléchi quand ce pronom est complément direct :

> ... soudain je sens *nouer*
> La langue à mon palais... (II, p. 171.)
> Et jà de peu a peu sent
> Haute *eslever* sa ceinture. (II, p. 233.)

Pronom relatif. — Aujourd'hui, le pronom relatif doit suivre immédiatement son antécédent. Au seizième siècle, la construction était plus libre, et Ronsard a pu écrire, par exemple, en séparant le relatif de son antécédent :

> *Des puissans Dieux* la plus gaillarde troupe
> Estoit assise au sommet de la croupe
> Du mont Olympe, où Vulcan à l'escart
> Fit de chacun le beau palais à part,
> *Qui* contemploient la troyenne jeunesse. (III, p. 87.)

Souvent aussi *qui* est employé soit comme complément d'une préposition, soit se rapportant à un nom de chose. Ex. :

> Ce regne heureux et fortuné
> *Sous qui* l'heureuse destinée
> Avoit chanté dès mainte année
> Qu'un si grand prince seroit né. (Odes, I, p. 2.)

Dequoy est toujours employé à la place de l'expression *de ce que.*

Enfin il arrive parfois que Ronsard fait suivre le pronom relatif d'un nom construit en apposition. Ex. :

> Qui *compaignon* ses pas alloit suivant. (III, p. 173.)

PRONOMS INDÉFINIS.

Aucun, personne, rien, ont conservé leur sens étymologique et ne donnent lieu à aucune remarque particulière.

Même, contrairement à l'usage moderne, est placé devant son substantif quand il a le sens de *ipse* (et non de *idem*) :

> Et rien ne vit en moy que la *mesme* douleur.
> (El., V, t. IV, p. 248.)

Un certain nombre de pronoms (personnels, démonstratifs, etc.) sont parfois employés d'une manière redondante : les exemples sont nombreux surtout pour l'indéfini *quiconque* que Ronsard fait souvent suivre d'un autre pronom. Ex. :

> *Quiconque* fut le Dieu qui la mit en lumiere,
> *Il* fut premier auteur d'une grande misère. (I, p. 144.)

> Mais *quiconque* a le scavoir
> *Celuy* doit l'honneur avoir.
> (Odes, I, XIV, II, p. 110.)

VERBE.

Le verbe ne donne lieu qu'à un petit nombre de remarques.

Conjugaison. — La conjugaison est généralement régulière : mais souvent on constate l'emploi de formes anciennes déjà tombées en désuétude à son époque et que Ronsard tentait de remettre en honneur. Souvent aussi les désinences sont modifiées pour faciliter la rime (ex. : *je ren, je respan*), ou la forme verbale abrégée pour la mesure du vers (ex. : *monst'ray*), conformément à la théorie qu'il expose dans son *Art poétique* (v. Orthographe).

Voix. — Il n'est pas rare de voir tel verbe ordinairement transitif employé intransitivement par Ronsard ou *vice versa*, ou encore de trouver sous une forme réfléchie un verbe habituellement transitif et même intransitif. Ainsi *aboyer* (actif), *s'apparaistre, se combattre, craindre à, despouiller, eschapper quelque chose, exceller, laisser à, oublier à, penser en, ressembler quelqu'un, se sourire de...*

Modes. — Ce qu'il faut encore remarquer, c'est l'emploi fréquent de l'infinitif comme substantif, tantôt comme sujet, tantôt comme complément direct ou indirect. Ex. : *le ronfler, le mourir, mon dormir, le marcher, au dormir de la mort, au decocher, au flamboyer*, etc.

Employé comme complément, l'infinitif qui se construit aujourd'hui avec *à, de*, etc., est souvent construit sans préposition. Ex. :

... car tout homme dès le naistre reçoit en l'âme je ne sçay quelles fatales impressions qui le contraignent *suivre* plustost son destin que sa volonté. (Fr., préface, t. III, p. 17.)

... Le dessein des carmes que nous entreprenons *composer* (*Art poétique*, t. VII, p. 320.)

... à la composition desquels je te conseille premièrement *t'exerciter*... (*Art poétique*, t. VII, p. 325.)

> Je les absous du fait, je serois bien contant
> La *demander* dix ans et la garder autan.
>
> (El., XIV, t. IV, p. 283.)

A l'imitation du latin, Ronsard emploie la proposition infinitive, après les verbes *espérer, penser, croire, estimer,* etc. Ex. :

> Si j'esperois, après un long espace,
> Venir à moi l'Hercule de ta grâce
> Pour delacer le moindre de mes nouds.
>
> (Am., I, XIII, t. I, p. 9.)
>
> Chantant l'homme estre bien-heureux.
>
> (Odes, I, XI, t. II, p. 104.)
>
> Ses frenaisies, lesquelles il pensoit estre vrayes.
>
> (Fr., préface, t. III, p. 22.)
>
> Estimans les vers estre les plus beaux.
>
> (Fr., préface, t. III, p. 23.)

Le participe présent et le participe passé suivent l'usage commun au seizième siècle ; les modes personnels de même : une seule remarque importante serait que souvent dans la même phrase on constatera, pour plusieurs propositions subordonnées, l'emploi de modes différents sans qu'aucune nuance de doute ou d'interrogation les distingue. Ex. :

> Dont toutes deux devriez rougir de honte
> D'avoir destruit un royaume si beau,
> Fait qu'Ilion *n'est* plus qu'un grand tombeau,
> Fait que Priam, meurdri dessus sa race,
> De son sang tiede *ensanglantast* ma face. (Var.)
>
> (Fr., I, t. III, p. 46.)

C'est par une licence analogue que Ronsard donnera à un seul mot des compléments de nature différente : Ex. :

> L'un lassé *de voler* et l'autre de la chasse. (I, p. 255.)
> Trois fois reprenant *cœur, mes armes et l'audace.*
>
> (III, p. 90.)

Car dans Ronsard la construction de la phrase est le plus souvent conforme à l'usage commun : cependant il faut noter parfois dans ses écrits une très grande liberté d'allure, la hardiesse constante de l'inversion, et l'emploi assez fréquent de la syllepse.

Ainsi Fr., III, t. III, p. 146 :

> ...Le jour luisait.
> Quand les *deux sœurs*, ainçois *deux beaux printemps*,
> Sortent du lict. *Ils* demeurent longtemps
> A se peigner, s'attifer...

Le sujet du verbe demeurent est *ils* pour printemps. Ronsard par syllepse passe de l'idée de sœurs à l'idée de printemps qui est comme le nom distinctif qu'il leur donne.

Telles sont les seules particularités syntaxiques qu'il y ait lieu de signaler dans les *Œuvres de Ronsard* : l'on peut encore ici constater la différence profonde que nous signalions précédemment (v. Orthographe) entre la théorie de Ronsard et sa pratique. Si dans sa deuxième préface de la *Franciade* il conseille au poète de « franchir la loy de grammaire », il a le premier donné l'exemple de la modération et de la prudence : à tel point que l'on peut avancer, à quelques exceptions près, que sa syntaxe n'est autre que la syntaxe poétique généralement reconnue et usitée à son époque.

CONCLUSION

L'examen des théories de Ronsard sur la langue, l'étude de son vocabulaire, de son orthographe et de sa syntaxe, nous ont permis de montrer de quelles préventions Ronsard a été longtemps la victime, et combien étaient injustes en somme les reproches sous lesquels on l'avait accablé.

Ce qui le prouve encore d'une manière surabondante, c'est le témoignage même de ses contemporains : à l'époque où sévissait le néologisme, Henri Estienne dans sa *Précellence du langage françois,* dans ses *Dialogues du nouveau langage françois italianisé,* où il s'élève contre cette manie d'innovation, ne l'impute jamais à Ronsard, non plus qu'à Desportes, ni aux « excellens poètes du temps » ; il les propose au contraire en exemple et les loue de leur *modération* (Sainte-Beuve, *Tableau de la poésie française au seizième siècle*) ; témoignage d'autant plus précieux à retenir que, pour beaucoup des contemporains de Ronsard, rien n'était parfait s'il n'était conforme à l'antiquité, et que dans leur ardeur d'imiter les anciens, certains se laissaient aller à les copier presque servilement. « Heureux, s'écriait au contraire notre
« poète, et plus qu'heureux, ceux qui culti-
« vent leur propre terre, sans se travailler
« après une estrangère, de laquelle on ne
« peut retirer que peine ingrate et malheu-

« reuse pour toute récompense et honneur ! »
(*Art poétique*, t. VII, p. 323.)

Aussi est-on en droit de s'étonner que Ronsard seul ait été rendu responsable des erreurs ou des exagérations contre lesquelles il s'élevait lui-même, et l'on est naturellement amené à se demander si son influence a été aussi grande et surtout aussi complète et universelle qu'on l'a prétendu. Le contraire paraît plus vraisemblable.

Car s'il compta parmi ses plus zélés partisans les rois Henri II, François II et Charles IX, la cour, le chancelier de l'Hospital, Etienne Pasquier, Montaigne, il eut des ennemis non moins nombreux et des adversaires acharnés, parmi lesquels se rangèrent, à des époques différentes, Mellin de Saint-Gelais, Rabelais et Malherbe. Ce n'est donc pas seulement après sa mort qu'il tomba en discrédit; de son vivant même il eut des détracteurs, et il eut la douleur de voir son astre pâlir et son influence décroître. En effet, le Caprice à Simon Nicolas (*Recueil des poèmes retrouvés*, t. VI, p. 326-331), qui semble posthume et qui fut certainement écrit sous Henri III, nous montre le vieux poète se résignant difficilement à l'oubli. Car, bien qu'il eût été appelé par Henri III à faire partie de l'Académie du Palais, la mode n'était plus à Ronsard, le goût de la cour avait changé ; et c'est apparemment de son prieuré de Saint-Cosme ou de sa retraite de Croix-Val ou du collège de Boncour, qu'il écrivait ces vers où il regrette amèrement

> Un si bon temps où la Muse brunette
> Avoit en cour tant de lustre et de prix !
>
> . . . .
>
> Farceurs, boufons, courtisans pleins de ruses
> Sont maintenant en la place des Muses.

L' « ignorance » et la « barbarie » reviennent importuner la France, et malgré tout il conseille à son ami de ne pas céder au torrent, de suivre son exemple « en dépit de l'envie » et de fuir

> ... ces vulgaires façons,
> Ces vers sans art, ces nouvelles chansons
> Qui n'auront bruit, à la suite des âges,
> Qu'entre les mains des filles et des pages ! (VI, p. 329.)

C'est « l'envie », c'est « l'opposition du vulgaire » qui a paralysé ses efforts et fait

> Que nostre langue en est moins embellie. (VI, p. 329.)

Et cette plainte s'accorde avec ces mots du cardinal du Perron : « Les aureilles des cour-
« tisans françois, qui n'estoient pas encore
« accoutumées à ces *ornements estrangers*, fai-
« soient quelque difficulté de les supporter,
« rejettant tantost la *hardiesse des conceptions*
« qui estoient poétiques et eslevées, tantost
« la *licence des constructions* et des *façons de par-*
« *ler* qui estoient imitées et empruntées des
« autres nations, et tantost la *nouveauté des*
« *mots*, lesquels il se voyoit contraint d'inven-
« ter pour tirer nostre langue de la *pauvreté* et
« de la *nécessité*. » (Du Perron, *Oraison funèbre
de P. de Ronsard*, t. VIII, p. 189.)

Malgré ses efforts, il laissait « nostre langage pauvre et manque de soy » (*Art poétique*,

t. VII, p. 336); et il mourut avec le regret de n'avoir pu, comme il l'entendait, *illustrer* sa langue maternelle.

Il avait eu pourtant raison de chercher à enrichir le Vocabulaire poétique ; il s'était, on l'a vu, montré toujours assez prudent dans l'exécution de son projet. Le malheur, pour lui, est que ses amis ou ses disciples exagérèrent ses idées : leurs excès devaient nécessairement amener une réaction violente : « l'excès choquant de Ronsard nous a un peu jetés dans l'extrémité opposée; on a appauvri, desséché et gêné notre langue ». On ne peut violenter la langue; avec elle il est besoin de grands ménagements.

C'est pour avoir négligé ces ménagements que la Réforme tentée par la Pléiade échoua; elle pouvait aussi bien réussir, si les novateurs eussent écouté et suivi le sage conseil d'un contemporain, H. Estienne (*Préc.*, éd. Feugère, p. 156); τῇ χειρὶ δεῖ σπείρειν ἀλλὰ μὴ ὅλῳ τῷ θυλάκῳ : c'est à petites poignées qu'il faut semer, et non à plein sac.

L. MELLERIO.

LEXIQUE
DE RONSARD

A

A, préposition, employée avec le sens :
1° de la préposition *pour*.

> Je suis celuy.....
> Qui te veux faire avant le soir sentir
> A ton malheur que peut un repentir. (III, p. 126.)

2° de la préposition *de*.

> Fille à Téthys..... (II, p. 347.)
> Frère à Jupin..... (III, p. 88.)

3° de la préposition *avec* ou *par*.

> Guindent le mast *à* cordes bien tendues. (III, p. 82.)

A bas, loc. adverb., pour *en-bas*, ici-bas.

> Puisse arriver, après l'espace d'un long âge
> Qu'un esprit vienne à bas..... (I, p. 231.)

Aboyer et *Abayer* ou *abbayer*, employé comme verbe transitif.

> ..... mon mastin qui l'abaye. (IV, p. 10.)

Lex. Ronsard.

>   Aboyant tant seulement
>   Les nourrissons des neuf Pucelles. (II, p. 105.)
>   ..... Abbayer les verves des trespassez. (III, p. 35.)

Abricot, s. masc., venu au XVIe siècle de l'espagnol albaricoque.

>   Achète des abricôs. (Od. II, 18, t. II, p. 163.)

Ronsard supprime le *t* final au pluriel.

Abysme, subst. masc., dans Palsgrave et Nicot, est féminin le plus souvent au XVIe siècle.

>   Entr'ouvrait l'eau d'une abysme profonde. (III, p. 93.)
>   ...... au fond
>   De l'abysme la plus profonde. (II, p. 76.)

Acagnarder et *Accagnarder,* v. trans. (Nicot, Trévoux, Littré.) Accoutumer quelqu'un à une vie obscure, fainéante ou libertine. Nicot dérive ce mot de *cagnard* « qui est un lieu à l'abri du vent ou exposé au soleil, où les gueux s'assemblent pour fainéanter, qu'on appelle pour cela *cagnardins* et *cagnardiers* ». (Trévoux.) Ex. :

>   Nous tiendras-tu sur ce bord solitaire,
>   Acagnardez en paresseux séjour
>   A boire, à rire, à demener l'amour?
>   (Fr. III, t. III, p. 183.)

Accointable, adj., abordable, affable.

>   Estre sobre en habits, estre prince accointable.
>   (III, p. 281.)
>   .....visage accointable. (V, p. 184.)

Accointance, subst. fém., fréquentation, commerce d'amour.

>   Bacchus ne luy est plus doux,
>   Ny de Venus l'accointance. (II, p. 354.)

Accoiser, v. trans., vieux mot dérivé de *Coi* (quietus), calmer, apaiser.

> Et par les prez les estonnez ruisseaux
> Pour l'imiter accoiseront leurs eaux. (VI, p. 177.)

S'employait aussi comme verbe réfléchi : *S'accoisir.*

> Et tous muets s'accoisent les ruisseaux.
>   (Am. I, 221, t. I, p. 124.)

Accort, adj. qual. (Nicot, Pasquier). Avisé, clairvoyant.

> Car en tous lieux la douce courtoisie
> Du peuple accort gagne la fantaisie.
>   (Boc. Roy., t. III, p. 363.)

Accouarder, v. trans., « mot nouveau inventé par Ronsard » (note de Belleau). L'ancienne langue avait l'adj. *couard,* le verbe *couarder,* se montrer lâche, et *accouardir* (cité par Palsgrave), rendre lâche.

> *Accouardant* mon âme prisonnière. (I, p. 215.)

Ronsard a d'ailleurs employé le part. passé d'*accouardir,* t. II, p. 351.

Accravanter, v. trans., vieux mot. Écraser, accabler sous un poids excessif. Trévoux : « Ce mot est vieux et vient du latin *aggravare.* Autrefois on disait même *aggravanter,* et c'est de là que s'est formé *accravanter,* en changeant *g* en *c.* » Ex. : (I, p. 127, et III, p. 301.)

Accrestre, pour *accroistre,* selon la prononciation d'alors (*oi* = *ai*).

> Et soing dessus soing accrestre. (II, p. 163.)

Ailleurs Ronsard emploie l'orth. *accroistre,* mais la prononciation était la même.

> Le vray commencement pour en vertus accroistre.
>   (VII, p. 36.)

Accusement, s. masc., signalé comme peu usité par Nicot : Accusation. Ex. :

> Le riche dessous toy ne craint aucunement

Qu'on luy oste ses biens par faux accusement.
(Hymnes IV, t. V, p. 68.)

Acertener, v. trans., vieux mot. (Trévoux et Nicot, ex. de Marot.) On écrivait plutôt *acertainer*, assurer, certifier. Ex. : Odes, 11, 11, t. II, p. 150.

Achée, s. fém., « sorte de ver qui sert à nourrir les oiseaux et à amorcer les hameçons des pêcheurs ». (Trévoux.)

... pour apporter la bechee
A tes petits ou d'une achée
Ou d'une chenille ou d'un ver. (II, p. 438.)

Achil, nom propre, orth. de Ronsard, pour Achille. (II, p. 474.)
Ailleurs : *Achillès*. (VI, p. 416.)

Achillin, adj., d'Achille. Pris substantivement, il signifie : le fils d'Achille : Ex :

... il receut en sa gorge frappée
De l'Achillin le revers de l'espée. (III, p. 46.)

De même, t. III, p. 426.

Adjectivement Ronsard emploie plutôt *Achillien*. (V, p. 144 et 294.)

Acouardy. (V. *accouarder*.)

Acquets, s. masc. pl., vieux mot conservé dans la langue de la jurisprudence. Ronsard l'emploie dans le sens de conquêtes.

... je vous donne en ceste carte icy
Les acquets de Henry et les vostres aussy.
(VIII, p. 147.)

Actuel, adj. qual., employé par Ronsard au sens étymologique du mot : qui agit, réel, effectif et efficace. S'opposait à *virtuel* ou à *potentiel*, en ce sens. Ex. :

Poudre, l'honneur de Cypre, actuelle à resoudre

L'ulcere qui s'encharne au plus creux de mon sein.
(Sonnets pour Hélène, XLI, t. I, p. 304.)

Adenté, part. passé du vieux verbe *adenter*, renverser. Trévoux : « Adenter un vaisseau, c'est mettre son orifice en bas et le fond en haut. Ce terme est populaire. »

Ronsard l'emploie pour : abattu, renversé, en parlant de l'homme.

L'un dessus l'autre adentez tomberont.
(Fr., IV, t. III, p. 226.)

Adeulé, adj. qual., vieux mot. Attristé, accablé de douleur : Un seul exemple :

... au point du jour voicy
Un passant à ma porte, adeulé de soucy,
Qui de la triste mort m'annonça la nouvelle.
(I, p. 232.)

Adextre, adj., vieux mot encore en usage au XVIe siècle. (*Rom. du Renard*, Villon, Jodelle) : adroit.

Combien l'effort de ta main dextre,
Maniant le fer, est adextre
A briser l'horreur des dangers. (II, p. 38.)

... soit pour le faire adextre. (II, p. 61.)

Ronsard orthographie aussi *adestre* (cité par Nicot.)

... c'est le tout que d'estre
Des mains aux armes adestre. (II, p. 65.)

Adiré, part. passé du vieux verbe *adirer* (bas lat. *adirare*, probablement dérivé de *aderrare*). (*Roman de la Rose*, Bonaventure des Périers, Littré) = égaré, perdu.

Voicy venir Bellin, qui seul avait erré
Tout un jour à chercher son belier adiré.
(Éclog., IV, t. IV, p. 82, et de même, ibid., p. 86.)

Ne s'emploie plus aujourd'hui qu'en jurisprudence : *titre adiré*.

S'adolorer, v. réfl. (Nicot : *se douloir*.)
> Et l'espousé ne s'adolore pas
> De voir mourir sa femme entre ses bras. (VI, p. 175.)

Adonc, adverbe, vieux mot qui signifiait : *alors, ainsi* ou *donc*, couramment employé par Ronsard.

Adon, nom propre, orth. de Ronsard pour Adonis. (I, p. 65.)

Adonin, adj. d'Adonis.
> Ou tel que fut de la playe Adonine
> Le sang fardeur de la rose pourprine. (III, p. 134.)

Ailleurs Ronsard emploie l'adj. *Adonien*.
> Le pourpre esclos du sang Adonien. (I, p. 107.)

Adoniser, v. trans., dérivé d'Adonis. (Nicot, Littré, Académie.) Parer avec beaucoup de soin et de recherche. (Ex. contempor. Dancourt, Th. Gautier.) Employé aujourd'hui comme verbe réfléchi ou avec un complément direct. Ronsard l'emploie avec deux régimes.
> Quand d'un bonnet son chef elle adonise. (I, p. 14.)

Affecter, v. act. (lat. *affectare*). Aspirer à, entreprendre.
> Puis affectant un œuvre plus divin. (II, p. 128.)

Affoler, v. act., blesser (Palsgrave, Nicot), et aussi rendre fou (*Roman de la Rose*).

Premier sens :
> Je sens guarir une amoureuse rage
> Qui me r'affole au plus verd de mes mois. (I, p. 6.)

Deuxième sens :
> Ainsi disoit la nymphe qui m'affolle. (I, p. 13.)

> Cet oiseau, c'est amour qui vole,
> Qui toujours les hommes affole
> Et jamais ne fait que du mal. (I, p. 435.)

Age, subst. masc. aujourd'hui, est quelquefois féminin.

> Seize ans estoit la fleur de votre âge nouvelle.
> (I, p. 403.)

> Quand sur l'âge première elle se voit aimée.
> (I, p. 191.)

Aggraver, v. trans., a eu jusqu'à la fin du XIIe siècle le sens du latin *aggravare,* rendre plus lourd, plus pesant, alourdir. Ronsard lui attribue le sens de couler à fond. (II, p. 96.)

Agnien (ἀγνός), pur, saint, dont les rites sont purs. Un des surnoms de Dionysos que Ronsard traduit par Denys. (V, p. 237.)

Aguetter, v. trans., vieux mot dérivé du substantif *aguet,* déjà vieilli du temps de Ronsard : guetter, surveiller, garder. (Am., I, CXXX, t. I, p. 73.)

Ahan, s. masc., mot pittoresque et expressif, couramment employé dans l'ancienne langue, aujourd'hui tombé en désuétude.

1° Grand effort.

> Puis du dos et des bras efforcés par ahan
> Fait sauter le froment bien haut de sur le van.
> (Disc., t. VII, p. 123.)

2° Fatigue extrême.

> Trois fois, recreu d'ahan, je m'estends sur la place.
> (III, 290.)

Ahan avait formé le verbe *ahanner,* faire un grand effort, et au fig. souffrir une peine extrême. Ronsard emploie ce verbe au sens propre. (II, p. 411.)

Ahontant, part. prés., de l'ancien verbe *ahonter,* faire honte, déshonorer. Nous avons conservé *éhonté* qui exprime l'idée contraire. (III, p. 153.)

Aigre-doux, adj. composé, appartient au vieux fonds de

la langue. Épithète de Vénus considérée comme déesse de l'amour parce qu'il a ses plaisirs et ses peines.

> Et le doux fiel de Vénus aigre-douce. (III, p. 347.)

Aigu, adj. qual., employé par Ronsard comme synonyme de perçant pour qualifier les yeux de l'aigle de Jupiter.

> ... adonc tu vas charmant
> Ses yeux aigus... (II, p. 127.)

Aigueux, adj. créé par Ronsard, syn. de *aqueux.*

> L'humeur aigueuse. (Él. XXXII, t. IV, p. 353.)

Aigu-tournoyant, mot composé par juxtaposition, innovation de Ronsard qui l'applique à la foudre de Jupiter. (Odes I, X, t. II, p. 79.)

Ailer, v. trans., donner des ailes; employé aussi par du Bellay.

> Ailera ses pieds à la fuite. (II, p. 86.)

Aimantin et *adamantin,* adj. qual. Ronsard emploie indifféremment l'une ou l'autre forme.

> (I, p. 14; III, p. 312; V, p. 14.)

Aime, 3ᵉ pers. du sing. du prés. de l'ind. du verbe aimer, employé par Ronsard comme préfixe dans la composition des mots. Il l'écrit tantôt *aime,* tantôt *ayme.*

Ayme-bal, adj. comp., créé par Ronsard. (III, p. 57.)

Ayme-bois, adj. comp., créé par Ronsard.
> (III, p. 57.)

Aime-estaim, adj. comp., créé par Ronsard. Il l'applique à la quenouille, qui aime à filer la laine.
> (V. *Estaim.*)

> Quenouille, des deux bouts et greslette et menue,

> Un peu grosse au milieu où la filace tient,
> Aime-laine, aime-fil, aime-estaim...
> (Am. II, la Quenouille, t. I, p. 220.)

Aime-fil, adj. comp., créé par Ronsard. (V. ci-dessus.)

Aime-jour, adj. comp., innovation de Ronsard. Épithète qu'il applique au coq. (VI, p. 365.)

Aime-laine, adj. comp., créé par Ronsard. (V. ci-dessus.)

Aimant, s. masc., fer. (V. Littré, étymologie du mot diamant.)

> Zephyre avoit un rhé (*filet*) d'aimant laborieux.
> (V, p. 177.)

Aime-ris, adj. comp., créé par Ronsard. Qui aime le rire, folâtre.

> Sans toi, Nymphe aime-ris, la vie est languissante.
> (Am. II, XXIII, t. I, p. 168.)

Ayme-rochers, adj. comp., créé par Ronsard.
> (III, p. 57.)

Ayme-son, adj. comp., créé par Ronsard. (III, p. 57.)

Ainçois, vieux mot = mais bien plutôt.
> Las! mais mon cœur, ainçois qui n'est plus mien.
> (I, p. 30.)

Ains, conjonction, vieux mot qui signifiait : mais, mais bien, mais bien plutôt; fréquemment employé par Ronsard.

Ains que, locution conjonctive, vieux mot : avant que.
> Quand j'estois libre, ains que l'amour cruelle
> Ne fust eprise encore en ma mouelle. (I, p. 214.)

Alaigre, adj. orth. de Ronsard pour allègre.
> ... mon bouc qui sautoit si alaigre. (IV, p. 88.)

Alainer, v. trans., pour *haléner*, agiter de son haleine, éventer; vieux mot.

> Et Zephire y alaine
> Les myrtes et la plaine. (II, p. 252.)

Alangoré, part. passé du vieux verbe *alangorer* qui existait concurremment avec *alangourir* et *s'alangourir* plus usités. (Nicot, Littré.) « Affaibli par une grande maladie ou affliction. » (Trévoux.) Ex. :

> Et, quoy qu'il soit alangoré
> De voir sa femme morte et pale. (II, p. 415.)

Albastrin, adj., blanc comme l'albâtre.

> Col albastrin emperlé de bonheur. (I, p. 76.)

Albionnes, adj. fém. plur., employé une fois par Ronsard, d'Albion, de l'Angleterre.

> ... aux bords escumeux
> Des Albionnes arenes. (II, p. 309.)

Alenter, v. trans., vieux mot qui existait concurremment avec *alentir*. (Ex. de d'Aubigné.) Rendre plus lent, ralentir. (Am., II, XXII, t. I, p. 167.)

Ce verbe s'employait aussi comme verbe réfléchi : S'*alenter*, se ralentir, s'apaiser.

> Sa fievre s'alentoit.
> (Am., Pièces retr., XI, t. I, p. 394.)

Il avait formé le dérivé *ralenter*, ralentir.

> ... ralente tes pas. (Am. I, CLVII, t. I, p. 91.)

Allegeance, s. fém., vieux mot. (Nicot, Trévoux, Littré.) Employé au figuré : soulagement, adoucissement, consolation.

> ... je vous tiendray souvent
> Entre mes bras, prenant quelque allegeance
> En vostre vaine amoureuse semblance.
> (VIII, p. 124.)

Allumelle ou *alumelle*, vieux mot. (Trévoux, Littré.)

Épée, lance, fer d'une lance ou d'une épée. On appelle encore aujourd'hui en art militaire *allumelle*, l'épée mince et déliée dont on se servait au moyen âge pour percer l'ennemi au défaut de son armure.
(Hymnes, III, t. V, p. 62.)

Allures ou *Alleures*, s. fém. plur., terme de vénerie. Manière différente dont marchent les bêtes ; longueur de leur pas.

Cognoissoit bien le pied, la sole et les alleures.
(I, p. 255. Vers d'Eurym. et Callirhée.)

Alme (lat. *almus*). Nicot signale ce mot comme une innovation de Ronsard. Ex. :

Alme soleil, demain avant ton heure
Monte à cheval et galoppe bien fort.
(Am. I, LXXX, t. I, p. 47.)

Alme Vénus. (Franc. II, t. III, p. 109.)
Père alme, nourrissier des hommes et des Dieux.
(Élég. IX, t. IV, p. 262.)

Altiloque, adj. qual., innovation de Ronsard, du latin *altiloquus :* qui a un langage élevé, sublime.
(VII, p. 330.)

Alumelle, s. fém., vieux mot qui signifiait au moyen âge la lame de l'épée. (V. *Allumelle*.)

Donne que hors des poings eschappe l'alumelle
De ceux qui soustiendront la mauvaise querelle.
(VII, p. 16.)

Amadoueur, s. masc., terme familier, celui qui amadoue, qui flatte par des caresses. (Nicot, Trévoux, Littré.) Ex. : (Am. Piec. retr., II, t. I, p. 389.)

Amasser, v. trans., employé dans le sens de ramasser.

... un bouquet luy tomba de son sein...
. . . .
Je l'amasse et l'attache au bord de mon chapeau.
(IV, p. 52.)

Ambrosie et *ambroisie*. (Nicot, Littré.) Les deux formes étaient également usitées. Note de Muret : « C'est la viande des dieux, et nectar le breuvage. Tous les deux signifient immortalité. »

 Je pais mon cœur d'une telle ambrosie. (I, p. 7.)

II, p. 118.

 ... se souler d'ambroisie. (III, p. 265.)

Ambrosin et *ambroisin*, adj., tiré du mot ambroisie. Ronsard emploie ces deux formes concurremment avec une troisième : *ambrosien*. Ex. :

 D'une si rare et douce ambrosine viande
 Mon espérance vit. (I, p. 308.)
 Baiser ambroisin, que j'adore. (II, p. 486.)
 ... embasmer l'air
 De ne sçay quelle ambrosienne haleine. (I, p. 135.)

S'amenuiser, v. réfl., encore employé au sens propre aujourd'hui : être rendu plus mince, plus menu (en parlant d'un bois qu'on travaille), est employé par Ronsard au figuré.

 De jour en jour suivant s'amenuisoit ma vie.
          (III, p. 435.)

Amiable et *amyable*, pour aimable, orth. de Ronsard, forme ancienne du même mot.

 Voicy les champs ou l'amiable effort
 De ses beaux yeux ordonne que je meure. (I, p. 47.)
 Vien avecques ta fille, amyable et bénigne.
         (Ecl. III, t. IV, p. 68.)

Amignoter, v. trans., employé concurremment au XVIe siècle avec *amignarder* : rendre caressant.

 Vénus...
 Amignota de ses yeux les regards. (III, p. 110.)

(V. *Mignotise*.)

Amodérer, v. trans., vieux mot. (Nicot, Trévoux.)

Dérivé de modérer : tempérer, modérer. Ex. :

> Et si le fiel n'amoderoit un peu
> Le doux du miel. (I, p. 7.)

A'moit, pour *animait.*

> Dont la main industrieuse
> A'moit d'amours et de pleurs
> La carte laborieuse. (Var. 1587.) (II, p. 341.)

Et Ronsard ajoute cette note : « A'moit, c'est ce qu'on dit, *escorchant le latin,* animoit. »

Amoureau, s. masc., ancien diminutif d'Amour : petit amour. Employé par Ronsard au pluriel.

> Un nouveau scadron furieux
> D'amoureaux... (II, p. 487.)

Amourée, s. fém., vieux mot cité par Palsgrave, vient du verbe *amourer,* rendre ou devenir amoureux : synonyme de amante.

> Comme un taureau par la prée
> Court après son amourée. (II, p. 161.)

Amphithéose, s. fém., orth. de Ronsard pour *emphytéose,* terme de jurisprudence : cession d'un fonds, d'un héritage, pour un certain temps moyennant une redevance annuelle (du grec ἐμφύτευσις), action de planter : le preneur a le droit de planter et la certitude de jouir des produits de ses plantations.
(VIII, p. 171.)

Ampoullé, adj. qual., employé par Ronsard pour qualifier les flots des torrents : enflé, gonflé.

> ... le dos escumeux des ondes ampoullées.
> (VI, p. 247.)

Anangé (Ἀνάγκη), la fatalité, innovation de Ronsard.

> Tu mets les dieux au joug d'Anangé la fatale.
> (Hymnes I, VIII, t. V, p. 142.)

Ancelle (lat. *ancilla*), servante, terme fréquent au moyen âge, par exemple dans les mystères. Est un des termes anciens que Ronsard a tentés de remettre en honneur. Il ne l'a employé qu'une fois. (Suite de l'Épitaphe de Loyse de Mailly, t. VII, p. 265.)

Le poète imagine que la Foy pleure avec la Charité sur le tombeau de Loyse de Mailly, répétant que :

... Loyse fut celle
Qu'elle choisit en Dieu pour sa très humble ancelle.

Andouiller, s. masc., terme de vénerie. Espèce de petite corne qui vient au bois du cerf, du daim et du chevreuil, I, 255. (V. *Vénerie*.)

Angelette, s. fém., ancien diminutif de ange, au masc. *angelet*. (Littré.) Terme d'affection, de caresse mignarde dont on se servait jadis en parlant ou écrivant à une jeune fille.

Où fuis-tu, mon angelette ?... (Am. div. I, p. 378.)

Anterot, nom masc. dérivé par Ronsard du grec Ἀντέρως, dieu ennemi d'Eros.

Anterot, preste moy la main...
. . . .
Il faut que pour moy tu renverses
Cet ennemy du genre humain. (II, p. 373.)

Anterotique, adj. qual., tiré par Ronsard du grec Ἀντέρως, du dieu ennemi d'Eros, Ex. :

... d'Amour je rompray les traits
Dessus l'autel anterotique. (II, p. 374.)

Antiquaire, adj. qual., antique, vieilli.

... vous paissez seulement de fumées
Et d'un titre venteux, antiquaire et moysi.
(III, p. 308.)

Antrine, s. fém., nom de Nymphe de l'invention de Ronsard. (VI, p. 140.)

S'apparoistre, v. réfl., pour apparaître, v. intr.

> Ils faillent de penser qu'à Luther seulement
> Dieu se soit apparu... (VII, p. 41.)

Appenderois, forme ancienne du conditionnel du verbe appendre : *e* repris à l'infin. latin.

> J'appenderois mon âme pour offrande.
> (Am., I, CXXVIII, t. I, p. 72.)

Exemples assez nombreux de formes analogues.

S'appetisser, v. réfl. d'où le dérivé se rapetisser, qui subsiste encore.

> Ton Telemach, qui se plaint et lamente
> Que jour à jour s'appetisse sa rente. (VI, p. 77.)

Appointer, v. intrans., venir en conciliation. Nicot le traduit par transiger, de là le terme juridique : *appointement,* transaction.

> ... après ta colère
> Très justement conceue encontre Agamemnon
> Il t'a fait appointer pour ton mort compagnon.
> (IV, p. 283.)

Il s'employait aussi comme verbe réfléchi.

> Tant de fois s'appointer, tant de fois se fascher.
> (I, p. 293.)

Apprentif, ancienne orth. du subst. apprenti.

> Et en donnant la charge aux nouveaux apprentifs.
> (VII, p. 25.)

Arbreux, adj. créé par Ronsard qui l'applique à la massue d'Hercule, faite d'un arbre entier, « *l'arbreuse massue* ». (VI, p. 126.)

Archerot, s. masc. diminutif de archer, pris absolument signifie le petit archer, l'Amour.

> ... l'archerot me jette
> Le plus agu de son trait esmoulu. (I, p. 29.)

Archète, s. masc., du grec ἀρχέτας, chef, roi, épithète de Bacchus.

Ardre, v. act., brûler (lat. *ardere*), usité dès la formation de la langue. Ronsard l'emploie à l'infinitif, et aux deux participes, présent et passé.

> Par l'effort d'un bras souverain
> A fait ravaller la tempeste
> Et ardre à l'entour de ta teste
> Un air plus tranquille et serain.
> (Odes I, I, t. II, p. 24.)

> Ars, prins, lacé, par eux faut que je meure.
> (Am. I, s. XVII, t. I, p. 11.)

> Tandis Amour, qui, petit, se cachait
> Folastrement dans le sein de la belle,
> En l'œil humide alloit baignant son aile,
> Puis, en l'ardant, ses plumes il sechoit.
> (Am. I, CXCVI, t. I, p. 111.)

Arène (lat. *arena*), sable. (Odes II, XVI, t. II, p. 161.)

Areneux, adj. qual., innovation de Ronsard : qui pousse dans le sable, qui aime les terrains sablonneux.

> ... la framboise areneuse.
> (Poèmes I, La lyre, t. VI, p. 64.)

Argentelet, adj. diminutif d'argenteux, créé par Ronsard. (VI, p. 392.)

Argenteux, adj. qual., vieux mot. (Ex. : de Marot.) Employé par Ronsard qui lui attribue deux sens. (Nicot, Littré.)

1° Couleur de l'argent, argenté. Ex. :

> Sous le crystal d'une argenteuse rive.
> (Am. I, XCI, t. I, p. 52.)

2° Qui produit de l'argent, qui procure la richesse.

> Ou bien embrasse-moy l'argenteuse science

Dont le sage Hippocrate eut tant d'expérience.
(Poèmes II, t. VI, p. 190.)

Argive, adj., traduction du lat. *argivus,* grec.

... assez avons esté
Foulés aux pieds de ceste argive audace. (III, p. 58.)

Argo-nochers, nom propre, forgé par Ronsard pour désigner les Argonautes.

... ces nobles gensd'armes
Fameux Argo-nochers, qui, hardis, les premiers
Sillonnèrent la mer... (III, p. 425.)

Ariole, s. masc. (*ariolus* ou *hariolus*), devin. Employé une fois par Ronsard.

Tu es de Jupiter l'esprit et l'interprète,
Des songes conjecteur, Ariole et prophète...
(Hymnes II, X, t. V, p. 253.)

Arondeau, s. masc., vieux mot qui s'est dit jadis pour désigner l'hirondelle mâle et aussi les petits de l'hirondelle. (Nicot, Littré.) C'est en ce dernier sens que l'emploie Ronsard.

Faisant tel bruit que font en la nichée
Les arondeaux attendans la bechée.
(Fr. II, t. III, p. 109.)

Arondelle, s. fém., diminutif de *aronde* (lat. *arundo*) : hirondelle. (Nicot, Littré.)

Vous, à la gorge rouge, estrangere arondelle.
(I, p. 341.)

Arraisonner, vieux mot. (Villon, Marot, le dernier ex. : Mézerai.) S'employait comme verbe transitif et réfléchi.

Verbe transitif, il signifiait : entretenir quelqu'un, raisonner d'une chose avec quelqu'un.

Verbe réfléchi, s'entretenir avec quelqu'un ; vouloir lui faire entendre raison. Ex. : Il faut commander aux valets et non pas s'arraisonner avec eux. (Trévoux.)

Ronsard l'emploie absolument dans le sens de : s'entretenir avec soi-même. (I, p. 69. *Ibid.*, p. 70.)

Arroy, vieux mot. (Nicot, Littré.) Ordre, arrangement; puis équipage, appareil.

> L'autre, qui vient en magnifique arroy
> Qui de maintien représente un grand roy,
> Est-il des miens? (Franc. iv, t. III, p. 239.)

> Et s'approchant de près elle vit un grand Roy
> Que deux tigres portoient en magnifique arroy.
> (Hymnes ii, t. V, p. 198.)

Artizane, s. fém., inusité, du mot *artisan*, employé par Ronsard et repris depuis par quelques écrivains modernes (G. Sand, Brizeux, H. Rigault) : ouvrière.

> ... l'araigne artizane admirable.
> (Hymnes iv, t. V, p. 79.)

Asien et *Asian*, adj., créé par Ronsard. Asiatique.

> ... avec une grande trope
> D'Asians pour domter la plus part de l'Europe.
> (II, p. 21.)

> D'Afriq' sera couronné
> Ton puisné,
> Toy de la terre asienne. (II, p. 194.)

Asprit, 3ᵉ pers. sing. du parf. défini du vieux verbe *asprir*, hérisser, du latin *asperare*; d'où le verbe exaspérer.

> ... horrible en son armet
> Que la Gargonne asprit de mainte escaille.
> (Fr. ii, t. III, p. 45.)

Asserer, v. trans., innovation de Marot, du latin *asserere*. « Le rendre maître de quelque chose, la prendre. » (Trévoux.) Ici *assigner*.

> ... et que leur bande asserre

> Des chappeaux de laurier, de myrte et de lierre
> Pour ceux qui vous feront présent d'un bel ouvrage.
> (Sonnets divers : au roi Henri II.)

Assisons-nous, conj. irrég. de l'impér., pour asseyons-nous. La diphtongaison supprimée a été remplacée par l's euphonique.

> Assisons-nous sur ceste molle couche. (I, p. 218.)

Assomement, s. masc., innovation de Ronsard, exemple unique.

> ... une aspre maladie
> Par ne sçay quel destin, me vint boucher l'ouie
> Et dure m'accabla d'assomement si lourd
> Qu'encores aujourd'huy j'en reste demi-sourd.
> (IV, p. 300.)

Assom'resse, fém. adj., créé par Ronsard.

> ... ses mains assom'resses... (V, p. 53.)

Astelles, s. fém., éclats de bois, du latin *hastella,* petit bâton.

Dans l'édition de 1560 Ronsard l'explique par cette note : « *Astelles* est un mot de Vandomois qui signifie des petits coupeaux de bois fandus en long et menus qu'on appelle à Paris des esclats. »

Il n'en offre qu'un exemple :

> Adonques le vieillard esclata des astelles.
> (Hymnes I, II, t. V, p. 28.)

Dans certains de nos pays, spécialement dans le Vendômois et en Lorraine, on dit encore *ételles* dans le même sens.

Trévoux : *Astèles,* s. fém., fragments de lance (Perceval), et de là vient le mot de Languedoc *esteles,* c'est-à-dire coupeaux, et *estela,* petites pièces de bois dont on garnit une jambe cassée et qu'on y attache pour faire que les os se reprennent plus aisément. Les chirurgiens disent : *atteles.*

Trévoux : *Eteles,* s. fém., vieux mot, *copeaux.* C'est un mot fort usité en Champagne. Il ne l'est pas moins en Bourgogne.

Dans les patois ce mot subsiste sous la forme *ételle,* en chirurgie et dans certains métiers (sellerie, céramique) sous la forme *attelle.* Il est devenu *esteille* en métallurgie et s'applique aux coins de bois qui assujettissent un marteau. Il a donné comme dérivé le mot *attelet* ou *hattelet,* terme de cuisine, sorte de petite broche.

A tant, adv., vieux mot repris par Ronsard, signifiait : *alors.*

> A tant les filles de Mémoire
> Du luth apaiserent le son. (II, p. 80.)

> A tant Jupiter enfla
> Sa bouche... (II, p. 86.)

Attaquer, v. act., employé dans le sens de affronter, se jeter dans...

> ... bravement attaquer les allarmes. (II, p. 223.)

Attendre, employé absolument dans le sens du réfléchi, s'attendre à...

> Je me cachay sous l'herbe au pied d'un arbrisseau
> Attendant que la soif ameneroit l'oiseau.
> (Écl. 1, t. IV, p. 15.)

Attenter, v. trans., employé par Ronsard avec le sens étymologique du lat. *attentare,* tenter, entreprendre quelque chose. (Trévoux, Littré.) Trévoux : « Ce verbe n'est que neutre, Vaugelas a pourtant dit activement : il a attenté le plus grand de tous les crimes. » Ex. :

> L'œuvre est grand et fascheux, mais le desir que j'ay
> D'attenter un grand faict m'en convie à l'essay.
> (Hymnes 1, t. V, p. 14.)

Atterrer, v. trans., est un exemple frappant des modi-

fications de sens que subissent les mots en vieillissant. Il signifiait jadis, au propre : jeter, renverser par terre. Il ne s'emploie plus qu'au figuré. (Nicot, Trévoux, Littré.) Abattre, jeter dans l'abattement. Ronsard l'emploie au propre.
(Fr. IV, t. III, p. 226.)

Attourner, v. trans. (Palsgrave, Nicot.) *Atourner.* (Trévoux.) Vieux mot : parer, orner.
Cybelle,
Qui as le chef de citez attourné. (III, p. 57.)

Attrainer, v. trans., employé par Ronsard et Calvin, dans le sens du latin *attrahere*, entraîner, amener là...
Un banc estoit de sablon amassé,
. . . .
Haut de falaize et de bourbe attrainée. (III, p. 97.)

Aubifoin (lat. *Albifœnum*), s. masc., terme de botanique, espèce de centaurée qui croit dans les blés et qu'on nomme plus habituellement bluet, barbeau. On l'appelle aussi *petit aubifoin*, par opposition au *grand aubifoin*, grande centaurée bleue des montagnes. (IV, p. 21.)

Aubin, s. masc. (Nicot, Trévoux, Littré.) Vieux mot qui désignait le blanc de l'œuf, l'albumine.
(Poèmes I, t. VI, p. 128.)

Augée, nom propre, orth. de Ronsard pour Augias.
Certes, j'aimeroy mieux dessus le dos porter
La hotte pour curer les estables d'Augée
Que me voir serviteur d'une dame rusée.
(I, p. 144.)

Aumosner, v. trans., vieux mot. (Nicot, Littré.) Construit avec un double régime : donner en aumône à quelqu'un.
Tu nous aumosnes cecy. (II, p. 36.)

Aumosnier, adj. qual., qui fait l'aumône.

>   ... de cruels charitables,
> De larrons aumosniers...   (VII, p. 27.)

Aureiller, v. trans., vieux mot, cité par Palsgrave, Nicot, employé dans le *Roman de la Rose*, repris par Rabelais et Ronsard dans le sens du latin *auscultare*, prêter l'oreille.

> A ces chansons les chesnes aureillez
> Abaisseront leurs chefs émerveillez. (VI, p. 177.)

Austrogots, s. masc. pl., orth. de Ronsard du mot Ostrogoths. (VII, p. 61.)

Avaller, v. trans., abaisser.

>   ... quand je voy pendre en bas
> Les nuaux avallez, mardi ne sera pas.
> Si mouillé qu'aujourd'hui...
>   (Odes III, XV, t. II, p. 218.)

S'avaler, v. réfl., s'abaisser.
>   (Am. I, CCV, t. I, p. 116.)

Avant-chien, nom composé, forgé par Ronsard pour désigner la canicule.

>   ... l'avant-chien qui tarit jusqu'au fond
> Les tiedes eaux, qu'ardant de soif il hume. (I, p. 70.)

Avant-jeu, s. masc., Nicot cite Ronsard et du Bellay : prélude.

>   ... en bruyant tu marques la cadance
> D'un avant-jeu le guide de la danse. (II, p. 127.)

Avant-messager, s. masc., mot composé, créé par Ronsard sur le modèle de : avant-coureur, dont il a la signification.
>   (Poèmes, II, la Paix, t. VI, p. 219.)

Avant-portier, s. masc., mot composé, créé par Ronsard.

> Mes lèvres, les avant-portiers
> Du baiser...   (I, p. 124.)

Aveindre, v. trans., vieux mot : atteindre, prendre...
(Nicot, Littré.) Ce mot, qui est devenu vieux et
familier, et qui en 1690 était déjà traité comme
étant « du dernier bourgeois », est encore très
usité dans nos campagnes, où il remplace *prendre,
atteindre,* avec une certaine énergie.

Deux exemples dans Ronsard :

Au prés. du subj., que j'*aveigne*. (I, p. 126.)

Et à l'imparf. de l'ind., *elle l'aveignoit.*
(V, p. 211.)

Avérer, employé comme verbe intr., par Ronsard,
pour s'avérer : être reconnu vrai...

... je te puis asseurer
Que tu verras bien tost ce miracle averer.
(Boc. Roy. Songe, t. III, p. 292.)

Avertiner, v. trans. V. *avertineux.*

Avertineux, adj., atteint de l'*avertin* (lat. *avertere*, détourner, égarer), maladie de l'esprit qui rend opiniâtre, emporté, furieux. Saint Mathurin est le patron des *avertins.*

Ce mot subsiste dans l'art vétér. comme syn. de *tournis,* maladie particulière aux moutons.

Et pource, prédicant, faisons une neufvaine
Où? à sainct Mathurin; car à nous voir tous deux,
Nos cerveaux eventez sont bien avertineux.
(Disc., t. VII, p. 124.)

Ronsard emploie le verbe *avertiner* transitivement pour : troubler l'esprit. (VI, p. 116.)

Avette, s. masc. (apicula), vieux mot. On disait aussi *apette :* abeille. Ex. : *Les blondes avettes.*
(I, p. 182.)

S'aviander, v. réfl., prendre sa pâture en parlant

d'une bête sauvage, terme de vénerie dérivé de *viander*.

> ... une beste sauvage
> S'aviandant de glands. (Songe III, 289.)

V. *viande*.

Avitailler, v. trans. (Nicot, Trévoux, Littré.) On a dit aussi *avictuailler* : approvisionner de vivres et de munitions. Aujourd'hui on n'emploie dans le même sens que le dérivé *ravitailler*. (VII, p. 183.)

Avorter, employé comme verbe transitif pour : faire avorter...

> De mon printemps il avorte le fruit. (I, p. 109.)

Ayes, anc. forme de la 2ᵉ pers. de l'imp. du verbe avoir.

> Ayes pitié d'une fille amoureuse. (III, p. 181.)

Ayme-bal, ayme-bois, etc. V. *aime-bal*, etc.

Azurer, v. act., peindre d'azur, colorer en bleu.

> O beau crystal murmurant
> Que le ciel est azurant
> D'une belle couleur blue... (II, p. 343.)

Azurine, s. fém., nom de Nymphe de l'invention de Ronsard. (VI, p. 140.)

B

Bailler, v. trans., vieux mot encore en usage dans certaines locutions et qu'on entend encore dans certaines provinces. (I, p. 413.)

Baller, v. intr., ancien mot : danser.

> La Marion balloit... (I, p. 183.)

Ronsard emploie indifféremment *baller, danser* et *caroler...*

Ces trois verbes se trouvent réunis dans ce vers du *Roman de la Rose* (10117) : « Caroler, dancier et baler. »

Balleur, s. masc., dérivé de baller, danser : danseur.

> Tout le ciel respondant sous le bruit enroué
> Des balleurs qui chantoient Evan, iach, Evoé !
> (V, p. 234.)

Se bander, v. réfl., se raidir.

> Un peuple se bandoit contre l'autre irrité.
> (IV, p. 17.)

Banquetage, s. masc.; Nicot indique *banqueterie* et *banquetement;* innovation de Ronsard : c'est ainsi qu'il désigne le banquet des dieux.

> (Poèmes I, la Lyre, t. VI, p. 59.)

Barbassé, adj. qual., synonyme de barbu, qui a une longue barbe. Ex. :

> Un bouc barbassé... (VI, p. 405.)

Barde, s. fém., vieux mot qui signifiait autrefois l'armure d'un cheval de gens d'armes. (Trévoux.)

> Le beau poulain...
> La barde aux flancs et au dos l'homme d'armes.
> (III, p. 358.)

Bas, employé dans différentes locutions.

1° *A bas* pour en bas. (Nicot.)

> Qu'un esprit vienne à bas, sous l'amoureux ombrage
> Des myrtes... (I, p. 231.)

2° *Çà-bas* pour ici-bas.

> De l'Hospital, mignon des Dieux,
> Qui çà-bas ramena des Cieux
> Les filles qu'enfanta Mémoire. (II, p. 69.)

Ceux d'abas : les morts, les habitants des enfers.
> (VII, p. 249.)

Bassare ou *Bassar,* adj. qual., qui porte la *bassare,* robe de femme. Bassaréus, surnom de Bacchus tiré du long vêtement de peaux de renard que ce dieu portait dans ses voyages. (V, p. 235.)

Bassement, adv., employé dans un sens particulier : dans une condition humble. Ex. :

> Si j'aime depuis naguiere
> Une belle chambriere,
> Je ne suis pas à blasmer
> De si bassement aimer. (Odes II, XX, t. II, p. 166.)

Nicot l'indique comme synonyme de *bas,* et Ronsard l'emploie pour signifier : tout bas, à voix basse. (I, p. 327.)

Basseur, s. fém. (Nicot, Trévoux, Littré.) Vieux mot. Ronsard l'emploie au sens propre comme contraire de hauteur : défaut d'élévation. Ex. :

> La déesse, ennemie aux testes trop superbes,
> Qui les grandeurs egale à la basseur des herbes.
> (Boc. Roy., t. III, p. 266.)

Marot l'avait employé au figuré : manque de prix, de valeur.

Baster, v. intr., de l'italien *bastare,* suffire, usité couramment au seizième siècle : a survécu dans l'exclamation *baste!*

> ... les ondes des ruisseaux
> Ne bastoient à fournir breuvage à tes chevaux.
> (Boc. Roy., t. III, p. 294.)

Bastillon, s. masc., diminutif du subst. *bastille,* qui se disait au moyen âge de tout ouvrage détaché de défense ou d'attaque, puis d'un château fort défendant l'entrée d'une ville. *Bastillon* est devenu *bastion.* Ronsard l'emploie au figuré, comme nous employons aujourd'hui *rempart.*

(Odes IV, I, t. II, p. 240.)

Ailleurs (Hymnes, *Prière à la Fortune,* t. V,

p. 294) il rapproche les deux mots *rempart* et *bastillon*.

Battu, part. passé du verbre battre ; terme de métier : c'est ce que les lamineurs appellent *écacher*.

>... au riche corps vestu
>D'un or broché en la soye battu. (III, p. 158.)

Bauge, s. fém., terme de vénerie : lieux fangeux où le sanglier se retire.

>Dedans faisoit sa bauge une beste sauvage.
>(Loc. Roy., III, 288.)

De là le verbe réfléchi *se bauger*.

>Au plus fort du taillis un gros hallier estoit,
>Où pour bien se bauger le sanglier se mettoit...
>(Songe, III, 290.)

Baye, s. fém., comptait autrefois pour deux syllabes. L'orthographe de ce mot a beaucoup varié : il s'est écrit *bée, baie, baye*... (V. Littré, *Histoire de la langue française*, II, p. 31, pour l'historique de ce mot.) Bourde, tromperie.

>Ou d'une autre faveur lui donnoit une baye
>Ou bien un *attendez*, ou bien *il m'en souvient*.
>(VI, p. 248.)

Et V, p. 192.

Béchée, s. fém., pour *becquée* : les deux mots se trouvent dans Nicot.

>... les petits oiseaux
>Voletans par les bois de rameaux en rameaux
>Amassent la béchée...   (I, p. 183.)

Béer, v. neut., « ouvrir la bouche sans parler ». Vieux mot. (Nicot, Littré.)

>Ainsi qu'on void les fantaumes de nuit
>Béer en songe et ne faire aucun bruit.
>(Fr. III, t. III, p. 174.)
>Bien que le vulgaire l'estime
>Et en béant l'aille adorant. (Odes retr., II, p. 462.)

Bellet, fém. *bellette,* adj., diminutif de beau, bel...,
cité déjà par Palsgrave.

>   L'autre maigre pucelette
>   A voir n'est pas si bellette. (VI, p. 355.)

Bellique, adj. qual. (lat. *bellicus*), innovation de Ronsard : belliqueux, guerrier.

>   Par un assaut bellique. (II, p. 76.)

Et VI, p. 276.

Belliqueur, adj. qual., pour belliqueux, pris substantivement.

>   Toi qui fais tant du belliqueur. (II, p. 369.)

Berceau, s. masc. « Les anciens appeloient le poinçon où on mettait le nouveau vin, le berceau de Bacchus. » (Note de Ronsard.)

>   Comme on voit en septembre ès tonneaux angevins
>   Bouillir en escumant la jeunesse des vins.
>   Qui chaude en son berceau, à toute force gronde.
>   (III, p. 399.)

Bergerette, s. fém., diminutif de bergère, créé par Ronsard.

>   Icy la bergerette, en tournant son fuseau,
>   Desgoise ses amours, et là le pastoureau
>   Respond à sa chanson...   (I, p. 172.)

Bergerot, s. masc., vieux mot. (Nicot, Trévoux.) Diminutif de berger : petit berger. IV, p. 4.

>   Le féminin était : *bergerotte.* (Ex. : d'Amyot.)

Bers, s. masc. C'est la première forme de *berceau.*
(T. I, p. 78 ; III, p. 100.)

Au livre II de la Franciade (t. III, p. 116), Ronsard, parlant de l'enfance de Jupiter, nous montre :

>   Autour du bers les anciennes races
>   Des Corybans...

Trévoux : vieux mot. On ne s'en sert plus que dans quelques provinces.

Il subsiste entre autres en Savoie, dans le Blaisois et le Vendômois, dans son sens primitif : *ber, berceau*.

Dans la marine, *ber* signifie un appareil de charpentes et de cordages, en forme de berceau, placé sous un grand bâtiment pour le supporter et qui glisse sur la cale, lorsqu'on lance ce bâtiment à l'eau. (Larousse.)

En charronnerie, *bers*, s. masc. pl., signifie les ridelles d'une charrette. (Larousse.)

Besaguë, s. fém., pour *besaiguë*, outil de fer acéré par les deux bouts, qui sert particulièrement à faire des mortaises et des tenons. (VI, p. 412.)

Besson, onne, adj. Ronsard l'emploie partout où nous mettrions aujourd'hui *jumeau*. Le mot subsiste dans le patois berrichon auquel G. Sand (Petite Fadette) l'a emprunté.

> Ils sont fort éveillez, peu farouches et semblent
> Estre frères bessons, tant bien ils se ressemblent.
> (Le Cyclope amoureux, t. IV, p. 113.)

T. I, p. 55 et 424 ; t. V, p. 43, etc.

Trévoux le signale comme un mot hors d'usage. Il a cependant subsisté en Berry et dans quelques provinces.

On appelait autrefois *signe des Bessons* la constellation des *Gémeaux* (*gemelli*, jumeaux).

Bestial, s. masc., pour *bestiail*, anc. forme du mot bétail. (Nicot.)

> Ton ombre est epaisse et drue.
> Aux pasteurs venans des parcs,
> Aux bœufs las de la charrue
> Et au bestial espars. (II, p. 149.)

Bézien, adj. qual., tiré par Ronsard du nom de Théodore de Bèze, l'un des chefs du parti réformé en France.

> Et bien tost s'ouvrira l'escole Bezienne. (VII, p. 27.)

Biberon, s. masc., buveur.

> Tu es un trop sec biberon
> Pour un tourneur d'Anacréon,
> Belleau...   (Odes II, XXII, t. II, p. 169.)

Richelet après ces vers ajoute cette note : « Ronsard se rit de Belleau qui ne boit point et qui néanmoins se mesle de traduire le plus grand beuveur de poète qui ait jamais esté. »

Trévoux : *biberon, onne,* s. masc. et fém. « Celui qui aime le vin et en boit beaucoup, *potor acer, bibax.* Ex. : Les Allemands sont de grands biberons. Ce mot est populaire. »

La Fontaine l'a employé en ce sens :

> La biberonne eut le bétail.
>   (II, 20. Testament expliqué par Ésope.)

Encore usité comme subst. et comme adj.

> C'est un biberon.
> Il eût suivi l'escouade biberonne. (Fr. Michel.)

Bien, adv. de manière, sert à la formation de certains adjectifs composés. Ex. : *bien-disant, bien-flairant, bien-appris, bien-peigné.* De même :

> Bien-né. (II, 199.)
> Bien-tournant. (II, 188.)
> Bien-volant. (III, 71.)
> Bien-aisé. (III, 276.)
> Bien-accomply. (III, 323.)
> Bien-ouvré. (III, 178.)
> Bien-uni. (IV, 134.)
> Bien-tourné. (IV, 148.)
> Bien-habile. (V, 206.)
> Bien-germeux. (V, 231.)
> Bien-parlant. (VI, 102.)
> Bien-chéri. (VI, 135.)

Bien-heurer, v. trans., vieux mot, faire ou rendre heureux. (Nicot, Littré.)

> Donc si ton cœur tressaute d'une envie
> De bien-heurer le reste de ta vie. (VI, p. 172.)

Bien-veigner, v. trans., vieux mot qui se trouve dans Nicot et qui signifie saluer quelqu'un, le féliciter sur quelque bonheur qui lui est arrivé, le recevoir avec bienveillance et affection. (Trévoux.) Ex. :

> Dicée...
> Vint caresser Francus outre la porte,
> Le bien-veignant... (Fr. II, t. III, p. 113.)

Et t. V, p. 211.

Blandice, s. fém. (*blanditiæ*), vieux mot. (Nicot.) Caresse, flatterie.

> ... Voyez Helene après
> Qu'Ilion fust bruslé de la flamme des Grecs
> Comme elle amadoua d'une douce blandice
> Son badin de mary qui pardonna son vice.
> (Am. II, Élégie, t. I, p. 144.)

Ronsard va jusqu'à personnifier les *Blandices,* et les mettre dans le cortège de Vénus.

> Vénus et ses enfants volent tout à l'entour
> La douce mignardise et les douces Blandices.
> (Élégie du Printemps, t. I, p. 276.)

On le trouve encore dans le même sens, t. IV, p. 166, 230.

Blandissant, adj. verbal, tiré du latin *blandiri,* flatter, charmer (l'oreille), cité par Nicot.

> Ta lyre blandissante. (I, p. 22.)

Ronsard dit aussi :

> ... pris de ton œil blandissant.
> (Chanson, t. I, p. 112.)

Cf. *Blandice.*

Blasonner, v. trans. Ce verbe offre cette particularité

de présenter deux sens exactement contraires. Dérivé de blason, il signifiait primitivement expliquer le blason ; de là vint le sens figuré de parler de quelqu'un, le décrire avec ses bonnes ou mauvaises qualités, et particulièrement avec les mauvaises. Ce sont les deux sens que lui attribue Ronsard.

1° Célébrer poétiquement, louanger.

> Il me suffit si l'honneur d'un seul verre,
> Lequel tu m'as pour estraines donné,
> Est dignement en mes vers blasonné.
> (Le Verre, III, p. 403.)

2° Détracter, railler.

> Tu te moques de moy et me viens blasonner
> Pour un pauvre accident... (VII, p. 102.)

Blesmi, adj., blême, épithète appliquée à la Parque. (*Pallida Mors*.)

> Avant que la Parque blesmie
> M'envoye aux éternelles nuits. (II, p. 162.)

Bletier, adj. qual., créé par Ronsard, « qui préside aux blés ». (Note de Belleau.)

> ... Ceres la bletière. (I, p. 154.)

Blondé, adj. qual., innovation de Ronsard, de couleur blonde. Ex. :

> Ses cheveux blondez. (Gayetez III, t. VI, p. 355.)

Blondelet, adj., diminutif de blond : légèrement blond.

> ... un poil blondelet,
> Nouvelet,
> Autour de sa bouche tendre
> A se frizer commençoit. (II, p. 190.)

Blondement, adv., dérivé de blond, de couleur blonde, créé par Ronsard. (Am. I, 179, t. I, p. 102.)

Blondissant, part. prés. du verbe *blondir*, qui blondit, qui prend la teinte blonde. Ex. :

> (Sonn. div. XXVII, t. V, p. 318.)

Blondoyant, part. prés., employé adjectivement du verbe *blondoyer,* cité par Nicot comme synonyme de *blondir.* Ex. :

   ... les plages blondoyantes.
                         (Am. I, LXVI, t. I, p. 39.)

Blue pour *bleue,* orth. conforme à la prononciation d'alors.

   Une belle couleur blue. (II, p. 343.)
   Ailleurs *bleues* rime avec *nues.* (II, p. 87.)

Bocager, adj. qual., employé par Ronsard pour qualifier les oiseaux : qui habitent, qui fréquentent les bocages.

   Forest, haute maison des oiseaux bocagers.
                         (Él. xxx, t. IV, p. 347.)

   Quand Avril tend l'oreille aux complaintes legeres
   Des oiseaux amoureux, sereines bocageres.
                        (Él. xxxIII, t. IV, p. 357.)

Boivard, adj. qual., innovation de Ronsard : qui boit facilement. Comparer avec le mot *buvard* (papier buvard).

   ... la cendre boivarde. (III, p. 166.)

Boivon, forme irrégulière de la 1re pers. plur. de l'impératif, employée par Ronsard pour *bevons* ou *beuvons.*

   En ce bon vin verson ces roses
   Et boivon l'un à l'autre. (II, p. 291.)

Bonneter, v. actif, saluer du bonnet, saluer. C'est en ce sens qu'il a formé le dérivé *bonnetade,* s. fém., employé dans un passage de Montaigne : Quand il sera en jalousie et caprice, nos bonnetades le remettront-elles ?

   Au sens figuré : « Solliciter quelqu'un, lui faire la cour en lui faisant bien des révérences... Cela est du style familier. » (Trévoux.)

C'est ainsi que Ronsard l'emploie.

« Bien que telles gens foisonnent en honneur et qu'ordinairement on les *bonnette* pour avoir quelque titre de faveur, si mourront-ils sans renom et réputation. » Épître au lecteur, II, 14.

Bordine, s. fém., nom de Nymphe de l'invention de Ronsard. (VI, p. 140.)

Boucler, s. masc., ancienne forme de bouclier.

<pre>Autres, chargés de grands bouclers, baloient
Un branle armé...   (III, p. 57.)</pre>

Bouffir et *Bouffer,* existaient simultanément comme verbes trans. et intr. Ils signifiaient au propre et au figuré gonfler, enfler. Ronsard offre un exemple de chacun d'eux.

Bouffir, au figuré. Ex. :

<pre>... sans bouffir son cœur d'une noire colère.
                    (Boc. Roy. t. III, p. 267.)</pre>

Bouffer, orth. *boufer,* et employé comme verbe réfléchi.

<pre>Un seul Bacchus doit se boufer de haine
Contre ton isle...   (Boc. Roy., t. III, p. 331.)</pre>

Cf. l'expression : *bouffer* de colère (Trévoux), qui se disait familièrement de celui qui témoigne sa colère par la mine qu'il fait.

Bougette, s. fém., vieux mot (Nicot, Trévoux, Littré), dérivé de *bouge.* (E. Pasquier, Rech. VIII, 2.) On a dit primitivement *boulge,* du latin *bulga* (ex. de Lucilius cité par Trévoux), petit sac ou poche qu'on porte en voyage. H. Estienne (*De latinitate falso suspecta,* VIII) observe qu'on disait de son temps : *il a bien rempli ses bouges,* pour dire : il a fait un gros gain. Le mot *bougette* passé en Angleterre y est devenu *budget.*

Le latin *bulga* vient lui-même du celtique *bolga*, bourse, sac de cuir. Ex. :
> (Hymnes, II, de l'or, t. V, p. 225.)

Bouler, employé aujourd'hui dans la langue populaire comme verbe transitif (faire rouler comme une boule) et comme verbe intransitif (rouler comme une boule), est soit actif, soit réfléchi chez Ronsard.

Bouler est actif. (Odes, v, IX, t. II, p. 337.)
Et réfléchi. (Fr. IV, t. III, p. 249.)

Bouquin, adj. qual., aux pieds de bouc.
> Le dieu bouquin. (II, p. 128.)

Bourrache, s. fém., orth. de Ronsard pour bourrasque. Ex. : (Poèmes, I, Hylas, t. VI, p. 137.)

Bourrelle, s. fém. de bourreau, vieux mot.
> Meschantes mains, bourrelles de ma vie.
> (VI, p. 115.)

Et VII, p. 115.

Bourrier, s. masc., fétu. Trévoux : « Mot usité dans quelques provinces et qui n'est pas français. Il ne se prend pas seulement pour les ordures qui sont dans le blé, mais pour toutes sortes d'ordures... »

> Et le vanneur mi-nud, ayant beaucoup secoux
> Le blé, de-çà de-là, de sur les deux genoux
> . . . .
> Sépare les bourriers du sein de la Déesse.
> (VII, p. 123.)

Boursette, s. fém. (Nicot, Trévoux, Littré), ou *bourcette,* en botanique, nom vulgaire du thlaspi, bourse à pasteur et de la mâche commune. Ex. :
> (Poèmes I, La Salade, t. VI, p. 87.)

Bouteille, s. fém., bulle d'air. Trévoux : « se dit de ces espèces d'ampoules ou balles remplies d'air qui se forment sur la surface d'un fluide par l'addition d'un fluide semblable, comme quand il pleut... »

> Telle enflure se voit ès torrens des vallees
> Quand le dos escumeux des vagues ampoullées
> S'enfle dessous la pluye en bouteilles, qui font
> Une monstre d'un rien, puis en rien se deffont.
>
> (VI, p. 247.)

Brand, s. masc., vieux mot (Nicot, Trévoux, Littré), d'où est dérivé le verbe *brandir*.

Il signifiait une grosse épée d'acier qu'on maniait à deux mains.

Il s'est écrit aussi *bran, branc, brant*.

Trévoux indique en outre *brance*, s. fém., comme ayant le même sens et une autre orth. du masc. *brans*. Ex. :

> ... un brand armé de cloux
> A la poincte d'acier, qui trenchoit des deux bouts.
>
> (V, p. 22.)

Branle, s. masc., a trois acceptions différentes.

1° Danse. Ex. :

> Autres, chargés de grands boucliers, baloient
> Un branle armé...   (III, p. 57.)

2° Airs de danses. Ex. :

> Despendez la musette, et de branles divers
> Chantez à ce Charlot des chansons et des vers.
>
> (IV, p. 66.)

3° Secousse légère.

> A petits branles d'ailes...   (IV, p. 273.)

Branler, v. trans., employé par Ronsard comme syn. de secouer, brandir.

> ... et d'un bras forcené
> Branloit un dard de pampre environné. (III, p. 189.)

Branler, v. act., pris substantivement, « *un branler de teste* ». (I, p. 142.)

Brave, adj. (italien *bravo*). Ronsard l'emploie dans un sens différent du sens moderne et du sens italien : ce mot signifie pour lui : fier, superbe. Ex. :

> De ce palais éternel
> Brave en colonnes hautaines.
> (Odes I, X, t. II, p. 73.)

Il signifie ailleurs : rigoureux, impitoyable.

> Et bref vous me serez ou gracieuse ou brave,
> Je demourray tousjours vostre fidele esclave.
> (Él. XXIII, t. IV, p. 279.)

Il est l'équivalent de *fier* dans l'exemple suivant.

> Brave de faire un œuvre qui vous plaise.
> (Rem. I, t. VI, p. 20.)

De là le verbe *se braver de :* s'enorgueillir de quelque chose.

> ... boire à longs traits les eaux de la fontaine
> Qui de vostre beau nom se brave.
> (Sonnets pour Hélène, t. I, p. 363.)

Brebiette, s. fém., diminutif de brebis. (IV, p. 117.)

Brehaigne, adj. fém., « femelle qui ne conçoit point, qui est stérile ». (Nicot.)

C'est un des « antiques vocables » que Ronsard a le plus souvent employés.

> ... une truye infertile et brehaigne. (III, 223.)

(IV, 48 et 356...)

Trévoux : « Quelques-uns disent *brehagne* qui n'engendre point. Le peuple le dit quelquefois au substantif des femmes stériles : C'est une *brehagne.* »

Étym. *Brahaing,* celtique de *brah-(germe)* et *anc (sans)* : (stérile).

Employé encore de nos jours : *carpe brehaigne,* carpe femelle sans œufs, ou mâle sans laite.

Balzac a dit par plaisanterie : une demoiselle heureusement brehaigne.

Brezil, s. masc., ou *Brésil,* ou encore *Brézi* (Littré), s. masc., quartier de bœuf séché à la cheminée. Ex. : (VI, p. 398.)

Brigade, s. fém., troupe de gens de guerre, puis par extension, troupe, compagnie. On disait la *brigade poétique* pour la *Pléiade*... (Nicot, Littré.)

> Tes boccages soient tousjours pleins
> D'amoureuses brigades
> De satyres et de sylvains. (II, p. 160.)

Bril, s. masc., orth. de Ronsard pour *brie* (?), fromage de Brie. (VII, p. 275.)

Brisée, s. fém., terme de vénerie, employé aujourd'hui plutôt au pluriel.

Branche d'arbre que rompt le veneur ou qu'il sème sur son chemin pour reconnaître l'endroit où gîte la bête, où elle a été détournée.

> ... faisoit bien la brisée...
> (Vers d'Eurym. et Callirhée, I, p. 255.)

Brise-tombe, adj. comp., créé par Ronsard et employé substantivement. (VII, p. 122.)

Broncher, v. intr., employé par Ronsard avec l'auxiliaire être...

> Le bois estant bronché. (III, p. 61.)

(C'est-à-dire étant abattu.)

Broquart, s. masc., terme de vénerie, cerf d'un an, chevreuil qui en est à son premier bois.

> Il jugeait d'un vieil cerf.....
> . . . .
> Aux broquars bien nourris et bien-forts.
> (Vers d'Eurym. et Callirhée, I, p. 254.)

Brosser, v. intr. (Nicot, Littré), terme de vénerie encore usité aujourd'hui : courir à travers les bois, les buissons, dérivé du mot : *Brosses* : bruyères ou broussailles ou menus taillis qui poussent sur les terres incultes ou à l'entrée des forêts. Aujourd'hui *brousse*. Cf. broussailles, autrefois *brossailles*.

> Le fer au poing je brossay par le bois.
> (Am. I, s. 142, t. I, p. 81.)

Bruire, s'employait également comme verbe transitif et comme verbe intransitif.

1° Intransitif : il signifie : rendre un son confus. Ex. :

> Oyes, canards et cygnes aux cols longs
> Estendent l'aile et s'esplument et cryent,
> Qui haut, qui bas; les rivages en bruient.
> (Fr. I, t. III, p. 72.)

Remarquer l'emploi peu habituel de la 3° personne du pluriel : *bruient*. Cf. avec *bruissent*, forme encore usitée aujourd'hui et qui semble dérivée d'un verbe *bruisser*, ainsi que *bruissais*, *bruissant*, etc.

2° Transitif : parler de quelqu'un ou de quelque chose avec éclat, avec retentissement, célébrer.

> Mais ma lire
> Bruira l'amour qui me point. (II, p. 419.)

> Réjouy d'entendre bruire
> Ses louanges sur la lyre. (II, p. 42.)

Le dérivé *rebruire* a le même sens. (II, p. 20.)

L'infinitif de *bruire* est employé substantivement : *le bruire des cymbales*.

> (Odes retr., t. II, p. 471.)

Brutesse, s. fém. Nicot l'indique en même temps que *brutalité*. Ronsard l'emploie dans le sens de sauvagerie, naturel indompté. Ex. :

> Ores les chevaux il donte,
> Et leur brutesse il surmonte
> Par un doux commandement.
> (Odes III, II, t. II, p. 180.)

Buissonnet, s. masc., diminutif de buisson : petit

buisson. (Nicot, Trévoux, Littré, ex. de Marot.)
Les petits buissonnets n'ont sève ny puissance.
(Ecl. v, t. V, p. 97.)

Buye, s. fém. Nicot indique la forme *buie.* On a dit aussi *buire* et *buirette. Buire* subsiste. Ex. :
(II, p. 152.)

C

Cà bas. V. *bas.*

Cachettes (à), locution employée par Ronsard pour en cachette. (Nicot, Littré.) (III, p. 392.)

Caduc, adj. qual., employé substantivement par Ronsard : l'âge caduc, l'extrême vieillesse. (VI, p. 420.)

Caillette, s. fém., s'est dit familièrement d'une femme frivole et babillarde : « C'est la Caillette du quartier. » On l'a dit aussi d'un homme de même caractère. Claude Garnier l'explique ainsi : « Badin, niaiz : ainsi les femmes du vulgaire de Paris injurient ceux qu'elles noisent. Cela peut venir de lasche et mol, comme sont les caillettes du mouton. » Ex. : (Disc., t. VII, p. 131.)

Caillotter, v. trans., dérivé de caillot par Ronsard et employé comme synonyme de cailler. Ex. :
(I, p. 45, *ibid.,* 94, et IV, p. 113.)

Calfourchons (à), orth. de Ronsard pour l'expression adverbiale : à califourchon (du bas latin : *calofurcium,* fourches, gibet) : dans la position de l'homme à cheval. Ex. : (VI, p. 73.)

Callimach, nom propre, pour *Callimaque,* orth. de Ronsard. (Odes I, IV, t. II, p. 51.)

Calvinal, adj. qual., digne de Calvin.

> Là monstrez par effect vos vertus calvinales.
>> (VII, p. 26.)

Camisade, s. fém., attaque brusque faite la nuit pour surprendre l'ennemi. (VI, p. 42.)

Cancre, s. masc. (Nicot, Littré), du latin *cancer*, écrevisse. C'est le signe du zodiaque qui correspondait autrefois à la constellation du même nom et dans lequel le soleil entre au commencement de l'été. Ex. :

> Le Cancre chaleureux. (V, p. 71.)

De là le dérivé : *Cancreux* : de l'espèce des écrevisses. Ex. : (VI, p. 346.)

Capelan, s. masc., vieux mot, forme provençale du mot chapelain : pauvre prêtre françois qui vit à peine du revenu de l'église qu'il dessert. (Lacombe, Dict.) Ex. : (VII, p. 114.)

Caracon, orth. de Ronsard, ou *Carraquon* (les deux sont dans Nicot), s. masc., dérivé de *Caraque* ou *Carraque* (Littré), diminutif de forme italienne : sorte de navire rond de fort tonnage qui fut quelque temps en usage au seizième siècle.

On appela ainsi spécialement le vaisseau qui faisait le voyage du Brésil et des Indes orientales (Trévoux), et celui des chevaliers de Rhodes qui faisait partie de l'escadre envoyée devant Tunis par Charles-Quint en 1530. (Nicot.) Ex. :
>> (VII, p. 180.)

Ne pas confondre la *Caraque* et le *Caracon* avec la *Caracore* (esp. = *Caracora*), embarcation pontée, longue et étroite, en usage aux Moluques, et qui se manœuvrait à la voile et à l'aviron.

Cargue, s. fém. (Nicot, Littré), ancienne forme du mot charge, mouvement d'une troupe armée qui se précipite à l'attaque de l'ennemi (VII, p. 34); subsiste comme terme de marine.

Carme, s. masc. (*Carmen*), vieux mot. (Nicot.) Vers.

> Ennius... au milieu des alarmes
> Marchait et ne cessait de murmurer ses carmes.
> (Sonn. div., t. V, p. 327.)

On le trouve aussi dans l'*Abrégé de l'art poétique*. (VII, p. 320.)

Carolle, s. fém., danse. Les commentateurs dérivent ce mot de χopός (étym. douteuse). D'où le verbe *Caroller*. (V. ce mot.)

On trouve déjà *Caroleur*, chez Froissart et dans le *Roman de la Rose*.

> Chantons, dansons, que chascune s'avance
> Et la carolle elle-même commence.
> (Fr. iv, t. III, p. 200.)

Caroller, v. intr., vieux mot, danser. Le vers 10117 du *Roman de la Rose* renferme les trois verbes synonymes : *Caroler, dancier et baler*. (V, p. 234.)

Carpime, χάρπιμος, qui porte des fruits, fertile; un des surnoms de Bacchus. (V, p. 237.)

Carquan, s. masc., vieux mot, collier, subsiste sous la forme *carcan*, instrument de torture.

> Et tantost son beau col elle vient enfermer
> D'un carquan enrichy de coquilles de mer. (IV, p. 10.)

Cassandrette, diminutif créé par Ronsard du nom de Cassandre et appliqué à une fleur : belle fleur rouge qui communément s'appelle la gantelée (note de Belleau). Ex. :

> Du nom Cassandre elle eut nom Cassandrette.
> (I, p. 65.)

Caut, adj. qual. (lat. *cautus*), vieux mot : prudent, rusé.

> ... l'innocente et peu caute jeunesse. (I, p. 380.)

De là le s. fém. *cautelle,* usité dès le moyen âge et repris par Ronsard : ruse, artifice.

> Un cruel oiseleur, par glueuse cautelle,
> L'a prise... (I, p. 211.)

Et l'adverbe *cautement :* par ruse.

> ... pour prendre cautement
> Flore que le Printemps aimoit ardentement.
> (V, p. 178.)

Cavalcadour, s. masc., forme espagnole *cavalgador.* Cf. *chevaucheur :* cavalier, écuyer. Ex. :
(V, p. 58.)

Caver, v. act. (*Cavare*), creuser. (Nicot, Littré.) Ronsard ne l'a employé qu'une fois au participe passé.

> Près ce bocage une fosse cavée.
> (Fr. II, t. III, p. 214.)

Après Ronsard il a été employé par Malherbe, Saint-Simon, entre autres.

Ceinturette ou *Ceincturette* (Nicot), diminutif ancien de ceinture. Ex. : (VI, p. 392.)

Céleste, adj. employé substantivement par Ronsard pour désigner les habitants des cieux.

> ... pour célebrer les gestes
> De nos roys, que j'ay mis au nombre des célestes.
> (III, p. 400.)

Célestiel, adj. qual., employé par Ronsard comme synonyme de céleste.

> Maudit soit Promethé, par qui fut dérobé
> Le feu célestiel... (VI, p. 213.)

Cemetaire, s. masc., cimetière. Nicot indique « cemetière et *cimitière :* un dortoir (gr. κοιμητηρίον), que les chrestiens appellent ainsi à cause de l'espoir de la résurrection. » Ex. : (Él. IV, p. 374.)

Ailleurs Ronsard emploie la forme inusitée même alors' *cimetaires* (VI, p. 172), et P. de Marcassus qui a commenté les Poèmes ajoute cette note (1623) : « On dit cimetières ; mais il a esté contraint de mutiler le mot pour adjuster les deux rhythmes. »

Ç'en dessus dessous, orth. logique et conforme à l'étymologie de la locution qu'aujourd'hui nous écrivons à tort : sens dessus dessous.

Le desir, l'avarice et l'erreur insensé
Ont ç'en dessus dessous le monde renversé.
(VII, p. 14.)

Cercher, ancienne forme du verbe chercher : les deux se trouvent dans Nicot et chez quelques contemporains de Ronsard.

Accompagnez d'un nain, cerchant leur aventure.
(IV, p. 120.)

Et I, p. 430.

Cercler, v. trans., employé par Ronsard pour *sarcler*.
(III, p. 264.)

Cerne, s. masc., usité au seizième siècle, signifiait cercle, subsiste avec ce sens dans le dialecte blaisois et en français dans un sens plus restreint.

Il fit trois petits feux en cerne tout en rond.
(Hymnes, I, II, t. V, p. 28.)

Comme d'un cerne d'or son chef environna.
D'un chapelet de fleurs... (II, p. 21.)

De là le verbe *cerner*, v. trans. : entourer :

... l'air qui cerne tout autour
Le rond du grand parc où nous sommes.
(Odes I, I, t. II, p. 25.)

Cest, fém. *ceste*, pour *icest, iceste*, pronom démonstratif, fréquemment employé par Ronsard.

Ceston, s. masc., dérivé de ceste (lat. *cestus*, grec

κεστός), ceinture et particulièrement ceinture de Vénus.

> Si tost que Venus l'entendit,
> Son beau ceston elle vendit
> A Vulcan pour la delivrance
> De son enfant... (II, p. 285.)

Chaillant, part. prés. du verbe *challoir.* Ex. :
(IV, p. 94.)

Chaire, s. fém., ancienne forme (Nicot Littré) du mot chaise. Ex. : (IV, p. 251.)

Chalemie, s. fém., vieux mot. (Nicot, Trévoux, Littré.) Chalumeau. On a dit aussi *chalemée,* s. fém., *chalemel,* s. masc., *chalemelle,* s. fém., et *chalemeler* (Nicot), jouer du chalumeau. Ex. :
(IV, p. 57, et VI, p. 62.)

Chaleureux, adj. employé au sens propre (Nicot : *æstuosus*), n'est plus usité qu'au figuré aujourd'hui. Ex. :

L'esté chaleureux. (I, p. 194.)

Le Cancre chaleureux. (V, p. 71.)

Chalit, s. masc., encore usité aujourd'hui (Littré), bois de lit. Nicot l'écrit *chalict* et *chaslit,* on l'a écrit aussi *chalitz.* (Lacombe, Dict.) (II, p. 410.)

Challoir, v. intr., usité jusqu'au milieu du dix-septième siècle, sous la forme unipersonnelle; inusité aujourd'hui, sauf dans l'expression : Il ne m'en chaut, signifiant : Il ne m'importe.

... de rien ne me chaut. (I, p. 8.)
... et vous en chaut bien peu. (I, p. 66.)

Chamailler, v. trans., ancien mot (Nicot), qui signifiait « frapper à coups d'épée, de hache, etc. ». (Nicot.) Ex. : (V, p. 61.)

Chambour, nom propre, orth. de Ronsard pour Chambord. (II, p. 301.)

Chancrer, v. trans., formé par abréviation du verbe échancrer (de e préfixe et de chancre), évider, tailler ou creuser en dedans, sur le bord. Ex. :
> (robe) chancrée à la poitrine. (VI, p. 81.)

Chanter de... prendre pour sujet de ses chants.
> Je pensois...
> Que ses cordes par long usage
> Chantoient d'amour...

Quelques vers plus haut, Ronsard emploie ce verbe dans le même sens avec un régime direct.
> Mon luth pincé de mon doy
> Ne vouloit en despit de moy
> Que chanter Amour... (II, p. 273.)

Chanteresse, s. fém. de l'anc. s. masc. *chanteres*. (Palsgrave.) Ronsard emploie d'ailleurs fréquemment le féminin en *eresse*, pour *euse*.
> Ah ! vous m'avez, maistresse,
> De la dent entamé
> La langue chanteresse
> De vostre nom aimé. (Odes II, V, t. II, p. 142.)
> ... les filles d'Achelois,
> Les trois belles chanteresses. (Odes V, III, t. II, p. 308.)

Chape, s. fém., manteau court. Cf. *Cape*, autre forme du même mot. (Littré.)
> Laisse prendre à ton dos ta chape... (IV, p. 64.)

Chapelet, s. masc., petite coiffure, puis guirlande, couronne. Ex. :
> La Grâce pour son chef un chapelet compose
> De ta feuille... (I, p. 152.)

Chappeau, s. masc., couronne.
> Des chapeaux de laurier, de myrte et de lierre.
> (Sonn. div. au roy Henri II. V, p. 303.)

Chapperon, s. masc., bonnet. Chapperon fourré = bonnet fourré, et au figuré docteur.

> Gros chapperons fourrez, grasses et lourdes testes.
> (VII, p. 59.)

Charites, les Grâces. Sauf de rares exceptions, Ronsard donne toujours aux Grâces leur nom grec de *Charites*.

> Ny son beau corps, le logis des Charites.
> (Am. I, XLVIII, t. I, p. 29.)

De même (III, p. 6) et (IV, p. 32.)

Deux fois seulement il emploie le mot Grâces.

> En prudence Minerve, une Grâce en beauté.
> (Sonnets à Hélène, t. I, p. 347.)

Et en parlant du sein de sa maîtresse :

> Des Grâces le séjour. (II, p. 276.)

Charite, au singulier, nom qu'il donne à sa dame, que ce soit Cassandre ou Hélène :

> « Ma douce Charite »
> Piqué du nom qui me glace en ardeur
> Me souvenant de ma douce Charite.
> (Am. I, 106, t. I, p. 60. Hymne à la nuit.)

Charite se trouve dans Passerat avec un emploi analogue.

> Arreste donc, Aurore au teint vermeil,
> Ton jaune char, et celui du Soleil,
> Pour un amant, un amant qui mérite
> D'estre à son aise, au sein de sa Charite.

Châsse, s. fém., doublet de caisse (lat. *capsa*), c'est l'enveloppe du bouton d'une fleur, l'espèce de capsule qui l'enveloppe...

> ... ainsi qu'au printemps nouvelet
> Pommelent deux boutons que leur châsse environne.
> (I, p. 148.)

Chasse, 3ᵉ pers. sing. du prés. de l'ind. du verbe

chasser, employé comme préfixe par Ronsard dans la composition de certains mots.

Chasse-mal, adj. composé, créé par Ronsard, « qui chasse le mal... » Un seul exemple : (Am. div. Sonn. à Villeroy, II.)
>L'Hercule chasse-mal des bons esprits françois.
>(I, p. 372.)

Chasse-nue, s. composé, créé par Ronsard. Épithète de l'Aquilon qui pousse, qui chasse devant soi les nuages.
>Brave Aquillon, l'horreur de la Scythie,
>Le chasse-nue... (Am. I, 202, I, p. 114.)

Chasse-peine, adj. composé, créé par Ronsard qui l'applique à l'or (syn. de richesse) ; la richesse qui chasse la misère. Ex. : l'or *chasse-peine.* (V, p. 222.)

Chasse-soucy, adj. composé, créé par Ronsard qui l'applique au sommeil.
>... le dormir ocieux,
>Chasse-soucy, leur vint siller les yeux...
>(Fr. II, t. III, p. 99.)

Chasserot, s. masc., diminutif de chasseur, créé par Ronsard.
>Ganymede delectable,
>Chasserot délicieux. (II, p. 388.)

Chéant, part. prés. du verbe *cheoir* (Nicot, Littré), inusité aujourd'hui. Ex. : (III, p. 394.)

Chenu, adj. (Nicot, Littré), dérivé du latin *canutus,* signifiait au propre : blanc de vieillesse, est employé au figuré : plein d'expérience et de sagesse.
>Chenu de mœurs. (Odes I, XVI, t. II, p. 116.)

Chesneteau, s. masc., diminutif de chêne. (Trévoux, Littré.) Encore usité en sylviculture.

Trévoux : « Jeune chêne ou baliveau au-dessous de trois piés de tour. Ord. des eaux et forêts. »
Ex. : (IV, p. 90.)

Chevaucheur, s. masc., dérivé du verbe chevaucher : celui qui chevauche.

> ... tu n'as point encore
> Trouvé quelque bon chevaucheur. (II, p. 288.)

Chevestre, s. masc., vieux mot (Nicot, Littré), licol, d'où le verbe enchevêtrer. Ex. : (IV, p. 10.)

Chèvre-pied, adj. composé, créé par Ronsard. Pan, le dieu *chèvre-pied*. (IV, p. 58.)

Mais Ronsard a créé aussi l'adjectif composé *pieds-de-chèvre*. (V. ce mot.)

Chevreul, s. masc., orth. de Nicot et de Ronsard pour chevreuil.

> Plus le cerf solitaire et les chevreuls legers
> Ne paistront sous ton ombre... (IV, p. 348.)

Chiche-face, s. masc., ancien mot composé (Trévoux, Littré), s'est appliqué à une sorte de croquemitaine populaire au moyen âge, mais signifiait primitivement : un avare au visage sec, jaune, renfrogné. Trévoux traduit : « *tetrico et macilento vultu spirans avaritiam.* » C'est en ce sens que Ronsard l'emploie. (VII, p. 287.)

Chiennin, adj. qual., innovation de Ronsard, qui lui attribue le même sens qu'à l'anc. adj. canin.

> ... les Égyptiens...
> Ont adoré leurs Dieux sous chiennine figure.
> (VI, p. 52.)

Chiorme, s. fém., est resté dans la langue moderne sous la forme *chiourme*, avec un sens restreint. Au seizième siècle il signifie troupe, foule. Un seul exemple :

> Amour ainsi que vous aux liens me contraint,
> A la chiorme amoureuse ainsi que vous m'enferre.
> (I, p. 259.)

Choüan, s. masc. (V. Littré : étym. de chat-huant), c'est encore le nom donné en ornithologie au moyen duc.

> Si nous oyons crier de nuict quelque choüan.
> (IV, p. 306.)

Cil, pronom, ancienne forme : celui.

> Comme cil qui ne veult pour les dames s'armer.
> (IV, p. 282.)

Cimetaire. V. *Cemetaire*.

Cimetere, s. masc. (lat. *cœmeterium*, du gr. κοιμητήριον), orth. de Ronsard pour cimetière.

> Les testes des cimeteres. (I, p. 75.)

V. *Cemetaire*.

Cimeterre, s. masc. (Nicot et Littré), sabre recourbé, est employé deux fois comme féminin par Ronsard. Ex. : (III, p. 106 et 201.)

Claire-voix, adj. composé, créé par Ronsard : qui a la voix claire, perçante...

> Lors les hérauts claire-voix ont sonné
> De toutes parts le conseil... (III, p. 65.)

Clairté, s. fém., clarté ; on prononçait et on écrivait indifféremment *clarté*, *clerté*, *clairté*.

> ... tels qu'on voit au milieu de l'esté
> Les moucherons voler sous la clairté.
> (III, p. 109. Var.)

Claqueter, v. trans. (Nicot), fréquentatif de claquer.
> (II, p. 210.)

Cleion et *Clion*, pour Clio, orth. de Ronsard. (Odes II, 23, t. II, p. 170.)

Cliner, v. trans., anc. forme (Lacombe. Dict.) du verbe cligner, signifiait baisser, courber, incliner. Ronsard l'emploie comme verbe réfléchi.
(Odes I, I, t. II, p. 25.)

Cliquant, part. du verbe *cliquer,* ancien mot déjà cité par Palsgrave, faire du bruit, du cliquetis.

Au son du cistre et de cliquantes armes
S'entre-choquant... (III, p. 100.)

Cliquer, v. intr., aujourd'hui inusité (Nicot, Littré), dont il nous reste le dérivé *cliquetis,* faire du bruit, du cliquetis.

Clouant, part. prés. du verbe clore, inusité. Un seul exemple :

Clouant mes yeux. (Fr. I, III, p. 75.)

Coche, subst., était de genre indécis au seizième siècle. Ronsard l'emploie au féminin :

Et, dessus une coche, en belles tresses blondes,
Par le peuple en honneur déesse vous iriez.
(I, p. 195.)

Et ailleurs au masculin :

Coche cent fois heureux, où ma belle maistresse
Et moy nous promenons. (I, p. 307.)

Cofin, s. masc., pour *coffin.* Trévoux : vieux mot. Corbeille, petite corbeille ou panier.

Et portoit en la main un cofin plein de fleurs.
(V, p. 178.)

Coi ou *Coy,* adj. qual., vieux mot dérivé du latin *quietus :* tranquille, paisible. (Nicot.)

Au féminin *coye.* Ex. : (II, p. 337.)

Avait formé l'adverbe *coiment* ou *coyement* (Nicot.) Ex. : (I, p. 100.)

Coint, adj. (lat. *comtus*), vieux mot employé par Ronsard : beau, bien ajusté, agréable.

>Sans toy rien n'est de beau, de vaillant ny de coint.
>(Am. II, XXIII, t. I, p. 168.)

De là l'adverbe *cointement*, soigneusement.

>J'ay soucy tant seulement
>De parfumer cointement
>Ma barbe... (II, p. 276.)

Colligny ou *Couligny*, nom propre, orth. de Ronsard pour désigner l'amiral de Coligny.

>(V, p. 42, et V, p. 168.)

Colloquer, v. trans., vieux mot (Nicot, Littré) : placer (lat. *collocare*). Ex. : (II, p. 456.)

Colombeau, s. masc., diminutif de *colomb*, pigeon. V. *Coulomb*.

>... voyez les colombeaux ;
>Regardez le ramier, voyez la tourterelle.
>(I, p. 171.)

Au féminin : *colombelle*. (I, p. 230.)

Colombin, adj. qual. Ronsard l'emploie comme épithète du *baiser*.

>Les baisers colombins ne vous défaillent point.
>(IV, p. 213.)

De même :

>... mille baisers d'Amour,
>Colombins, tourterins... (IV, p. 289.)

Colonne, s. fém., employé métaphoriquement par Ronsard pour désigner le corps, la taille...

>A vous de ce lierre appartient la couronne,
>Je voudrois, comme il fait, et de nuict et de jour
>Me plier contre vous, et, languissant d'amour,
>D'un nœud ferme enlacer vostre belle colonne.
>(I, p. 333.)

Comblement, s. masc., vieux mot (Nicot) : action de combler (*cumulatio*). Ex. : (I, p. 47.)

Commande, s. fém., terme de marine, grosse corde qui tient le bateau. Les Grecs l'appelaient πρυμνήσιον, les Latins *rudens*.

> ... permets que je coupe
> Sous heureux sort la commande qui tient
> Ma nef au bord...   (Fr. 1, t. III, p. 80.)

Commander, v. employé intransitivement par Ronsard qui l'applique aux astres dans le sens de : présider à la destinée. Ex. :

> L'astre qui commandoit au poinct ou je fus né.
>   (I, p. 251.)

V. *Maistriser* et *Saturne*.

Commune, s. fém., employé dans l'acception ancienne que signale Nicot : la foule, le vulgaire (*vulgus*). Ex. : (VII, p. 316.)

Compaing, s. masc., anc. cas sujet du mot compagnon.

> J'oy l'aubade
> De nos compaings enjouez. (VI, p. 359.)

Compas (par), locution ancienne remplacée depuis par l'expression au compas (Nicot, Trévoux, Littré), pour désigner ce qui est fait avec une exactitude méticuleuse : bien mesuré, et, appliqué à la musique, bien rythmé. Ex. : (Odes I, XXII, t. II, p. 127.)

De là le sens du verbe *compasser :* mesurer, rythmer. Ex. :

> ... soit qu'elle compasse
> Au son du luth le nombre de ses pas. (I, p. 76.)

Compisser, v. trans., vieux mot. (Nicot, Littré.) Nicot : « C'est plus que pisser et comme si on disoit pisser par-tout et tout souiller... »
                                        (IV, p. 339.)

Composeur, s. masc., celui qui compose, compositeur, auteur.

Composeur de rimes barbares. (II, p. 357.)

Condemner, v. trans., forme savante du verbe condamner. Ex. : (III, p. 370.)

Condigne, adj. qual. (Nicot), dérivé de digne dont il a la signification. Ex. : (V, p. 69.)

Conforter, v. trans., ancien mot (Nicot, Littré), qui subsiste dans son composé réconforter.

Il signifiait au propre : donner des forces, du courage (*confirmare,* Nicot), ou au figuré : consoler (*solari,* Nicot). C'est en ce dernier sens que Ronsard l'emploie. (VI, p. 26.)

Conjecteur, s. masc., tiré par Ronsard du latin *conjector.*

Des songes conjecteur. (V, p. 253.)

C'est-à-dire : qui interprète les songes.

Connin, s. masc., vieux mot. (Nicot, Trévoux, Littré.) Lat. *cuniculus,* lapin. On a dit aussi *connil, conil, conin, connille, conille.* Ce mot avait formé des dérivés nombreux : le diminutif *connilleau* ou *conilleau,* lapereau, le verbe *conniller* ou *coniller,* se cacher comme les lapins et au figuré user de détours, de subterfuges ; les substantifs *conilleur* ou *connilleur,* au figuré poltron ; et *conillère* ou *connillère,* garenne, clapier. Ex. : (VII, p. 250.)

Conquéreur, s. masc., usité concurremment avec son synonyme conquérant : les deux sont dans Nicot. Ronsard emploie l'un et l'autre. Ce mot se trouve encore dans Coeffeteau. (Trévoux.) Ex. :

Que de la Gaule il sera conquéreur. (III, p. 187.)

De même, (VII, p. 211.)

Ailleurs : *conquérant.* (III, p. 230.)

Conquester, v. trans., vieux mot, qui subsista jusqu'à l'époque de Malherbe. Conquérir.

> Et ton bel arc qui le monde conqueste.
> (III, p. 111.)

Consommer, v. trans., employé pour consumer : confusion fréquente au seizième siècle... Consumer, dissiper.

> Douce rosée qui consommes
> La chaleur qui trop nous ardoit...
> (II, p. 35.)

Conte, conter, confusion fréquente avec compte et compter.

> Dont tu ne fais non plus de conte
> Que d'un prisonnier enchaisné... (I, p. 170.)

> Si tu peux me conter les fleurs
> Du printemps... (II, p. 439.)

Contentieux, adj. qual. (du lat. *contendere*), qui cause des discussions. (II, p. 75.)

Contre-aimé, part. passé, créé par Ronsard pour désigner un amour partagé. (I, p. 157.)

Contre-bas, loc. adv., vers le bas, dans une direction vers le bas...

> Comme une fleur qui languit contre-bas. (I, p. 90.)

Contre-erreur, s. fém., innovation de Ronsard : erreur réciproque. (I, p. 424.)

Contre-imiter, v. act., mot composé employé par Ronsard avec le sens du simple imiter.
(IV, p. 179.)

Contremont, adv., vieux mot. Nicot : « C'est proprement devers amont... dont l'opposite est *contreval* ou *contrebas.* » Ces adverbes s'employaient absolument comme amont, aval, ou avec un complément, contremont l'eau, contreval l'eau.

Contremont. (III, p. 48; IV, p. 36.)

Contreval. (IV, p. 351.)

Contr'eschange, s. masc., vieux mot, échange.

> Tu veux bien faire un contr'eschange
> De tes vers latins qui sont d'or
> Aux miens moindres qu'airain encor... (II, p. 334.)

En contr'eschange de, locution prépositive, en échange de.

> De mon labeur en contr'eschange. (II, p. 356.)

Contre-rescrire, v. intr., mot composé par Ronsard : répondre par lettre. Ex. : (III, p. 257.)

Contre-respondre, mot créé par Ronsard. Ex. :
(III, 299.)

Controuveur, s. masc., dérivé par Ronsard du verbe controuver, imaginer une fausseté, une imposture.

> Non abuseur, non controuveur de ruses.
> (Boc. Roy. III, p. 314.)

Convoy, s. masc., employé dans un sens très particulier dérivé du sens primitif escorte : accompagnement.

> Et voyant le bateau qui s'enfuyoit de moy,
> Parlant à Marion, je chantay ce convoy. (I, p. 188.)

Convoyer, v. trans., ancien mot (Nicot, Littré), accompagner, conduire *(deducere).*

> Où son destin l'appelle et le convoye.
> (Fr. 1, t. III. p. 67.)

Cor, s. masc. « En terme de chasse se dit des pointes ou chevillures sortans du marrein, de la tête des cerfs sur chaque branche au dessous du surandouiller. » (Trévoux.)

V. le mot *Vénerie*.

Coral et *Coural*, s. masc., corail.

> ... ayant le teint pareil
> Ou de la rose ou du coural vermeil. (I, p. 135.)

> ... ta bouche
> Plus rouge que coral. (I, p. 225.)

Cornichon, s. masc., diminutif de corne : petite corne.

> ... elle avoit sur le front
> Deux petits cornichons comme les chevreaux ont.
> (V, p. 198.)

Coronel, s. masc., ancienne forme du mot colonel.
(IV, p. 373.)

Corrompable, adj., innovation de Ronsard pour corruptible.

> ... juge non corrompable. (III, p. 367.)

Corsage, s. masc., dérivé de corps, employé dans le sens très particulier de taille, corpulence (*corporis habitus*).

> Quand leur gueule dévore un cerf au grand corsage.
> (VII, p. 34.)

Corsaire, subst. employé au féminin par Ronsard et au figuré pour désigner : une maîtresse dure et impitoyable. Ex. : (I, p. 336.)

Cosser, v. trans., en parlant des bêtes à cornes : frapper en poussant, donner de la tête contre. Ex. : En parlant d'un cerf.

> ... et de sa corne essaye
> De cosser brusquement mon mastin qui l'abaye.
> (IV, p. 10.)

Cossi, mot créé par Ronsard qui l'emploie substantivement. Onomatopée destinée à représenter le cri de l'hirondelle.

> Si fait bien l'arondelle aussi
> Quand elle chante son cossi. (VI, p. 350.)

Costelette, s. fém., diminutif de côte et employé dans le sens de *côte*. (VI, p. 395.)

Cottonner et *Cotonner*, v. trans. Nicot le traduit par : *ferire gossipio*, c'est-à-dire ouater. Ronsard ne l'emploie qu'en parlant de la barbe naissante qui couvre le visage de duvet.

> Si tost qu'un poil follet leur menton cottonna.
> (Hymnes, II, t. V, p. 19.)

Ailleurs il lui donne comme sujet un nom de personne.

> (les) Princes, qui cotonnent
> D'un jeune poil leurs mentons.
> (Disc. Prière à Dieu, t. VII, p. 153.)

Couardeté, s. fém., innovation de Ronsard pour couardise. Ex. : (VI, p. 35.)

Coudre, s. masc. aujourd'hui, était alors de genre commun. Ronsard l'emploie au féminin.

> Gentil rossignol passager
> Qui t'es encore venu loger
> Dedans ceste coudre ramée. (II, p. 420.)

Coudre avait formé le diminutif *coudrette* (même sens). (II, p. 421.)

Coulomb, s. masc. (Nicot, Littré), vieux mot, pigeon (VII, p. 116), a formé les dérivés colombe, *colombeau*, *colombelle* et l'adjectif *colombin*.

Coulpe, s. fém. (lat. *culpa*), vieux mot français, faute.

> Sa coulpe luy soit tant qu'il vive
> Representée ! (Odes retr., t. II, p. 459.)

Coupeau, s. masc., vieux mot, signifiait le sommet d'une montagne.

> ... le coupeau
> Du chevelu Parnasse. (II, p. 244.)

Couratier ou *Courratier,* fém. *couratière* ou *courratière.* Nicot indique : *courretier,* d'où courtier.

> Jeanne la Grise de Venus courratière. (IV, p. 346.)

Et au masculin *couratier.* (V, p. 251.)

Couronnure, s. fém., terme de vénerie, sorte de couronne formée par la disposition des menus cors d'un cerf, vers le sommet du bois.

> (I, p. 255. Vers d'Eurym. et Callirhée.)

V. le mot *Vénerie.*

Courre, ancienne forme de l'infinitif du verbe courir. (Nicot, Littré.) Ex. : (I, p. 151.)

Cours, s. masc., employé par Ronsard avec deux acceptions très particulières.

1° Action de courir. Ex. :

> Bientost je t'aurois mis le frein.
> Puis te voltant à toute bride
> Soudain je t'aurois fait au cours. (II, p. 288.)

2° La suite d'une destinée, la poursuite d'une entreprise. Ex. :

> ... asseurant ma fortune et mon cours
> M'as présenté ta fille et ton secours. (III, p. 155.)

Court ou *Cour.* Ronsard emploie indifféremment ces deux orthographes alors en usage. Ex. :

> ... un basteleur de court...

Et quelques vers plus loin :

> Qui presse sous les pieds la Cour et l'avarice.
> (III, p. 421.)

Courtil, s. masc., vieux mot (Nicot, Littré), jardin. Ex. : (IV, p. 19.)

Courtisan et *Courtiseur*, s. masc.

> ... un plaisant courtiseur. (III, p. 401.)

Couteau, s. masc., prononciation du centre pour coteau. Ronsard orthographie *coutau* et *cousteau*.

> ... ny aux coutaux voisins
> Jamais Bacchus n'y fait verdeler ses raisins.
> (VI, p. 42.)

Coutelace. V. *Coutelas.*

Coutelas, s. masc. On appelait ainsi jadis une épée de fin acier fort tranchante d'un côté seulement et qui va un peu en se courbant. (Trévoux.)

Il est du masculin dans Nicot aussi, et Ronsard l'emploie une fois au masculin. (VI, p. 206.)

Mais ailleurs il en fait un s. fém. sous la forme *Coutelace*. (Fr. II, t. III, p. 131.)

Coutière, s. fém., semble être de l'innovation de Ronsard pour désigner un coteau garni de vignes. Ex. : (V, p. 235.)

Couverture, s. fém., au figuré (Nicot, Trévoux, Littré), prétexte qui sert à couvrir, à déguiser un dessein ou à excuser une faute. Ex. :

> (I, p. 273 et 355.)

Couvre-cerveau, adj. comp. La vieille langue avait le substantif couvre-chef. Ronsard a créé l'adjectif couvre-cerveau.

> ... la toge couvre-cerveau. (Fr. t. III.)

Crampe, s. fém., contraction convulsive des muscles de la jambe : ici ruade...

> Nature fit présent de cornes aux taureaux,
> Et pour armes de crampe et de sole aux chevaux.
> (VI, p. 271.)

Craqueter, v. intr., ancien verbe aujourd'hui inusité

(Nicot, Littré), fréquentatif de craquer. C'est, dit Nicot, « craquer dru et menu, *sæpe crepitare* ». Ex. : (III, p. 62 et 304.)

Ce verbe avait formé le dérivé *craquetis* (Nicot, Littré), qui, dit encore Nicot, « est de la même façon que *cliquetis* » (V. ce mot), et signifie le bruit que fait la chose qui craque. Ex. :
(V, p. 24.)

Crespe, adj., vieux mot, bouclé, frisé.

> Quand au matin ma déesse s'habille
> D'un riche or crespe ombrageant ses talons.
> (I, p. 25.)

De là les mots : *crespu, crespelu, crespillon.*

> Ni le soleil ne rayonna si beau
> Quand au matin il nous monstre un flambeau
> Tout crespu d'or. (I, p. 38.)
>
> Ny de son chef le trésor crespelu. (I, p. 28.)
>
> Or les frizant en mille crespillons. (I, p. 25.)

Et le verbe *cresper.*

> Le soleil en crespa sa chevelure blonde.
> (V, p. 221.)

Crin, s. masc., employé au figuré par Ronsard pour désigner le feuillage des arbres. Ex. :

> Le haut crin des bois
> Qui vont bornant mon fleuve Vendomois.
> (Odes I, XXII, t. II, p. 128.)

Crineux, adj. qual. Ronsard l'emploie au sens propre et au figuré.

Au sens propre il signifie : qui a les cheveux longs. Ex. :

> ... on veid parmi nos villes
> Errer soudain des hommes incognus,
> Barbus, crineux, crasseux et demi-nus...
> (Disc., t. VII, p. 82.)

Au figuré : s'applique à la trace lumineuse que laisse dans le ciel derrière elle une comète. Ex. :

... une comète,
Qui, glissant par le ciel d'une crineuse traite,
Tombe dessus un champ...
(Boc. Roy., t. III, p. 277.)

Ou encore à l'Aurore. Ex. :

Quand plus crineuse elle embellit le ciel.
(Am. I, 94, t. I, p. 110.)

Cronien, de Κρονίων, fils de Cronos, surnom de Neptune.

La contentieuse querelle
De Minerve et du Cronien.
(Odes I, X, str. VI, t. II, p. 75.)

Crossé, adj. qual., ou *crocé* (Nicot, Littré) : s'appliquait aux prélats, évêques ou abbés ayant le droit de porter la crosse.

Ma lyre crossée. (II, p. 273.)

Crouillet, s. masc., subsiste encore dans le Blaisois, sous la forme *courrouil*, dont il n'est que le diminutif *courrouillet*, et par abréviation *crouillet* : c'est le loquet.

En poussant le crouillet... ouvre l'huis.
(R. t. V, p. 11.)

De là le dérivé : *descrouiller*, v. trans., tirer le loquet, ouvrir. (II, p. 119.)

Cru, adj. qual., employé par Ronsard à l'imitation du latin :

Jam senior, sed cruda deo viridisque senectus.
(Virg. En., VI, 304.)

Et du grec :

ὠμογέροντα δέ μίν φασ' ἔμμεναι.
(Hom. Il., XXIII, 791.)

Nous disons encore, employant une métaphore analogue : une verte vieillesse...

Ici : verds, vigoureux...
>Les crus vieillards d'un grand et large tour
>Ici dansoient a testes couronnées... (III, p. 57.)

Cruche, s. fém., terme populaire signifiant stupidité, bêtise, et employé par Ronsard pour opiniâtreté.
>(II, p. 431.)

Cuider, vieux mot employé le plus souvent par Ronsard dans le sens de l'ancien verbe *oultrecuider*, dont le dérivé outrecuidance subsiste encore. Pris substantivement, l'infinitif de ce verbe est pour lui synonyme de présomption. Ex. :
>... tout le mal qui vient à l'homme prend naissance
>Quand par sus la raison le cuider a puissance.
>(VII, p. 35.)

Ronsard l'emploie cependant au sens de : penser. (I, p. 47.)

Cuisse-né, adj. composé créé par Ronsard. Il l'applique à Bacchus, par allusion à sa double naissance légendaire.
>Bacchus cuisse-né. (V, p. 235.)

Cuissette, s. fém. (Nicot), diminutif de cuisse. Ex. :
>(I, p. 182.)

Cuit, part. passé du verbe cuire pris dans le sens de brûler ardemment. L'adjectif verbal *cuisant* a encore conservé ce sens aujourd'hui.
>N'a pas eu la poitrine cuite
>Par un amour... (II, p. 115.)

Curer, v. act. (*curare*), soigner, guérir.
>Dans ce sens il ne se trouve qu'une fois :
>Et n'y a main, tant elle soit experte
>. . . . .
>Qui puisse bien la curer de son mal.
>(Boc. Roy., t. III, p. 345.)

Cyprien, adj., de Cypre ou plutôt de Vénus, déesse de l'amour, particulièrement honorée à Cypre.
> O bienheureux pigeons, vray germe cyprien.
> (I, p. 301.)

Cyprine, s. fém. Épithète de Vénus, déesse de Cypre.
> Belle déesse, amoureuse Cyprine. (I, p. 385.)

D

Dace, s. fém. Nicot ne signale pas ce mot. Moreri le dérive de *datio* : il signifierait : contribution, taxe.
> Ceux ont en main les plus gras bénéfices,
> Daces, imposts et les meilleurs offices.
> (Poèmes II, t. VI, p. 266.)

Ronsard n'en offre pas d'autre exemple.

Dague, s. fém., terme de vénerie : bois du cerf après la première année. (I, p. 254.)
V. le mot *Vénerie.*

Damoiseau, généralement employé comme substantif (Nicot), est adjectif. (I, p. 107.)

Debteur, s. masc. (Nicot, Littré), ancienne forme de débiteur. Ex. : (VI, p. 155.)

Déceptif, adj., fém. *déceptive* (lat. *deceptivus*), trompeur. Vieux mot encore en usage au seizième siècle.
> ... une ruse déceptive.
> (Odes IV, X, t. II, p. 263.)

Decevance, s. fém., vieux mot usité durant tout le moyen âge et synonyme de déception. Les deux sont dans Nicot. Ex. : (I, p. 170.)

Déchoir (Se), employé comme verbe réfléchi, est pris au sens propre de tomber, choir, par Ronsard. Nicot indique seulement le sens figuré : tomber en décadence. Ex. : (II, p. 191.)

Découpé, part. passé, épithète appliquée par Ronsard aux habits, à la toilette : frangé. Ex. :

> Parfumez, decoupez, courtisans, amoureux.
> (VII, p. 42.)

Decrucher, v. trans., employé par Ronsard pour décrocher, détacher, faire tomber. Ex. : (III, p. 96.)

Déduit, passetemps, plaisir, vieux mot.

> Au reste elle est en danse, en festins et déduit.
> (Boc. Roy., la Vertu amoureuse, t. III, p. 413.)
> Son plaisir, son déduit, ses jeux, ses passetemps.
> (I, p. 254.)

De en, pour dedans. Ex. : (VIII, p. 157.)

Defaroucher ou *Desfaroucher,* v. trans. (Nicot), innovation de Ronsard : apprivoiser. Ex. :
> (VI, p. 215.)

Defrauder, v. trans. (lat. *fraudare*), priver, ravir de force. (Nicot.)

> Ne défraudant les ouvrages
> Du laboureur attendant... (II, p. 433.)

Degout, s. masc., formé par Ronsard à l'imitation du verbe dégoutter, couler goutte à goutte.

> Et l'eau croissant du degout de tes pleurs.
> (I, p. 22.)

Dehacher, v. trans., « à coups de hache mettre en pièces... car il est composé de *hacher*... et *de*, préposition augmentative équipolant à *funditus, omnino*, ainsi qu'elle est en ceux-ci : *Détrencher, detailler* ». (Nicot.) Ex. : (III, p. 80.)

Dele, nom propre, orth. de Ronsard pour Delos, l'une des Cyclades.

> De tels cheveux le dieu que Dele honore
> Son col de lait blondement ne décore. (I, p. 102.)

Delivre, adj. qual., ancien adjectif (Palsgrave, Lacombe), n'était plus usité du temps de Ronsard, si ce n'est dans l'expression adverbiale *à delivre* (Nicot) : il signifiait libre de. Ex. :
(I, p. 51, 248 et 403.)

Demeurance ou *Demourance* (Nicot), vieux mot, synonyme de demeure. Ronsard emploie *demeurance*. Ex. : (I, p. 67.)

Demi-ceint, s. masc., mot composé. Nicot : ceinture.
> Les Grâces en ont fait leur demi-ceint boucler.
> (V, p. 222.)

Demusclé, part. passé d'un verbe *demuscler* qui semble être de l'invention de Ronsard : qui a perdu ses muscles. Ex. : (VII, p. 312.)

Demy-cheval, mot composé par Ronsard pour désigner les Centaures. (III, p. 405.)

Demi-fleury, adj. composé : à moitié couvert de fleurs... Ex. : (VII, p. 190.)

Demy-panché et *My-panché,* adj. composé créé par Ronsard. (I, 210.)

Dé-nerver, v. trans. formé par Ronsard sur le modèle du verbe italien *disnervare,* couper les nerfs, énerver, épuiser. (Am. I, 53, t. I, p. 32.)

Denys, nom propre, traduction de *Dionysos,* nom grec du dieu Bacchus. (V, p. 237.)

Deparesser, v. trans., innovation de Ronsard : faire sortir quelqu'un de son état de paresse. Ex. :
(VI, p. 48.)

Départir (Se), v. réfl., peut avoir deux acceptions.
>1° Se séparer...
>>... mon cœur du sien s'est départi. (IV, p. 229.)
>
>2° Partager...
>>... le bien de l'Église aux enfans se départ.
>>(VII, p. 42.)

Depoulpé, part. passé d'un verbe *depoulper* : innovation de Ronsard : qui a perdu le pouls, dont le cœur ne bat plus. Ex. : (VII, p. 312.)

Depraver ou *Despraver* (Nicot, Littré), v. trans., corrompre, gaster, au propre et au figuré. Ronsard lui attribue le sens de *falsifier.* Ex. : (II, p. 298.)

Déprisonné, part. passé du verbe *déprisonner* (tirer de prison), formé par Ronsard à l'imitation du verbe emprisonner.
>Nos corps...
>Deprisonnez de l'humaine closture. (III, p. 108.)

Dé-reter ou *Desrester,* v. trans. (Nicot), innovation de Ronsard : « deslivrer et desvelopper des rets », et Muret l'explique par « deslier ». Ex. :
>(I, p. 123.)

Des-augmenter, v. trans., semble être de l'invention de Ronsard. C'est le contraire d'augmenter : diminuer, s'amoindrir. Ex. : (I, p. 57.)

Deschaux, adj., vieux mot, dechaussé, nu.
>Et l'autre à pieds deschaux gache le vin nouveau.
>(IV, p. 94.)

Descœuvre, 3° pers. sing. prés. ind. du verbe découvrir. On employait couramment alors *cœuvre* pour couvre.
>Dans la var. (1587) même page Ronsard emploie *descouvre.* (II, p. 147.)

Descrouiller. V. *Crouillet.*

Désembraser, v. trans., semble être une innovation de Ronsard. C'est le contraire de : embraser. Ex. :
(I, p. 27.)

Desensevelir, v. trans. (Nicot), faire sortir de l'oubli, au figuré. (II, p. 408.)

Desguiser, v. trans. (Nicot : *alterare*), employé au figuré pour : changer, modifier, modeler sur. Ex. : (I, p. 130.)

Des-machoirer, v. trans., innovation de Ronsard : arracher la mâchoire. Ex. : (I, p. 127.)

Desnoircir, v. trans., semble être de l'invention de Ronsard. C'est le contraire de noircir : blanchir. Ex. :
... desnoircir un More. (I, p. 217.)

Despendre, v. trans., forme plus ancienne que despenser (Nicot, Littré). Ex. : (II, p. 357.)

Despit, adj., vieux mot.
Il peut avoir deux significations.
1° Qui a du dépit.
... je desire, fontaine,
De plus ne songer boire en toy
L'esté, lorsque la fievre ameine
La mort despite contre moy.
(Odes III, X, t. II, p. 208.)
2° Irascible.
Ne soyez point chagrin, despit, ne furieux.
(VII, p. 38.)

Despiter, employé comme verbe actif : causer du dépit à...
Pour les dieux despiter. (Odes IV, V, t. II, p. 255.)
et : (I, p. 293.)

Despiteux, adj. qual., opposé à piteux, qui excite ou qui éprouve de la pitié. Signifie impitoyable. Ex. :

> Non celle qu'Apollon vid, vierge despiteuse,
>   En laurier se former.
>   (Am. div. ch. III, t. I, p. 384.)

De même :

La mort despiteuse (II, p. 255).

L'Orque despiteux (V, p. 109).

Desrober, v. trans., employé pour le verbe réfléchi se dérober à, se soustraire à, éviter.

> Nul ne desrobe son trespas. (II, p. 292.)

Desrobe-fleur, adj. composé, créé par Ronsard pour désigner l'abeille qui butine de fleur en fleur.

> ... la desrobe-fleur avette. (II, p. 146.)

Dessauvager, v. trans., innovation de Ronsard comme *défaroucher* (V. ce mot) : apprivoiser. Ex. :

>   (VII, p. 203.)

Desserrer, v. trans., sens primitif : relâcher ce qui était serré (lat. *relaxare*).

> Le ciel qui le jour desserre. (VI, p. 364.)

Dessommeiller, v. trans., éveiller, tirer du sommeil...

> Presque d'un temps le mesme esprit divin
> Dessommeilla du Bellay l'angevin. (VI, p. 44.)

Dessur, employé comme préposition pour sur, dès le moyen âge; encore usité au seizième siècle.

> Disant quelque chanson en filant dessur toy.
>   (I, p. 219.)

Des-vier et *dévier*, v. intrans., vieux mot dérivé de vie : cesser de vivre, mourir...

> ... et là je fus ravy
> De ses beaux yeux par lesquels je des-vie. (I, p. 92.)

> ... la fleur, qui si tost dévie. (II, p. 401.)

Détacher, employé intransitivement pour le réfléchi se détacher.

> L'avarice jamais de son col ne detache. (IV, p. 222.)

Detrancher, v. trans. (Nicot), couper en tranches. V. *Dehacher*. Ex. : (III, p. 80.)

Deubs, part. passé masc. pl. pour *dus*, orthographe dite étymologique : rétablissement du *b* latin (*debitus*).

> ... ainsi le froid giron
> De la tombe assoupit tous les sens de nature
> Qui sont deubs à la terre et à la pourriture.
> (IV, p. 219.)

Deuls (*Je me*). V. *Douloir*.

Deux-fois-né ou *Deux-fois-nay*, adj. composé créé par Ronsard, épithète qu'il applique à Bacchus (I, p. 329), traduction du grec Δίγονος.

Devant, *devers* confondus couramment au seizième siècle avec les prépositions avant, vers ; fréquent chez Ronsard.

Devanteau, s. masc., tablier de femme, ancien mot : Nicot indique les trois formes *devantier*, *devantel*, *devanteau*. La troisième seule se trouve dans Ronsard. Ex. : (III, p. 163, et VIII, p. 170.)

Dé-veiner, v. act., formé par Ronsard sur le verbe italien *svenare*, couper les veines, tuer, etc., à l'exemple du verbe *denerver* (v. ce mot).
> (Am. I, 53, t. I, p. 32.)

Devenir en. Le verbe devenir pouvait être suivi d'un complément précédé d'une des prépositions *à, en*... Ex. : *devenir à rien* (Nicot), *devenir en herbe* (Nicot). De même chez Ronsard : *devenir en jaunisse*. Ex. : (I, p. 275.)

Devideau, s. masc.; on disait aussi *devidet, devidoir* (Nicot) : ce dernier a subsisté.

> Ne tourne plus ce devideau. (II, p. 373.)

Dextre, adj., vieux mot (lat. *dexter*).

1° Droit.

> ... l'effort de ta main dextre. (II, p. 38.)

2° Qui est à droite et fig. favorable.

> ... le ciel, témoin de sa parolle,
> D'un dextre éclair fut présage à mes yeux.
> (I, p. 13.)

Didascaliques, adj. qual., mot d'origine grecque : aujourd'hui didactique. (III, p. 19.)

Dieu-messager, s. masc., sorte de nom composé par juxtaposition créé par Ronsard, épithète de Mercure. (V, p. 360.)

Dinne, orth. de Ronsard pour digne (*gn = nn*).
(II, p. 94.)

Il l'écrit même *dine* (II, p. 339). Orthographe parfaitement conforme à la prononciation d'alors.

Dires, s. fém. (*diræ*), imprécations, malédictions. Ronsard n'en offre qu'un exemple.
(IV, p. 338.)

C'est le titre de l'Élégie XXIX : encore prend-il la précaution, qui n'est pas inutile, de faire suivre ce mot du commentaire : « Dires ou Imprécations. »

Discord, s. masc., vieux mot (Nicot, Littré) : discorde, dissension. Ex. : (III, p. 175.)

Disnée, s. fém., et *disner,* s. masc., synonymes employés simultanément. Ex. : (VI, p. 106.)

Dispost, adj., pour dispos, féminin *disposte* : léger, alerte.

> Luy, fait oiseau, dispost, de saut en saut
> Poursuit en vain l'objet de son martyre. (I, p. 97.)
> ... entre les mains d'une disposte fille
> Qui devide, qui coust, qui mesnage et qui file.
> (I, p. 219.)

Dispotme, mot forgé par Ronsard : « qui signifie une vie de petite durée ». (VII, p. 178.)

Dizenier, pour *Dizainier.* (Nicot.)
> ... le flot dizenier. (III, p. 130.)

Marcassus : « Les Latins l'appellent *unda decumana;* c'est la dixième vague, la plus horrible et dangereuse de toutes. »

Dodonéen et *Dodonois,* adj., dérivé du nom de la forêt sacrée de Dodone. Ronsard emploie indifféremment les deux formes.
> Dedans Buthrote, en les champs où la vois
> Vit prophétique ès chesnes Dodonois. (III, p. 48.)
> Adieu, chesnes, couronne aux vaillans citoyens,
> Arbres de Jupiter, germes Dodonéens. (IV, p. 348.)

Dolouëre, s. fém., pour *doloire,* instrument qui sert à aplanir et à amincir le bois. (VI, p. 411.)

Domte-poullain, adj. composé créé par Ronsard.
> Castor domte-poullain. (VI, p. 48.)

Donne-blé, adj. composé créé par Ronsard.
> Été donne-blé. (V, p. 187.)

Donneur, s. masc. (Nicot), encore usité (Littré) : celui qui donne. Ex. : (II, p. 58.)

Donne-vie, adj. composé créé par Ronsard.
> ... l'or donne-vie. (V, p. 222.)

Donne-vin, adj. composé créé par Ronsard.
>Été donne-vin. (V, p. 187.)

Don'rai (je), pour je donnerai : abréviation fréquente au moyen âge et autorisée par Ronsard. (Abrégé de l'*Art poétique.*)
>Je te don'ray pour te servir de page
>Le Jeu mignard... (III, p. 111.)

Dorloter, v. trans., ancien mot (Nicot, Littré), dérivé du picard *dorlot,* affiquets, parure, ornements ; d'où dorloter : orner, parer et au figuré caresser. Ex. :
>(I, p. 129.)

Dos-ailé, adj. composé créé par Ronsard pour désigner Pégase dont le dos, selon la légende, était garni d'ailes.
>... le dos-ailé Pégase. (VI, p. 123.)

Doucelet, adj., diminutif de doux. Ronsard emploie aussi *doucet.*
>Sa belle peau doucelette. (II, p. 349.)

Dougé, adj. ; *dougément,* adv. Ronsard les a employés chacun une fois.
>Au milieu d'elles (les Parques) estoit
>Un cofre où le Temps mettoit
>Les fuzeaux de leurs journées
>De courts, de grands, d'allongez,
>De gros et de bien dougez.
>>(Odes I, X, t. II, p. 91.)
>
>Je te puis assurer que sa main délicate
>Filera dougément quelque drap d'escarlate.
>>(Am. II, la Quenouille, t. I, p. 220.)

Remy Belleau fait suivre ce dernier vers de ce commentaire : « *Dougément,* subtilement, à filets prins et menus. *Dougé* est un mot d'Anjou et de Vendomois propre aux filandières, qui filent le fil de leur fuseau tenu et menu. »

Trévoux signale l'adjectif *dougé* comme un mot hors d'usage : « *Dougé, ée,* vieux mot : fin, delié. » Ex. :

> Le corps est droit, gent et dougé.

« Ménage remarque que l'on dit aussi du fil dougé et de la toile dougée. »

Cet adjectif a formé le terme technique en usage aujourd'hui. *Dougé,* s. masc., ciseau plat, *très mince,* servant à fendre les ardoises.

Douillet, adj. qual., doux au toucher, délicat.

> De main douillette et de mignonne peau.
> (III, p. 126.)

Douloir (Se), v. réfl., souffrir, se plaindre (lat. *dolere*), vieux mot usité pendant tout le moyen âge.

> ... et si n'ay pas envie
> De me douloir... (Am. I, VII, t. I, p. 6.)
> ... le mal dont je me deulx.
> (Am. I, 173, t. I, p. 99.)
> Plus ils en ont, plus se plaignent et deulent.
> (Poèmes II, t. VI, p. 265.)

Subjonctif : *que je me deuille.* (II, p. 391.)

Douter, v. trans., pour redouter.

> Il ne doute les loups, tant soient-ils redoutables.
> (IV, p. 11.)

C'est d'ailleurs le sens du substantif *doute* dans le passage suivant où il tient lieu du mot crainte :

> Mais j'ay grand doute qu'à l'instant
> Que d'homme parfait auras l'âge
> Ce mal-heureux oyseau volage
> . . . .
> Sans y penser te surprendra. (I, p. 435.)

Douteux à... (Nicot), hésitant à... Ex. :
(I, p. 237.)

Doux-amer, adj. composé, innovation de Ronsard. Épithète de l'amour : qui est doux et amer en même temps.

> Non, ce n'est point une peine qu'aimer,
> C'est un beau mal, et son feu doux-amer
> Plus doucement qu'amerement nous brusle.
> (Am. I, LXVII, t. I, p. 40.)

Doux-fier, adj. composé créé par Ronsard, cruel et doux en même temps en parlant des flèches de l'Amour.

> Le doux-fier trait qui me tient languissant.
> (Am. I, 139, t. I, p. 79.)

Ronsard a créé de même *fier-doux.*

Doux-souflant, adj. composé créé par Ronsard : au son harmonieux.

> ... les flutes doux-souflantes. (II, p. 305.)

Doy, orth. de Ronsard pour doigt...

> ... mon luth, pincé de mon doy. (II, p. 273.)

Drillant, adj. verbal dérivé du verbe *driller,* terme populaire qui avait encore cours au dix-septième siècle et signifiait : courir vite, au figuré *pressé,* diligent.

> Deux camps drillants de fourmis
>   Se sont mis
> En garnison sous ta souche. (II, p. 275.)

Au sens propre (I, p. 155).

> ... les estoiles drillantes.

Ronsard l'emploie comme synonyme de *mobile* appliqué à l'oreille du cheval. (VI, p. 121.)

Droict, pour droit, s. masc. En vénerie s'entend des différentes parties de l'animal tué qui reviennent soit au maître de la chasse, soit aux valets, soit aux chiens.

V. *Vénerie.*

Droitement, adv. tiré par Ronsard de l'adjectif droit = directement, tout droit. (II, p. 96.)

Droiturier ou *Droicturier* (Nicot : *rectus, integer, incorruptus*), Trévoux : vieux mot qui signifie celui qui a les intentions droites, qui rend justice sans acception de personnes.

> ... prince droiturier. (III, p. 420.)

Duire, v. intr., vieux mot dont Ronsard offre un exemple à l'infinitif (lat. *ducere*) (Nicot).

> Estimeront les martiales flames
> Duire plustost aux gendarmes qu'aux femmes.
> (III, p. 336.)

V. *Duisant.*

Duisant, part. prés. du verbe *duire* (lat. *ducere*), vieux mot : convenable, propre à...

> Guignant de l'œil les arbres les plus beaux
> Et plus duisans à tourner en vaisseaux. (III, p. 61.)

Et II, p. 182.

> ... les arcs duisans
> Aux pucelles de Taygète.

Duliche, adj., dérivé par Ronsard du nom de *Dulichium,* une des îles Echinades, dépendante d'Ithaque, avec laquelle elle formait le royaume d'Ulysse. C'est actuellement la petite île de Néochori.

Ex. : le *duliche troupeau* (les compagnons d'Ulysse changés en bêtes). (I, p. 43.)

Dure, nom propre pour d'Eure, rivière d'Eure.

> Desportes, qu'Aristote amuse tout le jour,
> Qui honores ta Dure et les champs qu'à l'entour
> Chartres voit de son mont. (Él. ii, t. IV, p. 220.)

Du tout, locution ancienne équivalent à tout à fait, entièrement.

> ... puis du tout oubliant
> Freres, pere et pays. (IV, p. 297.)

E

Egail, s. masc., synonyme de *aiguail,* rosée du matin qui demeure par petites gouttes sur les fleurs et sur les brins d'herbe. Ces vers de Racan en indiquent nettement le sens :

> ... a quelle fin
> Voulez-vous aujourd'hui vous lever si matin ?
> Le soleil n'a pas bu l'aiguail de la prairie.

Ronsard l'écrit *égail.*

> Comme il mettoit à bout à l'égail du matin
> La ruse d'un vieil cerf.
> (I, p. 255. V. d'Eurym. et Callirhée.)

Aujourd'hui usité encore en vénerie : l'aiguail ôte le sentiment aux chiens.

Elabouré, part. passé du verbe *élabourer,* vieux mot. Trévoux : « N'est plus en usage, si ce n'est au participe, où il ne se dit qu'en plaisantant. » Au seizième siècle et chez Ronsard : travaillé avec soin. Nous avons conservé *élaborer.*

> Et ses maisons en marbre elabourées
> Voisineront les estoiles dorées. (III, p. 50.)

De même : (Am. I, 128, t. I, p. 72.)

Elargir, v. act. (lat *largior*), donner largement; se trouve deux fois dans les œuvres de Ronsard.

> Le ciel ne t'a pas seulement
> Elargi prodigalement
> Mille présens... (Odes retr., t. II, p. 423.)

> Que tardes-tu, veu que les Muses
> T'ont eslargi tant de sçavoir. (II, p. 469.)

Elochant, part. prés. du verbe *elocher* ou *eslocher,*

v. trans. (Nicot) : synonyme de ébranler. Ex. :
(II, p. 278.)

Embarquage, s. masc. créé par Ronsard : synonyme d'embarquement.

Dieu d'embarquage.

C'est-à-dire : Dieu qui préside à l'embarquement et à la navigation. (Fr. I, t. III, p. 80.)

Embas, orth. de Ronsard et de Nicot pour en bas.

Soit d'enhaut ou d'embas. (IV, p. 151.)

Embesogner, v. trans. Trévoux : « Vieux mot qui signifiait autrefois occuper à quelque besogne. Il n'est plus usité qu'au participe et par plaisanterie. »

Lorsqu'à son luth ses doigts elle embesogne.
(Am. I, CXIV, t. I, p. 65.)

Embler, v. act., a le sens de ravir, prendre.

Nicot le traduit par *furari*. Ronsard dit en parlant du laurier :

Si quelqu'un par finesse une fueille en dérobe,
La fueille le decelle, et ne veut que le prix
Des fronts doctes et beaux soit emblé ny surpris.
(V, p. 202.)

Nous avons encore la locution *d'emblée* qui se rattache à la même racine.

Trévoux : vieux mot et hors d'usage, sinon en ce commandement de Dieu : *L'avoir d'autrui tu n'embleras*.

D'emblée est employé une fois par Ronsard.

Amour, trop fin, comme un larron emporte
Mon cœur d'emblée, et ne le puis r'avoir.
(Am. I, 176, t. I, p. 101.)

Emboufis, adj. qual., innovation de Ronsard, synonyme de bouffi, gonflé.

Les despensiers em-boufis de bombance. (VI, p. 57.)

Embrassée, s. fém., innovation de Ronsard pour embrassement.

> Comme une tendre vigne à l'ormeau se marie
> Et de mainte embrassée autour de lui se plie.
> (III, p. 69.)

Embrasse-terre, adj. composé créé par Ronsard et employé substantivement comme épithète du dieu Neptune : embrasse-terre (qui entoure la terre). (III, p. 328.)

Embrunir, v. trans., formé d'un préfixe *en* et du verbe *brunir* = obscurcir. (Trévoux, Littré.)

> Puis, alors que Vesper vient embrunir nos cieux.
> (Sonnets pour Hélène, t. I, p. 363.)

Embrunisseure ou *Embrunissure* (*eu* = *u*), s. fém., dérivé de embrunir, terme de vénerie qui désigne la teinte plus ou moins foncée du bois du cerf. Ex. : (I, p. 254.)

Emerveillable, adj. tiré du verbe émerveiller, admirable.

> Puis en rompit le moule émerveillable. (III, p. 323.)

Ronsard emploie de même le mot *merveillable* (merveilleuse).

> Il admire son bras et sa main merveillable.
> (VI, p. 242.)

Emmaigrir (S'), v. réfl. formé du préfixe *en* et du simple *maigrir,* a le même sens.

> S'emmaigrissant et suant sous la peine
> De cultiver ses vignes et sa plaine.
> (Poèmes I, t. VI, p. 134.)

Emmanteler, v. act., employé au figuré dans le sens d'envelopper. (III, p. 112 et 295.)

Emmieller, v. trans., enduire de miel. (II, p. 111.)

Emmonceler, v. trans., ancien synonyme de amonceler. (II, p. 109.)

Emmurer, v. trans., « entourer, environner de murs » (Nicot); au figuré, entourer, enfermer, comme dans l'exemple suivant :

> Tout à l'entour l'emmure
> L'herbe et l'eau qui murmure,
> L'un tousjours verdoyant,
> L'autre ondoyant! (II, p. 251.)

Empaner, v. act. créé par Ronsard, synonyme de *Empenner.* (V. ce mot.)

Ex. : *Empaner* la mémoire. (II, p. 18.)

Et II, p. 364.

Emparfumer, v. trans., synonyme de parfumer, créé par Ronsard.

> ... ceste Marguerite
> Qui ciel et terre emparfume d'odeur.
> (Am. I, CVI, t. I, p. 61.)

Empaumeure, s. fém., terme de vénerie. « C'est le haut de la tête d'un vieux cerf ou chevreuil, qui est large et renversée et où il y a plusieurs andouillers. » (Trévoux.) (I, 255.)

V. le mot *Vénerie.*

Empenné, adj., léger comme la plume, prompt, ailé. Imitant l'expression grecque ἔπεα πτερόεντα, Ronsard a dit :

> Mais leur mère
> Pour les asseurer les flatoit
> De ceste parole empennée. (Odes I, X, t. II, p. 71.)

Emperler, v. trans., innovation de Ronsard, orner de perles au sens propre.

> (Am. I, CLXXXIX, t. I, p. 107.)

V. *Engemmer.*

Emperiere, s. fém. de empereur, vieux mot. (Palsgrave, Nicot.) Ex. : (V, p. 292.)

Empierrer, v. trans., métamorphoser en pierre, pétrifier.

(Ton œil) habile à ses traicts descocher
Estrangement m'empierre en un rocher.
(Am. I, VIII, t. I, p. 6.)

Appliqué à la Gorgone. (VI, p. 48.)

Empiéter, v. trans., terme de fauconnerie : en parlant d'un oiseau de proie, saisir avec ses serres.

Un pigeon blanc empiété d'un autour.
(Ecl. III, t. IV, p. 76.)

Là est Ide la branchue
Où l'oyseau de Jupiter
Dedans sa griffe crochue
Vient Ganymede empiéter. (Odes retr., t. II, p. 388.)

Empistolé, adj., innovation de Ronsard, armé de pistolets.

Ne presche plus en France une Evangile armée,
Un Christ empistolé tout noirci de fumée.
(VII, p. 22.)

Emplumer, v. trans., garnir de plumes. (II, p. 135.)

Empouper, v. trans., couramment employé au seizième siècle en parlant du vent, signifie prendre en poupe un navire. (I, p. 391.)

Empourprer, v. trans., teindre en pourpre.
(II, p. 168.)

Empris, part. passé du vieux verbe *emprendre,* ancienne forme de entreprendre.

Les deux sont encore dans Nicot. Ex. : (I, p. 50.)

Emprise, s. fém., vieux mot, pour entreprise.
(II, p. 284.)

Enaigrir (S'), v. réfl., formé du préfixe *en* et du simple *aigrir (s')*.

 Et tellement s'en-aigrit de courrous.
        (Poèmes I, t. VI, p. 86.)

Enceinte, s. fém. Vénerie : *Faire l'enceinte :* tendre des toiles ou poster des chiens et des chasseurs autour d'un bois ; « faire divers ronds autour des plus fraîches voies et allures de la bête pour s'assurer où elles aboutissent et de là conclure l'endroit où elle est embûchée ». (Trévoux.)

 V. le mot *Vénerie*.

 ... et, comme bon veneur,
 Faire bien mon enceinte et en avoir l'honneur.
        (Songe III, 289.)

En ce-pendant, locution ancienne déjà citée par Palsgrave : cependant.

 En ce-pendant la jeunesse troyenne
 Haut invoquant la Berecynthienne
 D'encens fumeux parfumoit son autel. (III, p. 56.)

Encerner, v. act., vieux mot qui signifiait ceindre d'un cercle (anciennement *cerne*. V. ce mot), entourer. (III, p. 162.)

Enchagriner, v. act., dérivé par Ronsard du verbe chagriner.

 ... c'est bien de mes malheurs
 Le plus grand, qui ma vie enchagrine et dépite.
        (VII, p. 313.)

Enchanter, v. trans., au sens étymologique de *incantare* (Nicot, Littré) : soumettre à un enchantement. Ex. : (I, p. 194.)

Encharner, v. trans. Ronsard emploie ce verbe dans le sens de incarner, entrer dans la chair.

 ... la douleur de ma playe
 Qu'Amour encharne au plus vif de mon soin.
        (Am. I, CXXIV, t. I, p. 70.)

Encliner ou *Incliner*, les deux verbes sont dans Nicot.
>... suivant ma destinée
>Qui s'est dès mon enfance aux Muses enclinée.
>(VII, p. 112.)

Encocher, v. trans., en parlant d'une flèche, faire entrer dans sa coche la corde de l'arc. Ce mot a vieilli ; nous avons conservé son contraire : *décocher*.
>Ayant toujours la fleche à la corde encochée.
>(Am. II, LX, t. I, p. 210.)

Encontre-val et *En-contreval*, loc. adv. comme *Contreval*.
1° En aval. Ex. : (I, p. 401.)
2° En bas. Ex. : (V, 89.) Cf. *Contre-bas*.

Encordeler, v. trans., entraver dans des liens.
>Comme en ses rets l'amour nous encordelle.
>(Am. I, XXXVIII, t. I, p. 23.)

Encorder, v. trans., signifie au sens propre : réunir et nouer les cordes d'un métier à tisser. Ronsard lui donne le sens de : jouer sur les cordes de la lyre.
>(II, p. 426.)

Encontre, employé pour la préposition contre.
>Je doute qu'Artemis quelque sanglier n'appelle
>Encontre Eurymédon. (I, p. 264.)

Ronsard lui attribue aussi le sens de : envers, à l'égard de.
>Tu mesprisois les hommes dont l'audace
>Est trop cruelle encontre nostre race. (III, p. 144.)

Encothurné, part. passé employé adjectivement du verbe *encothurner*, créé par Ronsard. (VI, p. 45.)

Encottonner, v. trans. (Nicot), détourné de son sens habituel et employé comme synonyme de *cottonner*. (V. ce mot.) (V, p. 245.)

Encourir (S'), v. réfl., employé dans le centre de la France pour : se mettre à courir.

> Et s'en-courant vers sa mère
> Luy monstra sa playe amère. (II, p. 271.)

Encourtiner, v. trans., couramment employé au seizième siècle. « C'est *ombrager* ou aussi tendre des courtines et tapisseries. » (Nicot.)

> Puis quand la nuict brunette a rangé les estoilles,
> Encourtinant le ciel et la terre de voiles,
> Sans soucy je me couche. (Disc., t. VII, p. 113.)

Encrouster, v. trans. (Nicot), signifiait au sens propre crépir. Ronsard emploie le dérivé *encrousture* au figuré en parlant du fard. Ex. : (V, p. 365.)

Endemené, part. passé du verbe *endemener*, formé par Ronsard à l'aide du préfixe *en* et du verbe *(se) démener* = pétulant. (Fr. II, t. III, p. 111.)

En-eauer, v. trans., mot nouveau créé par Ronsard, métamorphoser en eau. (I, p. 206.)

Enfançon, s. masc., ancien diminutif de enfant.

> ... et publioit d'une tremblante voix
> De son jeune enfançon les festes et les loix.
> (V, p. 234.)

Enfanter, v. trans., employé comme intransitif par Ronsard dans le sens de naître. Ex. : (I, p. 240.)

Enfariner, v. trans. (Nicot, Littré), au sens propre dans Nicot ; deux fois au sens figuré : blanchir, dans Ronsard. (II, p. 278 et 318.)

Enferrer, v. act., au seizième siècle : charger de fers, aujourd'hui percer d'un fer.

> Dedans ses fers m'enferre emprisonné. (I, p. 43.)

Enfeuiller (S'), v. réfl., en parlant d'un oiseau, se

cacher dans le feuillage, innovation de Ronsard. (V. *Enfieller* et *enfiévrir*.)

> ... un jeune oyseau
> Qui, s'enfeuillant dedans un arbrisseau.
> (Am. I, 204, t. I, p. 115.)

Enfieller, v. trans., innovation de Ronsard, changer en fiel, rendre amer comme le fiel.

> Pour enfieller le plus doux miel des hommes.
> (Am. I, CXVIII, t. I, p. 67.)

Trévoux fait suivre ce mot de cette note : « Ce mot est vieux. C'est Ronsard qui s'en est servi; mais notre langue est devenue plus sévère, et la poésie ne donne plus le droit de faire des mots nouveaux. »

Enfiévrir (S'), v. réfl., innovation de Ronsard.

Le Dictionnaire de Trévoux ajoute : « Ronsard a dit *s'enfiévrir* pour devenir fier; *enfleurir* les plaines pour les remplir de fleurs; *s'enfeuiller* pour se cacher dans les feuilles; *s'englacer,* etc. (V. ces mots.) Tout cela est vieux et n'est plus d'usage. »

Enfleurir, v. trans., formé par Ronsard du préfixe *en* et du verbe *fleurir,* a le même sens que le simple.

> Jamais repas ne me fut agréable
> Si ton bouton n'enfleurit une table.
> (Poèmes I, t. VI, p. 110.)

> ... qu'on enfleure la terre
> De roses et de lys, de lavande et de jonc.
> (I, p. 159.)

En-fouer, v. trans., mot nouveau créé par Ronsard : métamorphoser en feu, enflammer. (I, p. 206.)

Engarder, v. trans. (Nicot), empêcher. (I, p. 401.)

Engemmer, v. act., innovation de Ronsard; il a tiré

ce verbe du substantif *gemme*, perle (lat. *gemma*).

En-glacer, v. trans., mot nouveau créé par Ronsard : métamorphoser en glaçons. (I, p. 206.)

Engouer (S'), v. réfl. (Nicot, Littré), au sens propre : s'embarrasser, s'obstruer le gosier. On disait aussi *anouer* (Nicot), dans le même sens. Ex. :
(V, p. 33.)

Engouler, v. act., vieux mot, avaler.
>... sans avoir
>Premier engoulé l'amorce
>Qui pendoit de ton sçavoir. (II, p. 339.)

Engraver, v. trans., vieux mot déjà tombé en désuétude au dix-septième siècle : graver profondément. (Am. I, CIII, t. I, p. 59.)

De là le substantif féminin *engravure*, synonyme de gravure. (Fr. II, t. III, p. 110.)

Enhorter, v. trans., vieille forme synonyme de exhorter. (VIII, p. 115.)

Enjoncher, v. trans., innovation de Ronsard, synonyme de *joncher*, couvrir de fleurs, de feuillages.
(Am. I, CLV, t. I, p. 89.)

Enluminer, v. trans., subsiste dans le sens restreint de colorier, orner d'enluminures, ou au figuré : parer d'ornements qui ont plus d'éclat que de naturel et de goût. Ronsard lui attribue le sens étymologique : remplir de lumière. (I, p. 4.)

Enlustrer, v. trans., éclairer, illuminer. (I, p. 4.)

En-manné, vieux mot dont s'est servi Ronsard, pour dire remplir de manne. (Nicot.)
>Heureuse fut la mamelle enmannée
>De qui le laict premier elle receut.
>(Am. I, 137, t. I, p. 78.)

Ennouer, v. trans., innovation de Ronsard : lier, nouer. (Am. I, CXXVII, t. I, p. 71.)

Ennuer (S'), v. réfl., innovation de Ronsard, en parlant du soleil : se couvrir d'un nuage.

> Le soleil s'ennua pour ne voir telle mort.
> (Ecl. 1, t. IV, p. 20.)

Ennuyer, v. trans. (Nicot, Trévoux, Littré), est employé comme intransitif par Ronsard. Ex. :

> (I, p. 54.)

En-onder, v. trans., mot nouveau formé par Ronsard : faire onduler ses cheveux.

> ... les rets de ses beaux cheveux blons
> En cent façons enonde et entortille.
> (Am. 1, XLI, t. I, p. 25.)

Enreter, v. trans., innovation de Ronsard, prendre dans des rets, dans des filets.

> Les beaux yeux qui l'ont enreté.
> (Am. 1, chanson, t. I, p. 82.)

Il est aussi verbe réfléchi. (III, p. 268.)

En-rocher, v. trans., mot nouveau créé par Ronsard : métamorphoser en rocher. (I, p. 206.)

Enroue, fém. du part. *enrou,* innovation de Ronsard pour enrouée.

> Pleine de bois, la charrette attellée
> Va haut et bas par mont et par vallée,
> Qui, gemissant, enroue sous l'effort
> Du pesant faix, le versoit sur le bord. (III, p. 61.)

Enrouément, ancien adverbe (Nicot), dérivé de enroué. Ex. : (II, p. 416.)

Ensaffranné, adj. comp. créé par Ronsard, qui l'emploie comme épithète de l'aube : couleur de safran, jaune comme le safran.

> Incontinent que l'aube ensaffranée
> Eut du beau jour la clarté ramenée.
> (Fr. 1, t. III, p. 65.)

Enseigner, v. trans., employé pour instruire avec un régime indirect.

> Nature d'elle-mesme à l'amour vous enseigne.
> (I, p. 212.)

Enserrer, v. trans., vieux mot : enfermer. (I, p. 19.)

Ensuivre, v. trans., a le sens du latin *insequi,* poursuivre, suivre sans relâche.

> Et de doublement ensuivre
> Les deux mestiers de Pallas. (II, p. 205.)

Entéléchie, s. fém. Muret l'explique ainsi : « Ma seule âme, qui causez en moy tout mouvement, tant naturel que volontaire. *Entéléchie,* en grec, signifie perfection. Aristote enseigne que ceste *entéléchie* donne essence et mouvement en toutes choses. »

Ronsard l'emploie ainsi en s'adressant à sa maîtresse :

> Estes vous pas ma seule Entéléchie ?
> (Am. 1, LXVIII, t. I, p. 41.)

Ententif, adj., vieux mot. (*Roman de la Rose.* J. Le Maire, Palsgrave.) Attentif.

> Ces trois sœurs, à l'œuvre ententives. (I, p. 91.)
> Tant il est ententif à l'œuvre commencé.
> (IV, p. 14.)

Enthyrsé, adj., formé par Ronsard pour désigner les thyrses, javelots ornés de pampre et de lierre qu'on portait dans les fêtes de Bacchus. Ex. :

> (VI, p. 351.)

Entomber, v. trans., synonyme de tomber, innovation de Ronsard.

> Un peu de sable entombé sur ce bord.
> (Fr. III, t. III, p. 149.)

Ronsard l'emploie aussi pour signifier : enterrer, mettre dans la tombe.

> Entombe si tu veux, ou donne aux chiens ta femme
> Ou la jette en la mer, ou la baille à la flame.
> (III, p. 302.)

Même acception : (VII, p. 202.)

Entourner, v. trans., synonyme de entourer.
(III, p. 117.)

Entrecassé, part. passé ; Nicot : « cassé, mais pas tout à fait. »

> Car leurs beaux ans entrecassez n'arrivent
> A la vieillesse, ains d'âge en âge vivent.
> (VI, p. 175.)

Entre-deux, ancien adverbe (Nicot, Littré), dans l'intervalle... Ex. : (VI, p. 18.)

Entre-eveiller (Nicot), être à demi éveillé. Ex. :
(V, p. 105.)

On disait de même *entre-dormir* (Nicot), dormir à demi.

Entre-parleur, s. masc., interlocuteur, dérivé de *entre-parler*. Nicot indique le verbe seul. Ex. :
(VI, p. 413.)

Entusiasme, s. masc. pour enthousiasme, semble être de l'innovation de Ronsard, n'est pas indiqué par Nicot. Ex. : (VI, p. 375.)

Entre-semé, part. passé employé par Ronsard pour parsemé.

> Ayant d'azur la robe entre-semée. (III, p. 93.)

Entre-rompre, v. trans., ancienne forme du verbe interrompre. *Entre-rompu,* interrompu, dont la continuité est rompue.

> Mais ce portrait qui nage dans mes yeux
> Fraude tousjours ma joye entre-rompue. (I, p. 18.)

Entr'oy (J'), 1re pers. du prés. de l'ind. du verbe *entre-ouïr* ou *entr'ouïr* : « ouir imparfaitement » (Trévoux).

> J'entr'oy desja la guiterre. (VI, p. 359.)

En-verdurer, v. trans., innovation de Ronsard : couvrir de verdure. Ex. : (II, p. 234.)

Envieillir, v. trans., formé à l'aide du préfixe *en* et de l'adjectif *vieil,* signifiait au moyen âge paraître ou devenir vieux. Ronsard l'emploie dans ce second sens. (I, p. 305.)

Envis, préposition (du lat. *invitus*), *malgré,* vieux mot encore usité au seizième siècle.

> Or je t'aimeray donc, bien qu'envis de mon cœur,
> Si c'est quelque amitié que d'aimer par contrainte.
> (I, p. 209.)

En-voler, verbe habituellement réfléchi, est employé par Ronsard comme verbe transitif.

> De ton baiser la douceur larronnesse
> Tout esperdu m'envole jusqu'aux cieux.
> (Am. I, CCIX, t. I, p. 118.)

De même, en parlant d'Europe.

> ... ceste la
> Que le taureau sur sa croupe envola. (VI, p. 18.)

Épanir (S') ou *épanouir* : les deux verbes se trouvent dans Nicot; *épanir* est la forme la plus ancienne.

> Je vous envoye un bouquet que ma main
> Vient de trier de ces fleurs épanies. (I, p. 397.)

Épesse, orthographe de Ronsard pour *épaisse,* féminin de l'adjectif *épais.*

> Or' que l'hyver roidit la glace épesse
> Rechaufons-nous, ma gentille maistresse. (I, p. 218.)

Épinglier, s. masc. (Nicot), pelote ou étui à épingles. Ex. : (II, p. 485.)

Époinçonner, v. trans., vieux mot qui signifiait exciter, aiguillonner, piquer (Nicot).

> ... les amours qui ton âme époinçonnent. (I, p. 86.)

Synonyme *espoindre* (Nicot).

Époingt, orthographe de Ronsard pour *espoint,* participe passé du vieux verbe *espoindre* ou *epoindre.* (Nicot.) On disait aussi *espoinçonner* (Nicot). Ex. : (I, p. 53.)

Équalement, adv., ancienne forme de également, n'est pas dans Nicot, qui cite cependant *équalité* et *équaliser.* Ex. : (IV, p. 267.)

Erratique, adj. qual. (lat. *erraticus*) : vagabond; employé par Ronsard, Rabelais, subsistait au dix-septième siècle comme terme d'astronomie appliqué aux planètes et comme terme de médecine pour désigner certaines fièvres.

> De la Serene antique
> Je verray le tombeau
> Et la course erratique
> D'Aréthuse... (II, p. 247.)

V. t. V, p. 159 :

> Les sept feux erratiques,

pour désigner les planètes. Les planètes connues des anciens étaient Mars, Mercure, Vénus, Jupiter et Saturne, et ils donnaient aussi le nom de planètes au Soleil et à la Lune.

Erre, s. fém., au singulier signifie : la suite, le cours.
> ... quand la lune avec ses noirs chevaux
> Creuse et pleine reprend l'erre de ses travaux.
> (VI, p. 191.)

Erres, s. fém., au pluriel, terme de vénerie, « traces, vestiges... On appelle aussi *erres,* les lieux par où une bête s'enfuit de *bon temps* ou de *mauvais temps,* ou de *vieil temps* (v. ces mots), c'est-à-dire comme une jeune bête, ou une vieille qui est recrue. On appelle aussi *erres* les pieds, routes et voies du cerf... » (Trévoux.) (I, 255.)

V. le mot *Vénerie.*

Erreur, subst., le plus souvent masculin au seizième siècle, est du genre commun chez Ronsard.
> Et me remplit le cœur d'ingénieuse erreur.
> (V, p. 191.)

> Le désir, l'avarice et l'erreur insensé
> Ont c'en dessus dessous le monde renversé.
> (VII, p. 14.)

Ès, anc. forme contr. pour dans les, couramment employée au seizième siècle et par Ronsard.
> Je veux mourir ès amoureux combats.
> (I, p. 28 et passim.)

Esbattre à... (*S'*), v. réfl., se plaire à (Nicot).
> Celuy que Mars horriblement r'enflame
> Aille à la guerre, et d'ans et de pouvoir
> Tout furieux, s'esbate à recevoir
> En sa poitrine une espagnole lame. (I, p. 46.)

Esbranle-rocher, mot composé, créé par Ronsard et employé substantivement comme épithète de l'Aquillon : « qui ébranle les rochers ». (I, p. 114.)

Escaillé, adj., couvert d'écailles, en parlant des poissons.
> J'aimerois mieux vestir un poisson escaillé.
> (IV, p. 291.)

Ronsard l'emploie aussi substantivement.

> Et pendu sur le bord, me plaisoit d'y pescher
> Estant plus resjouy d'une chasse muette
> Troubler des escaillez la demeure secrette.
> (I, p. 363.)

V. *Vestir*.

Escarce, féminin employé substantivement de l'ancien adjectif *eschars* (Nicot), *echars*, *escars* (*Chronique des ducs de Normandie*. *Roman de Berthe aux grands piés*) : avare, chiche, parcimonieux. Épithète de la mort. (II, p. 350.)

Nicot cite l'adverbe *escharcement* (lat. : *avare*).

Escarder, v. trans., forme populaire ancienne pour *carder*.

> Les fait filer, les laines escarder,
> Ourdir et coudre... (III, p. 144.)

Escarmoucher, v. intr. ou réfl., *s'escarmoucher*, vieux mot déjà employé par Froissart, et qui remonte plus haut (Nicot, Littré). (V. Diez, Grammaire : étymologie de ce mot. Cf. italien : *scaramucciare*, espagnol : *scaramuçar*, haut allemand : *skerman*, combattre.) Au sens propre : se livrer à des escarmouches, au sens figuré employé par Ronsard : en parlant des cheveux follets ébouriffés sur le front. (I, p. 110.)

Eschauffaut, s. masc. pour *échafaud*, « ouvrage de charpenterie élevé en forme d'amphithéâtre pour y placer des spectateurs ». (Trévoux), par extension : théâtre, scène.

> ... lors Jodelle heureusement sonna,
> D'une voix humble et d'une voix hardie,
> La comédie avec la tragédie,
> Et d'un ton double, ore bas ore haut,
> Remplit premier le françois eschauffaut. (VI, p. 45.)

Escheler, v. trans. (Nicot), forme antérieure à escalader dont il a la signification. Ex. : (V, p. 175.)

Esclater, v. trans., briser, rompre : innovation de Ronsard signalée par Marcassus. Ex. : (V, p. 152.)

Esclater (*S'*), forme réfléchie du verbe éclater employé au seizième siècle pour le v. intr. (Nicot.)
> Maint gros tonnerre ensoufré s'esclatoit. (III, p. 93.)

Esclouit, 3e pers. sing. du parf. défini du verbe *esclorre* (Nicot), ancienne forme de éclore. Ex. :
(V, p. 23.)

Escofion, s. masc. (orth. de Ronsard), ou *Escoffion* (Trévoux) : bonnet, « coëffure des femmes du peuple » (Trévoux). Dans Ronsard : bonnet élégant. Ex. : (I, p. 210.)
Ailleurs il emploie la forme *scophion*.
(VI, p. 81.)

Escrageant, part. prés. du verbe *escrager*, pour *escraser* = écraser, aplatir en comprimant. Ex. :
(VI, p. 70.)

Escrimer, v. n. (italien *schermare*), faire des armes.
> Regarde en s'esbatant l'olympique jeunesse
> Pleine d'un sang bouillant aux joustes escrimer.
> (Sonnets pour Hélène, I, p. 338.)

En escrimant... (I, 375.)

On le trouve encore ailleurs.
> Ny escrimer, combattre a la barrière.
> (Odes retr., t. II, p. 455.)

Ronsard en tire le substantif *escrimeur*.

C'est l'épithète qu'il donne à Pollux.
> Après avoir prié, dévotieux,
> Les deux jumeaux qui decorent les cieux...

> L'un escrimeur en vers tu descriras,
> L'autre donteur des chevaux tu diras...
> (Odes retr., t. II, p. 400.)

Escumier, adj. qual., épithète de Vénus, née de l'écume de la mer.

> Escumière Venus. (I, p. 168.)
> Je l'accompare à l'escumière fille. (I, p. 25.)

Esgrafigner ou *égraffigner*, forme plus ancienne que égratigner (Nicot), dont elle est synonyme.
> (III, p. 98.)

Esguière, s. fém., ancienne forme du subst. *aiguière* : Nicot indique les deux : *esguière* vient de *esgue*, qui existait en même temps que *aigue*, d'où *aiguière*.
> (Fr. II, t. III, p. 116.)

Esjouir (S'), v. réfl.; nous avons conservé le dérivé se réjouir.

> Dessous leurs pieds la campagne arrosée
> S'éjouira de manne et de rosée. (IV, p. 139.)

Eslever (S'), v. pron. Ronsard lui attribue le même sens que se lever.

> Si tost que l'Aube à la face rosine
> Eut le soleil tiré de l'eau marine,
> Francus s'eslève... (III, p. 108.)

Esmorcé, part. passé employé par Ronsard pour amorcé. Ex. :

> ... un pistolet bien esmorcé. (III, p. 407.)

Espace, s. masc. et fém.

> Devant la porte en assez long espace
> Large, quarrée, estoit une grand' place.
> (Fr. II, t. III, p. 113.)

> Pour t'enfuir longue espace devant
> Le tard vaisseau qui t'iroit poursuivant.
> (Poèmes, Regrets de Marie Stuart pour elle-même.)
> (VI, p. 27.)

Espasmé, forme ancienne et populaire du mot : pâmé.

> Ainsi pleurant, Francus elle accolla,
> Puis espasmée au logis s'en alla. (I, p. 76.)

Esparsement, adv. dérivé de espars (Nicot), appliqué aux cheveux de l'Aurore : flottant de tous côtés. Ex. : (I, p. 54.)

Esparvanche, s. fém. employé par Ronsard pour : pervenche.

> De verts lauriers et vertes esparvanches.
> (VII, p. 201.)

Espervier et *Esprevier* (par métathèse), s. masc., double forme du même mot : épervier. Ex. :
(VIII, p. 116 et 144.)

Espoint, part. passé du verbe transitif *espoindre* ou *époindre,* vieux mot qui signifiait piquer, aiguillonner. (Nicot.) V. *époingt, époinçonner.*

> Celuy qui vit en ce poinct,
> Heureux, ne convoite point
> Du peuple estre nommé Sire,
> D'adjoindre au sien un empire
> De trop d'avarice espoint. (II, p. 355.)

Espois, s. masc., terme de vénerie. Epois se dit de chaque cor ou sommet de la tête d'un cerf... Il y a des épois de coronure, de paumure, de trochure et enfourchure dans le bois et la tête d'un cerf. (Trévoux.) (I, 254.)

V. le mot *Vénerie.*

Espose, abréviation pour *espouse,* licence que Ronsard autorise dans son *Art poétique.* (V. Introduction : *Théories de R...*)

Espouvanteux, adj. qual. créé par Ronsard, synonyme

de : épouvantable, qui inspire l'épouvante. Un seul exemple :

> ... d'espouvanteuse œillade. (Disc., t. VII, p. 83.)

Il emploie fréquemment : épouvantable.

Esprit, s. masc. employé avec le sens du lat. *animus*, dans l'expression *animos addere :* souffle, ardeur.

> Tous deux de garbe et de courage grans,
> Donnans l'esprit aux chevaux par les flancs,
> D'un masle cœur au combat s'eslancerent.
> (III, p. 128.)

Essein, s. masc., orth. de Ronsard pour *essain* (Nicot) (*ei = ai*) : essaim. Ex. : (I, p. 229.)

Essorer (S'), v. réfl., terme de vénerie : prendre l'essor.

> ... un jeune oyseau
> De branche en branche à son plaisir s'essore.
> (Am. I, CCIV, t. I, p. 115.)

Essueil, s. masc. employé par Ronsard, Rabelais, pour seuil.

> ... à l'essueil de son huis... (VI, p. 198.)

Essuy, s. masc., subsiste comme terme de métier et signifie le lieu où les tanneurs mettent sécher le cuir. Cf. le vieux mot françois *essoute*, s. fém., lieu où l'on se met à couvert de la pluie. (*Dictionnaire de Lacombe.*) Ici, terme de vénerie : abri.
> (I, 255.)

V. *Vénerie.*

Estaim, s. masc., terme technique, partie la plus fine de la laine cardée (lat. *stamen*).

Trévoux : « C'est le plus fin de la laine qui n'est appelé *étaim* que quand il est tiré de la laine. »

Le mot subsiste encore de nos jours, *estaim* ou

étaim, c'est une sorte de longue laine qu'on a fait passer par un peigne ou grande carde. Lorsque cette laine a été filée et qu'elle est bien torse, on l'appelle fil d'*estaim*, et c'est de ce fil qu'on forme les chaînes de tapisseries de haute et basse lice. De là est venu le mot *estame* (syn. de *estaim*), employé dans les expressions fil d'*estame*, gants d'*estame*, bas d'*estame* (gants, bas, fabriqués avec cette sorte de fil).

De là le dérivé *estamet*, s. masc., petite étoffe de laine, et aussi *étamine*.

Ronsard emploie *estaim* pour désigner la laine cardée, t. I, p. 220.

Estofer, v. trans., « signifie en général employer de bonne étoffe, de bonne matière, et n'épargner ni la qualité ni la quantité ». (Trévoux.)

 Si chasteaux, si citez de marbres estofées,
  Vieillissent... (III, p. 259.)

Nicot cite l'expression : bien garnir et estofer les villes de frontières.

Estoupé, part. passé du verbe *estouper*, garnir d'étoupe, boucher avec de l'étoupe : au fig. *boucher*.

 De limon et de sable et de bourbe estoupée,
 Claire ne couroit plus la source Aganippée.
     (III, p. 274.)

Estourbillon, s. masc., vieux mot (Nicot), tourbillon. Ex. : (VI, p. 368.)

Estourdiment, s. masc., abréviation de *estourdissement*. Ex. : (V, p. 25.)

Estrange, adj., employé dans l'ancienne langue et par Ronsard avec le sens d'étranger.

 ... et l'estrange arondelle
 Fait contre un soliveau sa maison naturelle.
     (I, p. 184.)

Estre, s. masc., employé pour désigner la condition de l'homme sur la terre :

> En ce bas estre. (VI, p. 372.)

En ce bas monde.

Etéal, adj. qual., créé par Ronsard : de l'été.

> ... le Chien etéal (la Canicule). (VI, p. 410.)

Ethiope, adj., employé par Ronsard pour *ethiopien,* seul indiqué par Nicot.

> ... la conduit jusqu'au rivage Ethiope. (II, p. 71.)

Évangile, s. masc. aujourd'hui, a été longtemps féminin; cité par Palsgrave comme nom de genre commun, il est employé par Ronsard comme féminin.

> Ne presche plus en France une Evangile armée.
> (VII, p. 22.)

Évaste (gr. εὐαστής), qui célèbre les bacchanales, un des surnoms de Bacchus. (V, p. 237.)

Éventer, v. trans. (Nicot, Trévoux, Littré), au sens propre signifie : exposer au vent, et au figuré : mettre à l'air, au jour, divulguer. C'est dans un sens intermédiaire entre ces deux acceptions que Ronsard l'emploie. (I, p. 11.)

Évesché, s. masc. aujourd'hui, a été féminin jusqu'au seizième siècle et est employé comme féminin par Ronsard.

> ... avoir tout le chef et le dos empesché
> Dessous la pesanteur d'une bonne evesché.
> (VII, p. 98.)

Évien (grec εὔιος), bachique, inspiré, prophétique. Εὔιος, surnom de Dionysos.

Ronsard dit aussi : *Evie* et *Evolien.*
> (VI, p. 54, et V, p. 237.)

Exercite, s. masc. (*exercitus*), armée.

Ronsard n'a employé qu'une fois ce substantif.

> Qui contera l'exercite des nues.
> (Hymnes retr., t. V, p. 287.)

Il existait déjà dans la vieille langue. Palsgrave (Grammaire française, II, 6) en cite un exemple tiré de J. Le Maire : « Il assembla un grant *exercite* et merveilleux peuple de toutes gens puissants... »

Exerciter, v. trans.

1° Exercer, pratiquer un art.

> Dedans l'enclos de nos belles citez
> Mille et mille arts y sont exercitez.
> (Recueil des hymnes retr., t. V, p. 287.)

2° *S'exerciter*, v. réfl., s'exercer, prendre de l'exercice.

> Ore nager, luitter, voltiger et courir
> M'amusent sans repos ; mais plus je m'exercite,
> Plus amour naist dans moy...
> (Am. II, XXV, t. I, p. 171.)

F

Face, ancienne forme du subjonctif pour fasse.

> ... que la chienne cuisante
> Jamais dedans ton vaisseau
> Ne face tarir ton eau ! (II, p. 347.)

Facond, adj. qual. (lat. *facundus*), éloquent. Nous avons conservé le subst. *faconde* : mais l'adjectif a disparu :

> Estimé le plus sage et facond de son temps.
> (I, p. 370.)

Facond est déjà cité par Palsgrave : il appartient au plus ancien fonds de la langue.

Faconde, s. fém., vieux mot (Nicot, Littré), signifiait : élégance de langage, éloquence. Pour Ronsard la *lyrique faconde* est la poésie lyrique.
(II, p. 62.)

Facteur, s. masc. (*factor*), au sens étymologique : créateur, sens que n'indique pas Nicot. Ex. :
(V, p. 247.)

Faillir, v. intr., a deux acceptions.

1° Faire défaut, manquer.

Et ne partir d'icy jusqu'à tant qu'à la lie
De ce bon vin d'Anjou la liqueur soit faillie.
(I, p. 191.)

2° Pécher, commettre une faute.

Nos ennemis font faute et nous faillons aussi.
(VII, p. 41.)

Ils faillent de penser qu'à Luther seulement
Dieu se soit apparu. (VII, p. 41.)

Faiscelle, s. fém. (lat. *fasciculus*) ; on écrivait aussi *faisselle* et *fesselle* (Trévoux). Cf. le mot *faisserie* ou *fesserie* qui se disait de « tout ouvrage de vannerie » (Trévoux) : paniers d'osier, claies et ici spécialement vaisseau (forme) à faire des fromages.

Que pleines soient nos faiscelles
De fourmages secs et mous. (V, p. 260.)

Faitif, adj. Nicot en donne deux formes : *faitifs* et *faictiz* qu'il traduit par *factitius*, bien fait.

Ronsard n'a employé que la première :

... les souliers faitifs
D'un demi-pied luy estoient trop petits.
(Poëmes I, Le Satyre, t. VI, p. 83.)

Se rattache certainement à la même racine que *faitis* et *faitissier* (très usité en Anjou selon Ménage), donnés par Trévoux comme synonymes de *factice*, et que l'adverbe *faitis* dans cet exemple de Pathelin où il signifie : fait exprès.

Je l'ai fait faire tout faitis (Pathelin).

Fallace, s. fém. (*fallacia*), tromperie.

Ronsard l'emploie dans son Bocage Royal :
Qu'on le jette aux chiens, puisqu'il a par fallace
Trompé ta main, tes dieux, ton logis et ta grâce.
(III, p. 301.)

Le mot dont il se sert le plus souvent en ce sens est *cautelle*, dérivé aussi du latin et d'un usage courant au moyen âge.

Fame, s. fém. (*fama*), la Renommée.

Ronsard en fait un fréquent usage.
... la Fame qui parle et vole librement.
(Hymnes, t. V, p. 70.)

... et la Fame emplumée
Vivant bruira son nom. (V, p. 121.)

Mais il ne l'emploie que pour personnifier la déesse de la Renommée. (V. encore VI, p. 107.) De cette racine la langue moderne a conservé l'adj. fameux et le participe famé. Ex. : mal famé.

Famine, s. fém., employé comme synonyme de faim.

Après qu'il eut du tout sa famine appaisée. (V, p. 33.)

Fanir, ancien v. intr., employé par Ronsard comme verbe de la 2ᵉ conjugaison pour se faner.

Pareils aux champs qui fanissent. (II, p. 37.)
Ainsi ta fleur ne deviendra fanie.
(Am. I, CXXIX, t. I, p. 73.)

Fantaisie, s. fém. (Nicot, Littré), avait encore son sens étymologique (φαντασία), imagination.

Ex. : En parlant de l'Amour :
Il blesse les fantaisies
Et des hommes et des dieux. (II, p. 361.)

Et (I, p. 295.)

De là le sens des mots : *fantastique* et *fantastiquer*.

Fantastique, adj., esclave de sa fantaisie, de son imagination.

>   Je ne suis courtizan ni vendeur de fumées,
>   . . . .
>   Je ne saurois mentir, je ne puis embrasser
>   Genoux, ny baiser mains...
>   ... je suis trop fantastique. (III, p. 283.)

Et (I, p. 440.)

Fantastiquer, imaginer, et comme l'explique Muret : « feindre à sa fantaisie ». Sur les plus beaux fantastique un exemple. (Am. I, 185.)

Fardeur, adj., dérivé par Ronsard du verbe farder : qui farde.

>   ... tel que fut de la playe Adonine
>   Le sang fardeur de la rose pourprine. (III, p. 134.)

Fasché de, ancienne expression synonyme de : fatigué de, ennuyé de (Nicot). Ex. : (III, p. 200.)

Fatidique, adj. (*fatidicus*), qui prédit l'avenir.

Employé une fois par Ronsard.

>   Telle fut Œnoné, et nostre Melusine,
>   Et la vieille Manton, fatidique héroïne.
>   (El. XXIX, t. IV, p. 339.)

Faultier, adj. qual., pour fautif : sujet à faire des fautes, et, en parlant d'un arc, à manquer le but. (I, p. 261.)

Favorit (Nicot, Littré), ancienne forme du mot favori. On retrouve le *t* dans le féminin favorite. Ex. : (III, p. 397.)

Feinte, s. fém., employé par Ronsard avec le sens du latin *simulacrum*, apparence fictive.

>   ... nous ne sommes
>   Plus ces corps vifs, mais feinte de ces hommes

Que bien armez et prompts à tous hazards
En tes vaisseaux tu choisis pour soldards.
(III, p. 108.)

Feintise, s. fém., vieux mot, a deux sens.

1° Dissimulation.

... et masqué de feintise,
Ma vieille barbe et mes cheveux mesprise.
(III, p. 194.)

2° Air artificieux.

Encor davantage elle a
Je ne sçay quelle feintise. (VI, p. 355.)

Femelle, s. fém., a longtemps gardé son sens étymologique (lat. *femella*, diminutif de *femina*), femme. Encore usité avec ce sens dans la langue populaire. Ex. : (II, p. 167.)

On a dit aussi *fumelle*.

Fenestré, adj. qual., vieux mot (Nicot, Trévoux, Littré), percé, ouvert, où il y a des fenêtres. Ex. : (III, p. 365.)

Fère, s. fém. (*fera*), bête sauvage.

Ce substantif est d'un usage commun chez notre poète :

... Et les fères troublées
De peur se vont tapir au profond des vallées.
(Hymnes II, VIII, t. V, p. 236.)

V. aussi Am. I, Sonn. 97, 111, 157, et t. III, p. 115.

Fermer, v. trans., employé par Ronsard au sens du mot italien *fermare*, arrêter, fixer. Ex. :
(VI, p. 26.)

Ferré, adj., conserve encore le sens du latin *ferreus*, de fer.

... je lui feray cognoistre
A coups ferrez combien poise ma destre. (IV, p. 151.)

Ferut, 3ᵉ pers. du sing. du passé défini de *férir* ; on employait alors concurremment une forme en *i* et une forme en *u* au parfait et au participe.

>Et tellement la douleur la ferut
>Que par les champs hurlante elle courut.
>
>(III, p. 189.)

Feste, orth. ancienne pour *faiste*, *faîte*.

>La renversant du fond jusques au feste. (III, p. 92.)

Fevre, s. masc. (de *faber*), vieux mot, artisan, ouvrier. (VI, p. 412.)

>Ailleurs il a le sens de forgeron, serrurier.
>
>(II, p. 105.)

Fiance, s. fém. (Nicot), vieux mot dérivé de *fidentia*, synonyme de *asseurance* (Nicot, Littré), confiance. Ex. : (VI, p. 210.)

Fier, adj. qual., a le sens du latin *ferus*, farouche.

>Victime de l'Orque noir,
>De l'Orque qui ne pardonne,
>Tant il est fier, à personne. (II, p. 163.)

Fier-doux, adj. comp., créé par Ronsard, cruel et doux en même temps. Épithète de Vénus à qui ailleurs il applique celle d'*aigre-douce*.

>Vénus la fière-douce. (I, p. 272.)

V. *doux-fier, doux-amer, aigre-doux*.

Fier-humble, adj. comp., créé par Ronsard.

>Une humble-fière et fière-humble guerrière.
>
>(I, p. 68.)

Figuette, s. fém., diminutif de figue : petite figue. Cf. le mot *figon*, mâcheur de figues, cité par Cotgrave et appliqué aux Milanais par allusion à la punition que leur infligea Frédéric Barberousse. Ex. : (VII, p. 298.)

Figuré, part. passé, employé avec l'ancienne acception dérivée du latin : *figuris ornatus, distinctus,* orné, couvert de figures.

> Elles en ton honneur d'une boucle azurée
> Graffaient sur leurs genoux leur cotte figurée.
>   (V, p. 234.)

Fils-d'œuf, adj. comp., innovation de Ronsard; appliqué à Castor par allusion à la légende mythologique de Léda.

> Castor fils-d'œuf. (VI, p. 48.)

Fils-de-pluye, adj. comp., innovation de Ronsard qui l'applique à Persée. « Il faut voir en ce héros, dit M. Maury (*Histoire des religions*), une image des eaux, qui s'élevant de la terre par l'évaporation solaire, vont se condenser dans les nues. »

> Perse fils-de-pluye. (VI, p. 48.)

Finé, part. passé de l'ancien verbe *finer* : cesser, finir (Nicot, Littré).

> Au moins en sa douleur l'homme auroit espérance
> De vivre aise à son tour après le mal finé.
>   (IV, p. 349.)

Et (II, p. 477.)

Flageol, s. masc., vieux mot antérieur à flageolet.

> Qui musette et flageol à ses lèvres usa
> Pour te donner plaisir. (I, p. 184.)

De là le verbe : *Flageoller* ou *Flageoler,* v. trans., jouer sur le flageolet.

> Flageollant une eclogue en ton tuyau d'aveine.
>   (I, p. 322.)

Flair, s. masc., odeur, signification vieillie du mot. Ex. : (I, p. 195.)

Flammer, v. intr., pour flamber (Nicot), synonyme de flamboyer. Ex. : (VI, p. 38.)

Flandrois, adj., pour flamand.
> ... au rivage flandrois. (III, p. 327.)

Flateresse, fém. de l'adj. flatteur.
> ... la tourbe flateresse. (VI, p. 194.)

Fleurer bon, répandre une bonne odeur (Littré). Ex. : (I, p. 190.)

D'où *Fleurage,* s. masc., détourné par Ronsard de son sens pour signifier un amas de fleurs.
> (I, p. 89.)

Flo-flotant, part. prés., formé par redoublement de la première syllabe, licence que se permet souvent Ronsard.
> D'une flo-flotante vois. (Odes v, XII, t. II, p. 348.)

Fleuron, s. masc. (Nicot, Littré), diminutif de fleur, fleurette. Ex. : (II, p. 168.)

D'où le verbe *Fleuronner,* v. intr. : fleurir, être dans sa fleur (Nicot). Ex. : (II, p. 17.)

Fluctueux, adj. qual., agité par les flots.
> ... l'abîme
> De leur mer fluctueuse. (II, p. 221.)

Folleton, adj., diminutif de follet (qui est lui-même un diminutif de fol, fou).
> Poil folleton où nichent mes liesses. (I, p. 117.)

Fontaine-Bleau, nom propre, orthographe de Ronsard pour Fontainebleau. (II, p. 301.)

Fontanier et *Fontainier,* adj., créé par Ronsard qui lui attribue deux sens.

1° Où sourdent des fontaines.
> Et ces fontanières prées
> Diaprées
> De mille tapis herbus.
> (Voy. d'Hercueil, t. VI, p. 364.)

2° Qui habite les fontaines, qui préside aux sources.

> Bien tost verras tes Faunes et tes Pans
> . . . .
> Courir après tes nymphes fontainières. (III, p. 332.)

Fontelette, s. fém., diminutif de fontaine.
(Odes v, XII, t. II, p. 345.)

Quelques vers plus haut, Ronsard dit *Fontenette* (*ibid.*, p. 344).

Forbanni, part. passé employé adjectivement, innovation de Ronsard pour *banni.*

> Les os d'Hector forbannis de l'Asie. (I, p. 42.)

Forçable, adj. qual., employé par Ronsard dans le sens de : qui peut être forcé, pris d'assaut.

> Ce chasteau que tu vois par arme n'est forçable.
> (IV, p. 130.)

Forcener, v. intr., vieux mot (Nicot), estre forcené : c'est-à-dire « estre hors du sens » (*for-sené*). Ex. :
(I, p. 131, t. II, p. 196.)

D'où les substantifs *forcenement* et *forcenerie* (Nicot).

Forcenerie est dans Ronsard. (VIII, p. 149.)

Forcere, s. masc., ou *forçaire,* orthographe de Ronsard pour forçat. (Un exemple aussi de d'Aubigné.)

> ... d'un prisonnier enchaisné
> Ou d'un valet, ou d'un forcere,
> Qui est esclave d'un corsaire. (I, p. 170.)

> Je vous servy et non comme forçaire.
> (Sonnets pour Astrée, X, t. I, p. 271.)

Forestier, adj. qual. (Nicot), ancien sens du mot : qui habite les forêts, qui préside aux forêts. Ex. :
(V, p. 199.)

Forhuer, v. n. ou plutôt *forhuir* (Trévoux), terme de

vénerie qui signifie donner du cor... du *huchet*, pour rappeler les chiens.

V. *Huchet* et *Vénerie*.

> Je descouplay mes chiens, et forhuant après,
> Les nommant par leurs noms. (I, p. 255.)

Fortitude (*fortitudo*), s. fém. Courage; employé par Oresme, se trouve une fois dans les *Œuvres inédites* en prose de Ronsard : « lesquelles vertus sont *fortitude*, patience, etc. » (VIII, p. 156.)

Fortuner, v. trans. (lat. *fortunare*) (Nicot, Littré), vieux mot que rien n'a remplacé : rendre fortuné, riche, heureux. Ex. :

> Il appartient aux astres, mon Astrée
> Luire, sauver, fortuner et conduire. (I, p. 266.)

De même : (II, p. 104.)

Forussis, adj., formé par Ronsard sur le modèle italien *fuorusciti*, bannis.

> (Naples). Que les Chalcidiens forussis habitèrent.
> (Hymnes I, V, t. V, p. 92.)

Fosselu, adj., marqué de fossettes; fréquemment employé par Ronsard.

> Ny son menton rondement fosselu. (I, p. 28.)

Foule (*à*) (Nicot), ancienne expression remplacée par en foule (Littré). On disait aussi à grand foule. Ex. : (III, p. 266.)

Foulures, s. masc. pl. Vénerie : On dit aussi *foulées* : ce sont les marques que le pied du cerf laisse sur l'herbe, les feuilles, le sable. On appelle ces marques la *voie* du cerf, quand elles sont sur la terre nette. (Trévoux.) (I, 255.)

V. *Vénerie*.

Fourière, s. fém. de fourrier. « Marot appelle l'Aurore

la fourrière du soleil, parce qu'elle précède le soleil, comme les fourriers précèdent la Cour. » (Trévoux.)

Il signifie de même avant-coureur pour Ronsard qui en a fait un emploi analogue :

Mais le soir est venu, et Vesper, la fourière
Des ombres, a desja respandu sa lumiere.
(IV, p. 69.)

Fourmi, fém. aujourd'hui, a été longtemps masculin.

Mais tu vis par les sillons vers
De petits fourmis et de vers. (VI, p. 349.)

Fouteau, s. masc., ancien diminutif de *fou,* hêtre (lat. *fagus*), d'où *fagutillius* (?), *faultiau, fouteau.* On disait aussi *fayard* (Littré), *fayant* ou *hestre* (Nicot) et *fau.* Ex. : (V, p. 65, et VI, p. 325.)

Ailleurs Ronsard orthographie *fousteau.* Ex. :
(III, p. 165.)

De *fouteau, foutelaie,* lieu planté de hêtres, *hêtraie.*

Fouyer, s. masc., orthographe et prononciation du Centre pour foyer.

... accroupis dans le fouyer cendreux. (I, p. 218.)

Franchise, s. fém. (Nicot, Littré), indépendance. Sens ancien de ce mot. Ex. : (III, p. 68.)

Frayoir, s. masc., terme de vénerie, lieu où les cerfs vont *frayer,* en frottant leur bois contre les arbres.

Frayer : se dit des cerfs qui frottent leur bois contre les arbres pour en faire tomber la peau velue qui le couvre. (I, 255.)

V. *Vénerie.*

Frenaisie, s. fém. (Nicot), pour frénésie : délire, fureur voisine de la folie. Ex. : (I, p. 278.)

Frères-dieux, mot composé créé par Ronsard. Ex. :
(VII, p. 162.)

Fresier, v. trans., vieux mot (Nicot), de *fresle,* fragile, fêler, briser. Cf. la forme du moyen âge, *frételé* (*Roman de la Rose*), brisé, puis *sali.* Ex. :
(III, p. 338.)

Fresnier, fém., *Fresnière,* adj. qual., innovation de Ronsard : de bois de fresne. (III, p. 334.)

Fretillard, adj. qual., pour frétillant (lat. *lascivus*).
Mi-tirant sa langue fretillarde. (I, p. 106.)
De même :
... elle me darde
Sa languette frétillarde. (Odes II, VII, t. II, p. 146.)

Fromenteux, adj. qual., qui produit le froment. Un exemple :
Voy ces rochers au front audacieux,
C'estoient jadis des plaines fromenteuses.
(Poèmes, t. VI, p. 128.)

Front-cornu, adj. comp., créé par Ronsard : épithète qu'il applique aux Faunes, aux Satyres.
... les Faunes front-cornus. (VI, p. 372.)

Fruitier, adj. employé par Ronsard comme synonyme de riche en fruits.
... le fruitier automne. (III, p. 161.)
Nous avons conservé l'expression : jardin fruitier, et le subst. fruitier, fém. fruitière.

Fueillard, orth. de Ronsard, ou *Feuillard,* s. masc. En termes de blason, on a donné ce nom aux lambrequins à cause de leur ressemblance avec les feuilles d'acanthe.
Ronsard l'emploie dans un sens particulier : couronne de feuillage.
... un dodonien fueillard
Faisoit ombrage aux tresses blanches
De leur chef tristement vieillard.
(Odes I, X, t. II, p. 91.)

Fuitif, adj. qual., forme antérieure à fugitif (Nicot indique encore les deux).

> ... et, sans tenir promesse,
> Marche, fuitif, où l'orage le presse. (III, p. 145.)

Fumées, s. fém. pl., terme de vénerie : excréments des cerfs et autres fauves. Ex. : (I. 255.)
V. *Vénerie*.

Fumière, s. fém., vieux mot qui signifiait *fumée* et *fumier*. Ces deux mots se confondaient sous la forme *fumer* indiquée par Nicot : « *fumer, voir fumée et fumier.* »

Fumière dans Ronsard signifie fumée.
(II, p. 443.)

Funeral, adj. qual. (lat. *funeralis*), funèbre, qui se rapporte à la sépulture.

> Fit des tombeaux, funérales maisons. (III, p. 108.)

Fuseau. V. *Fusée*.

Fusée, s. fém. (Nicot, Littré).

1° Ce qu'un fuseau contient ou peut contenir de fil. Ex. : (IV, p. 231.)

2° Le fuseau lui-même. Ex. : (III, p. 49.)

Ronsard emploie aussi *fuseau*. Ex. :
(III, p. 312.)

Fust, s. masc. ; on appelait jadis fût, le bois de la lyre.

> ... Après avoir usé
> Cordes et luth et fust, je me suis abusé
> A louer les seigneurs. (III, p. 374.)

Fuzil, s. masc., ou *fusil* (Nicot, Littré), signifiait au propre : la pièce d'acier qu'on frappe contre un silex pour en faire jaillir des étincelles ; au figuré dans Ronsard : cause (emploi analogue du mot *brandon* aujourd'hui). (III, p. 234.)

G

Gager, v. trans., employé dans le sens très particulier de : louer à gages.

> Tu dis que j'ay gagé ma Muse pour flatter ?
> (VII, p. 117.)

Gaignages ou *Gagnages*, s. masc. pl. L'ancienne langue possédait les deux mots *gaignages* et *gaignesie*, s. fém., pour désigner les pâturages, les prés fauchés.

En vénerie, se dit des terrains où les fauves vont paître ou *viander*. (I, 255.)

> Dedans faisoit sa bauge une beste sauvage
> Qui jamais autre part ne cherchait son gaignage.
> (Songe III, p. 289.)

V. *Vénerie*.

Gallant, subst. dérivé de l'ancien verbe *galer*, se réjouir : signifiait un bon vivant, un joyeux compagnon, un gaillard (comme on dit encore aujourd'hui).

> Meurs, gallant ! c'est assez beu. (II, p. 164.)

Garbe (ital. *garbo*), aujourd'hui *galbe*, contour, profil d'une figure ; déjà du temps de Henri Estienne la prononciation *galbe* tendait à prévaloir. Ce mot autrefois féminin est aujourd'hui masculin. Ronsard n'en offre qu'un exemple.

> Et monstroit à son port quel sang le concevoit,
> Tant la garbe de prince au visage il avoit.
> (Boc. Roy., t. III, p. 307.)

Garni, part. passé. Ronsard lui attribue le sens perdu aujourd'hui de : doué, pourvu.

> Le vieil Amblois, dont l'âme estoit garnie
> De prophetie... (III, p. 201.)

Gauche, adj. qual., employé par Ronsard dans le sens figuré du latin *sinister,* défavorable.

> ... mais vostre fier orgueil
> Ne s'amollit jamais pour larmes ny pour dueil,
> Tant d'une gauche main la Parque ourdit ma vie.
> (I, p. 323.)

Ailleurs il a le sens de : *favorable,* appliqué aux présages tirés de la foudre. Ex. : (V, p. 71.)

Gaufré, part. passé du verbe gaufrer qui signifiait au sens propre faire une *gaufrure* (Nicot) : « *gaufrure* en broderie, c'est quand parmi la broderie ou ouvrages d'habillement, une étoffe est cueillie en toupeau, quelque forme que ledit toupeau représente. » Ronsard emploie *gaufré* au figuré pour désigner les cellules des abeilles qui semblent tuyautées. Ex. :

> (III, p. 336.)

Gausser, v. trans., vieux mot (Lacombe, Littré), synonyme de *gaudir* (Nicot), signifiait :

1° Railler.

2° Dire des plaisanteries.

Ronsard lui donne un sens voisin de : reprendre un refrain. Ex. : (Fr. II, t. III, p. 118.)

Gayac, s. masc., ou *gaïac* (Littré). Le bois de *gaïac* jouissait d'une très haute réputation pour la guérison des rhumatismes et des maladies scrofuleuses. Ex. : (V, p. 220.)

Géant, subst. (Nicot, Littré), est employé comme adjectif par Ronsard : pour gigantesque (Littré), ou *géantin* (Nicot). Ex. :

> Son corps estoit geant... (IV, p. 106.)

Géantin, adj. qual. (Nicot), gigantesque.

> Et le merveilleux tour de ses os géantins.
> (V, p. 57.)

Gemme, s. fém. (*gemma*), perle.

Ronsard l'emploie fréquemment : il en a même formé l'adjectif *gemmeux* et le verbe actif *engemmer.* (V. ces deux mots.)

> Ny dedans l'or les gemmes bien encloses.
> (Am. I, LX, t. I, p. 36.)

Gemmeux, adj. qual., dérivé du subst. *gemme.* Ronsard l'emploie au sens propre et au figuré.

1° Sens propre : riche en pierres précieuses.

> Ny des Indois la gemmeuse largesse.
> (Am. I, 189, t. I, p. 107.)

2° Sens figuré : émaillé de fleurs qui brillent comme des pierres précieuses.

> Dessus les fleurs d'une gemmeuse prée.
> (Fr. II, t. III, p. 112.)

Au sens figuré Ronsard emploie de même *gemmé.*

> Et le bel esmail qui varie
> L'honneur gemmé d'une prairie. (II, p. 342.)

Génial, adj. (lat. *genialis*), nuptial, conjugal.

> Cueillir dans mon panier un monceau de fleurettes
> Afin de les semer sur ton lict genial. (IV, p. 68.)

Géniture, s. fém. (Nicot, Littré). Descendance, lignée, fils.

> Je serois engendré d'une ingrate nature
> Si je voulois trahir ma propre géniture.
> (Am. II, Élégie à son livre, t. I, p. 142.)

Genner, v. trans., pour gêner pris dans le sens très particulier de fouler, presser.

> ... tous les ans il voirra sur l'automne
> Bacchus luy rire, et plus que ses voisins
> Dans son pressouer gennera de raisins. (III, p. 406.)

Gent, s. fém., employé avec son acception étymologique.

> O heureuse la gent que la mort fortunée
> A depuis neuf cents ans sous la tombe emmurée.
> (VII, p. 43.)

Il l'emploie aussi dans le sens de : populace.

> Au bruit de telle gent, qui murmuroit plus haut
> Qu'un grand torrent d'hyver. (VI, p. 249.)

Gent, adj. qual., vieux mot, signifiait gentil et bien fait. (Nicot, Littré.)

> Aussi je ne voudrois que toy, quenouille gente,
> Qui es de Vendosmois (où le peuple se vante
> D'estre bon menager), allasses en Anjou
> Pour demeurer oisive et te rouiller au clou.
> (I, p. 219.)

Gente, s. fém. (Nicot), ancienne orthographe du mot *jante :* chacune des pièces de bois courbées qui forment le cercle d'une roue. Ex. : (III, p. 199.)

Gentement, adv., vieux mot : Gentiment (Nicot).

> ... vous avez les cheveux
> . . . .
> Gentement tortillez tout autour de l'oreille.
> (I, p. 148.)

Gentil, adj. qual., signifiait beau, joli, mignon (*lepidus, venustus, elegans*), puis noble, pur, relevé (*honestus, venustus*) (Nicot, Littré).

> Tant vaut le gentil soin d'une muse sacrée
> Qui peut vaincre la mort et les sorts inconstans.
> (Sonnets pour Hélène, II, t. I, p. 363.)

Germeux, adj. créé par Ronsard du mot germe. Il l'emploie comme épithète du dieu qui renferme en lui le principe, le germe des êtres, l'*Amour*.

> Père germeux de naissance. (Fr. II, t. III, p. 117.)

Ou du Priape antique,

>   ... grand dieu de génération
>   Pere germeux de toute nation.
>   (Él. xxvi, t. IV, p. 323.)

Ou de Vénus.

>   ... la germeuse. (Él. xxix, t. IV, p. 340.)

Une seule fois il l'applique à la terre et lui attribue le sens de féconde :

>   Sillonnant par rayons une germeuse plaine.
>   (Él. ii, t. IV, p. 219.)

Glandeux, adj. qual., épithète du chêne, qui produit le gland.

>   ... un chesne glandeux. El. v, t. IV, p. 241.

Glix, s. masc. (*glis, gliris*), loir (animal).

Ronsard est le seul auteur qui ait écrit ce mot en français : aussi son commentateur P. de Marcassus sent-il le besoin de l'expliquer par cette note : « Petits animaux cendrez semblables presque aux sourix, qu'on croit dormir six mois de l'année. » Ce sont les *loirs*.

>   Ha que les Glix sont heureux, qui sommeillent
>   Six mois en l'an et point ne se réveillent.
>   (Boc. Roy., t. III, p. 364.)

Glougouter, v. intr., dérivé de glouglou, onomatopée signifiant le bruit que fait une liqueur en sortant d'une bouteille. Vieux mot populaire. Ex. :

>   (II, p. 444.)

Glout, ancien adj. qual. (Nicot, Littré) : glouton, employé par Ronsard avec un complément. Ex. :

>   ... glout de faim extrême. (IV, p. 218.)

Glout avait formé l'adverbe *gloutement* (Nicot), goulument, avidement. Ex. : (II, p. 134.)

Gloutement. V. *Glout*.

Glueux, adj. qual., créé par Ronsard. Il a tantôt le

sens de gluant, épais comme de la glu, tantôt celui
de : qui a recours à la glu. Ex. :

> ... l'air glueux. (VII, p. 163.)

> Un cruel oiseleur, par glueuse cautelle,
> L'a prise et l'a tuée. (I, p. 211.)

Gommeux, adj., résineux.

> ... la flamèche gommeuse. (III, p. 166.)

> Des bois qui sont gommeux de leur nature.
> (III, p. 213.)

Gorgontin, adj. qual., créé par Ronsard pour désigner le bouclier de Pallas orné de la tête de la Gorgone. Ex. : (VI, p. 254.)

Se gourmer, v. réfl., employé par Ronsard dans un sens très particulier dans ce passage :

> Tel voit-on le poulain, dont la bouche trop forte
> Par bois et par rochers son escuyer emporte
> Et maugré l'esperon, la houssine et la main,
> Se gourme de sa bride et n'obéit au frein. (VII, p. 15.)

M. B. de Fouquières l'explique ainsi : « Se fait une gourmette de sa bride, la saisit et en paralyse les effets. Ici, au figuré sans doute, se moque de sa bride... » Ne pourrait-on l'expliquer en prenant *se gourmer* dans son sens le plus habituel : « faire l'important, le fier à l'égard de... *mépriser*, etc. » ? On ne voit point aisément la bride devenue *gourmette* faciliter les révoltes du cheval.

C'est d'ailleurs le sens de *se gourmer* dans un autre passage :

> Or tu as beau gronder...
> Te gourmer et t'enfler, comme autresfois au bort
> La grenouille s'enfla contre le bœuf. (VII, p. 132.)

Gouspiller, v. act., synonyme de *gaspiller* (Nicot), dépenser follement, dissiper.

> La jeunesse des Dieux aux hommes n'est donnée
> Pour gouspiller sa fleur... (VII, p. 312.)

Goy, s. masc. On écrivait aussi *gouet* et *goué :* grande et forte serpe dont les bûcherons se servent pour couper le bois.

> J'empoignay d'allegresse un goy dedans la main,
> Puis, coupant par le pied le bois armé d'escorce,
> Je le fis chanceler... (IV, p. 13.)

Grâce, employé dans l'expression *de votre grâce :* par votre volonté.

> ... y vit-on mieux d'accord?
> Mars en tous lieux, de vostre grâce est mort.
> (III, p. 381.)

Graffer, v. trans., abréviation de agrafer.

> Elles en ton honneur d'une boucle azurée
> Graffaient sur les genoux leur cotte figurée.
> (V, p. 234.)

Grand, adj., a conservé sa forme invariable au féminin.

> Par les forests erre ceste grand bande. (III, p. 61.)

Grasset, adj. diminutif de gras. Nous avons conservé dans la langue courante : grassouillet.

> Ny le reply de sa gorge grassette. (I, p. 28.)

Ronsard emploie un autre diminutif de ce mot : *grasselet.*

> Pucelette grasselette. (VI, p. 353.)

Grateleux, adj. qual., qui est analogue à la gale, qui pousse à se gratter (Nicot).

> Tant le mal grateleux me demange à tout' heure.
> (Boc. Roy., t. III, p. 284.)

Gratelle, s. fém. (Nicot), *Grattelle* (Trévoux), gale. Ex. : (VI, p. 395.)

Gratifier, v. trans. aujourd'hui (Littré), dans le sens de accorder une libéralité, une gratification, est intransitif dans Ronsard avec le sens de : agir au gré de... Ex. : (III, p. 233.)

Gravelle, s. fém., employé comme synonyme de *sable,* gravier.

> ... et son limon crasseux
> Pour ce jourd'hui se change en gravelle menue.
> (I, p. 188.)

Gref, adj. (lat. *gravis*), pesant, dur, pénible, vieux mot repris par Ronsard.

> Vous me laissez tout seul en un tourment si gref.
> (Am. II, t. I, p. 193.)

Greigneur, adj. au comparatif, plus grand; vieux mot encore en usage au seizième siècle (Nicot). Ex. :
(I, p. 76.)

Grelissant, part. prés. d'un verbe *grelir,* dérivé de grêle, imaginé par Ronsard : qui va en s'amincissant. Ex. : (I, p. 137.)

Grenad, s. masc., créé par Ronsard par abréviation du substantif féminin grenade, fruit du grenadier. Ex. : (V, p. 285.)

Grève, s. fém., vieux mot cité par Palsgrave, signifiait la partie antérieure de la jambe, le devant de la jambe (Trévoux), fréquemment employé par Ronsard. (III, p. 161.)

> C'est toy qui laves sa hanche,
> Sa grève et sa cuisse blanche. (II. p. 345.)

Griffu, adj. qual., n'est ni dans Nicot ni même plus tard dans Trévoux, armé de griffes, appliqué par Ronsard aux soucis qui rongent le cœur, par allusion au vautour de Prométhée. Ex. : (I, p. 438.)

Gringoter (Nicot), ou *gringotter* (Trévoux, Littré, Acad.). On disait aussi *gringuenoter* (Nicot) et *gringuenotter* (Trévoux) : gazouiller, en parlant des petits oiseaux et principalement du rossignol. Ex. :
(IV, p. 273.)

Nicot cite *gringuenottis,* gazouillis.

Grippe-tout, adj. composé par Ronsard.
> ... le plaideur grippe-tout. (V, p. 260.)

Guarir, forme ancienne du verbe transitif guérir.
> Guary ma playe et me prens à mercy. (III, p. 196.)

Guerdon, s. masc., salaire, récompense. Ce mot usité pendant tout le moyen âge, au seizième siècle encore et plus rarement au dix-septième, a disparu de l'usage courant.
> Que mon service aura quelque guerdon.
> (Am. I, XXIV, t. I, p. 15.)

V. aussi (III, p. 174.)

De là le verbe *guerdonner,* et son participe passé *guerdonné* dont Ronsard présente un exemple.
> Les poltrons guerdonnés
> Des plus dignes offices (charges).
> (*Œuvres inédites,* t. VIII, p. 106.)

Guide, s. masc. aujourd'hui pour signifier celui qui guide, s'employait jadis dans le même sens au féminin (Nicot, Littré). Ex. :
> La guide du troupeau. (II, p. 159.)

Guide, subst., a été féminin jusqu'au dix-septième siècle dans le sens de : conduite (Trévoux).
> Vien-t'en heureux ton haleine enfermer
> Dedans ma voile, afin que sous ta guide
> J'aille tenter ce grand royaume humide.
> (III, p. 81.)

Guide-dance, adj. comp., créé par Ronsard à l'imitation du grec. Épithète d'Apollon.
> ... Apollon le guide-dance. (VI, p. 342.)

Guimple, s. masc. dans Ronsard, est féminin dans Palsgrave et Nicot : ce dernier indique deux formes : *guimple* et *guimpe*, qui subsiste seul aujourd'hui et est du féminin.

>Puis teste et col d'un guimple elles se cachent,
>Qui, bien plissé, jusqu'aux pieds leur glissoit.
>(III, p. 146.)

Guisien, Guisian et *Guysien*, adj. qual., tiré par Ronsard du nom du duc de Guise.

>... des Guisiens le courage hautain. (VII, p. 47.)
>Voyant le Guisian d'un courage indomté.
>(VII, p. 32.)

Et à Mme de Guise douairière.

>... O mère de Guysienne. (IV, p. 199.)

Guiterre et *guitterre*, s. fém. (espagnol *guitarra*). Le moyen âge disait : *guiterne*. Ronsard l'écrit : *guitterre* ou *guiterre*. Aujourd'hui guitare.

>... Ne sonner à son huis
>De ma guitterre. (Odes, III, XVI, t. II, p. 220.)
>Ma guiterre, je te chante...
>(Odes retr., 3, t. II, p. 387.)

H

Hagard, adj. qual., en fauconnerie s'applique à un faucon qui n'a pas été pris au nid, mais après plus d'une mue et qui est difficile à apprivoiser. Au figuré : rude, farouche.

>Tu ne dédaignes point d'un haussebec de teste
>Ny d'un sourcy hagard, des petits la requeste.
>(I, p. 370.)

Haillonneux, adj. qual., en haillons.

>Il te faudra d'un habit haillonneux
>Vestir ton corps... (VI, p. 78.)

Hain, s. masc., vieux mot. Trévoux donne les deux formes *hain* et *ain :* hameçon.

> Je veux mourir pour tes beautez, maistresse,
> Pour ce bel œil qui me prit à son hain. (I, p. 27.)

Halecret, s. masc., cuirasse légère faite de mailles ou de lames de métal, déjà en usage sous Louis XI.

C'était une armure légère et complète, en fer battu et en deux pièces ; elle régnait depuis le col jusqu'aux gants et jusqu'aux genoux.

> Styx d'un noir halecret rempare
> Ses bras, ses jambes et son sein.
>   (Odes, I, X, t. II, p. 78.)

Halené, part. passé du verbe *halener,* dont la respiration est agitée, haletante, émue.

> Autour de Cassandre halenée
> De mes baisers tant bien donnez
> Vous trouverez la rose née. (II, p. 419.)

Halenée, s. fém., vieux mot encore usité au dix-septième siècle (ex. de Benserade), surtout en mauvaise part (Nicot, Trévoux) : « air qui sort par la respiration » (Trévoux), souffle. (IV, p. 72.)

Hallée, s. fém., *hâle.* Nicot indique les deux en distinguant leur signification. « *Hâle,* s. masc., signifie la grande ardeur du soleil en esté... *Hâlée,* celuy ou celle qui ont le visage bruslé de l'air chaud. » Ronsard emploie *hallée* au sens abstrait : aspect du visage hâlé, teint halé. Ex. :

(V, p. 84.)

Hannir, v. intr., orthographe de Ronsard pour hennir. (III, p. 332.)

Happer, v. trans. C'est, dit Nicot, un verbe naïf françois : « prendre de sursault et roideur... » Saisir vivement ; sens plus restreint aujourd'hui (Littré). Ex. : (V, p. 30.)

Haquebutier, s. masc., soldat armé d'une arquebuse, qui se disait primitivement *haquebute.* (III, p. 52.)

Hardouers ou plutôt *hardois,* s. masc. pl., terme de vénerie : petites branches d'arbre que le cerf écorche en *frayant* avec son bois. (I, 255.)

V. *Frayoir, Frayer, Vénerie.*

Harpeur, s. masc., vieux mot (*Roman de la Rose,* Palsgrave, Nicot), joueur de harpe.

> C'est toy qui fait que Ronsard soit esleu
> Harpeur françois... (II, p. 129.)

Harquebouze, s. fém., forme ancienne du mot arquebuse. On disait aussi *haquebute,* d'où *haquebutier.* (V. ce mot.)

> A coups de harquebouze ou à coups de mousquette.
> (VI, p. 41.)

Harsoir, adv., se dit encore pour *hier soir* dans le dialecte blaisois.

> Harsoir en se jouant. (IV, p. 227.)
> J'attachay des bouquets de cent mille couleurs,
> De mes pleurs arrosez, harsoir dessus ta porte.
> (I, p. 314.)

Hausse-bec, s. masc., mouvement de la bouche pour indiquer le dégoût, le mépris, le dédain.

> Tu seras assez tôt des medisans moqué
> D'yeux, et de hausse-becs et d'un branler de teste.
> (I, p. 142.)

De même, t. I, p. 370.

Hautain, adj. qual., employé au sens primitif du mot haut. « Ce terme s'est pris autrefois en bonne part, comme synonyme de grand, élevé. » (Trévoux.)

> De ce palais éternel
> Brave en colonnes hautaines. (II, p. 73.)

Haut-célébrant, mot composé créé par Ronsard. Ex. :
(Odes, I, VI, t. II, p. 54, et t. IV, p. 288.)

Haut-louer, v. trans., mot composé créé par Ronsard, louer, célébrer hautement. (VII, p. 50.)

Haut-parlant, adj. composé créé par Ronsard : dont le son est éclatant.
>Et les trompettes haut-parlantes
>Celebroient les victorieux. (II, p. 305.)

Haut-tonnant, adj. composé, appliqué aux chevaux de Jupiter, dieu de la foudre.
>... ses haut-tonnants chevaux. (I, p. 201.)

Havement, adv. dérivé du verbe *haver, havir,* saisir avidement (Nicot : *avide*).
>Tout ainsi les colombelles
>Tremoussant un peu des ailes,
>Havement se vont baisant. (II, p. 146.)

Haye (que je), 1re pers. du prés. du subj. de haïr, antérieure à que je haïsse. Ex. : (IV, p. 283.)

Hébrieu, adj. qual., pour hébreu, hébraïque.
>(V, p. 119.)

Hélénin, nom propre pour *Hélénus,* fils de Priam et frère de Cassandre. (I, p. 390.)

Herbine, s. fém., nom de Nymphe de l'invention de Ronsard. (VI, p. 139.)

Herbis, s. masc., appartient à la langue du moyen âge (Lacombe, *Dict.*), et n'est pas cité par Nicot : lieu plein d'herbes. Ex. : (I, p. 359.)

Herculin, adj. tiré du subst. Hercule par Ronsard qui l'emploie substantivement comme épithète appliquée à Charles IX. (III, p. 312.)

Et d'ailleurs à Henri de Navarre qui fut plus tard Henri IV. (V, p. 318.)

Herisser, verbe employé intransitivement pour le verbe réfléchi se hérisser.

> Si nous oyons crier de nuict quelque chouan
> Nous herissons d'effroy... (IV, p. 306.)

Héros, s. masc. Le seizième siècle n'observait pas encore rigoureusement la distinction entre l'*h* muette et l'*h* aspirée. (Palsgrave.) Ronsard élide toujours l'article devant héros. Ex. : (V, p. 23 et p. 295.)

Heur, s. masc., vieux mot employé par Ronsard dans le sens de *gloire* (Nicot).

> A ton esprit si grand ne falloit un village,
> Ni le bord incognu de quelque bas rivage,
> Mais grand ville et grand fleuve aggrandis de ton heur.
> (V, p. 352.)

Heure (à la bonne), heureusement, sous une heureuse influence.

> Vostre vouloir soit fait à la bonne heure.
> (III, p. 382.)

Heurer, v. trans., ancien mot dérivé de *heur* (Nicot), qui avait formé *heuré, heureté, bien heurer :* rendre heureux. Ex. : (II, p. 311.)

Hideuseté, s. fém., vieux mot, synonyme de hideur (les deux sont dans Palsgrave).

> ... quand elle veit saisie
> Sa face de vieillesse et de hideuseté. (I, p. 341.)

Hierre, s. masc., forme primitive du mot lierre. (Voir Littré, Histoire du mot *lierre*.)

> J'ay pour maison un antre en un rocher ouvert,
> De lambrunche sauvage et d'hierre couvert.
> (IV, p. 48.)

Ronsard emploie aussi la forme : *lyerre*.
>(III, p. 320.)

Hirlandois, adj. pour *Irlandais*. Ex. : le *nocher hirlandois*. (III, p. 327.)

Hocher, v. trans. (Nicot, Littré), secouer. Ex. :
>(VII, p 262.)

Hoir, s. masc., héritier, usité encore aujourd'hui dans la langue de la jurisprudence. (VII, p. 198.)

Hommace, s. fém., employé par Ronsard pour désigner l'automne. (V, p. 194.)

>Nous avons encore *hommasse* (*ss = c*) (Littré), qui se dit par dénigrement d'une femme dont l'apparence et les manières tiennent plus de l'homme que de la femme.

Homme-femme, adj. comp., innovation de Ronsard appliquée aux Galles, prêtres de Cybèle qui dans leurs accès de fureur factice allaient jusqu'à pratiquer sur eux-mêmes la castration. Il les appelle :
>... hommes-femmes troupeaux. (VI, p. 114.)

Horologe, s. fém., ancienne forme du mot horloge. On disait également *horilóge, oreloge* et *horloge*.
>Et qui, loin de la ville et d'horologe, a mis
>Un cadran naturel à l'essueil de son huis.
>(VI, p. 198.)

Horreur, s. masc. au seizième siècle, aujourd'hui féminin.
>Il luy souffla un horreur dans les yeux. (III, p. 70.)

Horribler, v. trans., innovation de Ronsard, « rendre comme sauvage et hérissé ». (Note de Richelet.)
>Horriblant ton corps de la peau
>D'un tigre...   (II, p. 27.)
(V. III, p. 177.)

Hostelage, s. masc. (Nicot), dérivé du vieux verbe *hosteler,* loger, signifiait hospitalité. Ex. :
(III, p. 95 et 228.)

Ronsard orthographie aussi : *hostellage.*
(V, p. 50.)

Houper (Se), v. réfl. (ex. : de Marot), se garnir de houppes...

> Le belier, colonnel de sa laineuse troupe,
> L'eschine de toison pour les autres se houpe.
> (IV, p. 219.)

Ronsard en dérive l'adjectif *houpelu.*
(VI, p. 395.)

Hucher, v. trans., vieux mot français qui signifie appeler.

> Huche les vents. (Fr. 1, t. III, p. 55.)
> ... Hucha les sœurs Néreïdes.
> (Odes, IV, X, t. II, p. 261.)

Ce verbe avait formé le substantif *huchet,* cornet dont on se servait pour appeler les chiens à la chasse.

Trévoux : *hucher,* v. act., vieux mot qui signifiait autrefois appeler, nommer. *Clamore accersere.* Il n'est plus en usage que dans les provinces, en picard *huquer.*

Trévoux : *huchet,* s. masc. C'est le petit cor d'un chasseur ou d'un postillon, qui sert à hucher, à appeler les chiens, les lévriers à la chasse (*venatoria buccina*). Ce mot vieillit, et en sa place on dit *cor.*

On se sert du mot *huchet* dans le blason. Ex. : Horn porte d'or a trois huchets de gueules virolés d'argent.

Ces deux mots subsistent dans la langue de la vénerie.

Huer, v. trans., terme de vénerie. Poursuivre de huées, de grands cris le gibier pour le faire sortir de sa bauge. On dit encore en ce sens : huer le loup.

> ... je devance
> Ma chasse de vingt pas ; je la tance et retance,
> Je la presse et la hue, allant tout à l'entour.
> (Songe III, 290.)

Huguenotiser, v. intr., dérivé de huguenot : faire profession d'être de la religion réformée. Ex. :
(VII, p. 72.)

Huile, s. fém. aujourd'hui, était de genre commun au seizième siècle (Nicot). Ronsard l'emploie au masculin. Ex. : (III, p. 229.)

Huller, v. intr., ancienne forme du verbe *hurler*. Ex. :
(II, p. 158.)

Humble-fier, adj. comp. créé par Ronsard. Nicot : « humble en fait et en maintien, mais fier quand on le fasche... »

> Une humble-fière et fière-humble guerrière.
> (I, p. 68.)

Humblesse, s. fém., vieux mot, synonyme d'humilité (les deux sont dans Palsgrave, Nicot, etc.).

> ... l'arrogance est pire que l'humblesse. (I, p. 380.)

Et VI, p. 370.

Humeur, s. fém. (lat. *humor*), a deux acceptions différentes.

1° Liquide quelconque, eau.

> Comme un pin planté sur les eaux,
> Bien nourri de l'humeur prochaine. (II, p. 199.)

2° La rosée.

> La douce manne tombe
> A jamais sur sa tombe

Lex. Ronsard.

> Et l'humeur que produit
> En moy la nuit! (II, p. 251.)

Ronsard emploie *humeur* au masculin.

(VII, p. 133.)

Hurter, forme picarde du verbe heurter (les deux sont dans Palsgrave et Nicot).

> ... tant ils avoient de peine
> A toute force en hurtant, d'esbranler
> Si gros fardeaux... (III, p. 63.)

Hymenéan, du grec Ὑμέναιος, dieu du mariage ou de la joie, un des surnoms de Dionysos.

> O cuisse-né Bacchus, Mystiq, Hymenéan.

(V, p. 237.)

I

Idole, s. fém. (Nicot, Littré), employé par Ronsard comme synonyme de : ombre, image d'un mort. Un exemple : (IV, p. 235.)

Image, s. masc. au seizième siècle, quelquefois féminin (Nicot), aujourd'hui féminin. Ronsard l'emploie comme masculin.

> Son fils..., en qui le vray image
> Du grand Hector estoit peint au visage. (III, p. 47.)
>
> L'image feint... (III, p. 48.)
>
> Représentant en cent divers images
> Cent vains pourtraits. (VI, p. 258.)

Imager, s. masc. (Ronsard), ou *Imagier* (Nicot), les deux formes usitées dès le moyen âge : sculpteur. Ex. : (V, p. 75.)

Impiteux, adj. qual., cruel, impitoyable.

> Il a dedans son antre à Neptune eslevé
> Un autel impiteux de meurdre tout pavé.
> (Hymnes I, II, t. V, p. 48.)

Imployable, adj. (Nicot cite Ronsard), inflexible.

> Oppose son cœur imployable. (II, p. 96.)
> ... sur nous sa sentence imployable
> Aura jetté le juge inexorable. (II, p. 431.)

Impourveu (à l'), ancienne locution adverbiale : à l'improviste.

> ... la maladie
> Me happant à l'impourveu. (II, p. 164.)

Incorporé, part. passé du verbe incorporer = uni à un corps.

> L'esprit, incorporé, devient ingénieux.
> (Sonnets pour Hélène, L, t. I, p. 308.)

Incorruption, s. fém. (Trévoux, Littré). État de ce qui ne se corrompt pas et ne peut se corrompre. Un exemple : (II, p. 138.)

Indocte, adj. (*indoctus*) (Nicot), ignorant.

> Où est l'aureille bouchée
> De telle indocte espesseur
> Qui ne rie estant touchée
> De tes vers pleins de douceur ? (II, p. 339.)

Indole, s. fém., dérivé du latin *indoles,* innovation de Ronsard : esprit, naturel... Un exemple :
(IV, p. 204.)

Infant, adj. (lat. *infans*), employé comme synonyme de : enfantin.

> ... l'un, par vive entreprise
> Veut faire abandonner au satyre sa prise,
> Et d'une infante main par deux et par trois fois
> Prend celle du bouquin... (IV, p. 12.)

Infélicité, s. fém. (Palsgrave), le contraire de félicité, cause de malheur... « L'usage n'a pas adopté ce mot. » (Trévoux.)

> ... une telle cité
> Leur seroit quelque jour une infélicité. (VII, p. 30.)

Infortuné, employé comme adjectif par Ronsard, est substantif dans Nicot : il est composé de *in* privatif et de *fortuné,* participe du verbe fortuner (v. ce mot) : qui est poursuivi par la mauvaise fortune. Ronsard l'emploie dans le sens de « qui porte avec soi la mauvaise fortune ». Ex. : (I, p. 251.)

Ingardable, adj. qual., créé par Ronsard : qui ne peut être gardé.

> Il a gardé des places ingardables. (V, p. 271.)

Insenser, v. trans., formé par Ronsard de l'adjectif insensé, rendre insensé.

> (III, p. 189, et VII, p. 24.)

Inspirer, v. trans., employé au sens du latin *inspirare,* souffler.

> Inspire, en me baisant, ton haleine et ta grâce
> Et ton cœur dedans moy. (I, p. 383.)

Intouchable, adj. qual., créé par Ronsard : qu'on ne peut toucher, intangible.

> L'âme est parfaite, intouchable, immortelle.
> (VI, p. 67.)

Inventeresse, fém. d'inventeur employé par Ronsard.

> ... Pallas pour estre inventeresse
> D'un olivier se fit une Déesse. (V, p. 271.)

Io, trad. de l'exclamation grecque ʼιώ.

> Io, voicy la prée verdelette. (I, p. 92.)
> Io ! garçon, verse encore. (VI, p. 374.)
> Io, io, qu'on s'avance. (VI, p. 375.)

Ire, s. fém., du latin *ira,* colère, vieux mot aujourd'hui disparu, employé fréquemment par Ronsard comme par ses contemporains.
(I, p. 193, 369; II, 419; III, 44.)
De là les adjectifs *iré* et *ireux.*

> Mars les anime,
> Et la Discorde irée. (Odes retr., II, p. 413.)

> Ourdissons une corde telle
> Que celle d'Archiloc, ou celle
> Qu'Hipponax, ireux, retordit
> Afin que Bubal se pendist.
> (Œuvres inédites, t. VIII, p. 149.)

Irriter, v. trans., employé dans le sens de : exciter, pousser à...

> Ou d'irriter, quand les peres decedent,
> Les heritiers à cent mille procez? (III, p. 405.)

Irrite-mer, mot composé créé par Ronsard et employé substantivement comme épithète de l'Aquilon : qui irrite, qui soulève la mer. (I, p. 114.)

Itales, s. fém. pl., innovation de Ronsard : Italie. Ex. : (II, 186, et t. V, p. 284.)
Et au singulier, même sens : *Italle.* (V, p. 75.)

Itylle, nom propre pour *Itys,* fils de Procné.
(VI, p. 128.)

Ivoirin et *Yvoirin,* adj.

1° Blanc comme l'ivoire.

> Ces doigts rosins et ces mains yvoirines. (I, p. 22.)

2° Fait en ivoire. Ex. :

> ... un couteau descendoit
> Du long la gaine ivoirine. (III, p. 65.)

J

Jà, ce mot aujourd'hui perdu indiquait parfois le temps et signifiait déjà, maintenant. Ex. :

> Lorsqu'il trenchoit d'un bras victorieux,
> Au bord du Rhin, l'espagnole vaillance
> Jà se traçant de l'aigu de sa lance
> Un beau sentier pour s'en aller aux cieux.
>
> (I, p. 137.)

Il signifiait aussi : bientôt, ensuite...

> La goutte jà vieillard me bourrela les veines.
>
> (VII, p. 311.)

Mais souvent aussi il est purement explétif.

> Et jà déjà la race des François
> Me veut nombrer entre ceux qu'elle loue.
>
> (II, p. 128.)

Jan, s. masc. Marcassus : « Coqu. » On a dit avec la même acception : *Janin* et *Jano*, dérivés de Jean, employé comme terme de mépris. (Lacombe, *Dict.*) Ex. : (VI, p. 86.)

Jartière, s. fém., forme abrégée du mot : jarretière.

> Et sans jartière à mes genous. (II, p. 172.)

Jaunement ou *Jaulnement* (Nicot), adverbe : de couleur jaune. Ex. : (I, p. 25 et p. 418.)

Jazard, adj. qual., dérivé de jazer : causeur, bavard (lat. *garrulus*).

> Taisez-vous, ma lyre jazarde. (II, 116.)
> L'eau de ta source jazarde. (II, p. 149.)

Ronsard emploie aussi l'adj. fém. *Jazeresse*.

> ... la vois
> D'une fontaine jazeresse. (II, p. 372.)

Josmin (Ronsard), s. masc., pour jasmin (Nicot), confusion commune dans la prononciation de *a* et *o*. Ex. : (VI, p. 110.)

Jou, s. masc., orthographe conforme à la prononciation du mot *joug* (les deux sont dans Nicot).

> ... en ce pays d'Anjou
> Où maintenant Amour me detient sous le jou.
> (I, p. 145.)

Jour-apporte, adj. composé créé par Ronsard, épithète de l'Aurore, de l'aube...

> ... l'aube jour-apporte.
> (Fr., II, t. III, p. 121.)

Journalier, adj. employé par Ronsard avec le sens du mot éphémère, qui ne dure qu'un jour.

> Les enfans de l'esprit un long siecle demeurent,
> Ceux des corps journaliers ainsi que les jours meurent.
> (IV, p. 4.)
> Les hommes journaliers meurent,
> Les Dieux seulement demeurent,
> Francs de toute adversité. (Odes, I, VI, t. II, p. 57.)

Jumelet, adj. diminutif de jumeau.

> Et de ces yeux les astres jumelets. (I, p. 5.)

Just ou mieux *Jus* (Nicot). Ronsard emploie les deux formes. Deux sens.

1° Suc. Ex. : (VII, p. 313.)
2° Liqueur. Ex. : (I, p. 41.)

L

Labeure, 3ᵉ pers. sing. du prés. de l'ind. du verbe labourer, forme ancienne.

> ... à l'heure
> Que le bouvier les champs labeure. (II, p. 438.)

Lâcher (Se), v. réfl., se laisser aller, s'incliner.

> J'aime un bouton vermeil entr'esclos au matin,
> Non la rose du soir, qui au soleil se lasche.
> (I, p. 380.)

Laidure, s. fém., vieux mot (nombreux exemples : *Roman de la Rose,* Rabelais, Marot), signifiait souillure, flétrissure, difformité.

> Et que jamais le chant qui dure
> En juin ne te fasse laidure. (II, p. 342.)

Lairra, 3ᵉ pers. du sing. du fut. de l'ind. *Lairrai,* delaisser, ancienne forme. Ex. : (III, p. 243.)

Laisser-courre, terme de vénerie. « On dit laisser courre les chiens pour dire les lâcher après la bête. » (Trévoux.)

> Il sçavoit par sustout laisser courre et lancer.
> (I, p. 254. Vers d'Eurym. et Callirhée.)

Lambrunche, s. fém., espèce de vigne sauvage. On disait plutôt *lambruge, lambruche* et *lambrusque.* Ces deux dernières formes subsistent.

> Tu es vestu jusqu'au bas
> Des longs bras
> D'une lambrunche sauvage. (II, p. 275.)

Lame, s. fém., employé absolument dans le sens : pierre sépulcrale.

> Le temps s'en va, le temps s'en va, ma dame;
> Las! le temps non, mais nous nous en allons,
> Et tost serons estendus sous la lame. (I, p. 397.)

Il est employé de même pour *tombe* par Villon et Marot.

Lancer, v. trans. en vénerie, faire partir la bête (Trévoux), la faire sortir de son fort, de son gîte. Ronsard l'emploie absolument.

> Il sçavoit par sustout laisser courre et lancer.
> (I, p. 254. Vers d'Eurym. et Callirhée.)

Laqs, s. masc. (Nicot), ancienne orthographe du mot lacs (Littré) : filet. Ex. : (I, p. 364.)

Larigot, s. masc., espèce de flûte.

> Un pasteur...
> Qui tient un larigot et fleute au cry des bœufs.
> (V, p. 192.)

Ce mot a la même origine que *larynx,* gosier.

De là vient l'expression boire à tire-larigot, c'est-à-dire boire comme un joueur de flûte.

Larmelette, s. fém., dérivé créé par Ronsard du mot *larmette* (Nicot), diminutif de larme. Ex. :
(VI, p. 396.)

Larmeux, adj. qual., innovation de Ronsard qui l'applique à l'élégie : qui fait couler les larmes (lat. *flebilis*).

> Ah! larmeuse Déesse. (Épît., t. VII, p. 202.)

Larrecin, s. masc. (Nicot), orthographe ancienne et primitive du substantif *larcin* (Littré). Ex. :
(II, p. 154.)

Larronnesse, fém., employé adjectivement, créé par Ronsard : qui ravit, qui charme...

> De ton baiser la douceur larronesse.
> (Am., I, CCIX, t. I, p. 118.)

Et VI, p. 374. On trouve aussi le féminin larronne :

> Qu'est-ce en après de Charybde larronne?
> (V, p. 175.)

Leger (De), ancienne expression adverbiale (Nicot), synonyme de *legierement* (Nicot) : facilement. Ex. :
(III, p. 195.)

Lenean (gr. λῆνος, pressoir, d'où λῆναι, bacchantes, et ληναῖος, relatif à Bacchus, ou aux fêtes de Bacchus). (V, p. 237.)

Lerelot, s. masc., créé par Ronsard, onomatopée : tirée du refrain de certaines chansons populaires (*lire, lire, lo*).

> J'escoute la jeune bergere
> Qui desgoise son lerelot. (II, p. 439.)

Levreter, v. intr. (Nicot), aujourd'hui *levretter* (Littré) : mettre bas, en parlant de la hase. Ex. :
> (III, p. 270.)

Lezarde, fém. du mot lezard employé adjectivement par Ronsard comme épithète de la langue. Cf. *Fretillard*. Ex. : (IV, p. 291.)

Libertin, s. masc. (lat. *libertinus*), employé par Ronsard avec le sens étymologique de *affranchi*.

> Horace, harpeur latin,
> Estant fils d'un libertin. (Odes, I, XI, t. II, p. 103.)

Librairie, s. fém., signifiait jusqu'au dix-septième siècle une bibliothèque.

> Pren ce livre pour gage, et luy fay, je te prie,
> Ouvrir en ma faveur ta belle librairie
> Où logent sans parler tant d'hostes estrangers.
> (I, p. 372.)

Lichant, part. prés. de l'ancien verbe licher (Nicot, Littré), encore usité dans la langue populaire. On disait aussi *leicher*, d'où *lécher* (Littré). Ex. :
> (III, p. 271.)

Lignage, s. masc. (Nicot, Littré). Nicot : « extraction de lignée, sang et parenté » ; race, famille. Ex. : (III, p. 328.)

Ligne, s. fém., avait au seizième siècle entre autres sens celui de : lignée, lignage (Nicot). Ex. :
> (III, p. 391.)

Limande, s. fém., est en terme de charpentier une

pièce de bois de sciage, plate, peu large et peu épaisse.

> A grands esclats fit enlever l'écorce
> Du corps du pin sur la terre estendu
> En longs carreaux et limandes fendus. (III, p. 61.)

Limer, v. trans. au sens propre dans Nicot, au figuré dans Ronsard : corriger avec soin, polir, perfectionner. Ex. : (I, p. 50.)

Line, nom propre, orthographe de Ronsard pour Linus.

> Line, que t'ont servy les accords de ta lyre?
> (VII, p. 203.)

Lionneau, s. masc., diminutif de lion, lionceau. Nicot indique *lionneau* et *lionceau* qui seul subsiste (Littré). Ex. : (I, p. 160.)

Ailleurs Ronsard écrit : *lyonneau.* (V, p. 144.)

Lit, s. masc., terme de vénerie, le gîte d'une bête, encore employé aujourd'hui. Ex. : Au lit, au lit, chiens! cri des veneurs quand ils veulent faire quêter les chiens pour lancer un lièvre.

(V. le mot *Vénerie.*)

Locatif, s. masc., synonyme de locataire, habitant.

> Dieu seul est esternel : de l'homme élémentaire
> Ne reste apres la mort ny veine ny artere;
> Qui pis est, il ne sent, il ne raisonne plus,
> Locatif descharné d'un vieil tombeau reclus.
> (Él., II, t. IV, p. 217.)

Loge, s. fém., « petite hutte faite à la hâte ». (Trévoux.)

> Et dessous mesme loge ensemble dormirons.
> (IV, p. 49.)

Loin-loin, répétition du même adverbe formant comme

une locution composée avec valeur du superlatif : très loin. Ex. : (II, p. 523.)

Loirée, adj. fém., innovation de Ronsard : de la Loire.
... l'onde Loirée. (II, p. 348.)

Los et *Loz*, s. masc., vieux mot (lat. *laus*).
1° Louange.
Mon traict, qui droitement darde
Le riche but de son los. (Odes, I, X, t. II, p. 96.)
2° Gloire.
Mais moy qui suis le tesmoin
De ton loz qui le monde orne.
(Odes, I, IV, t. II, p. 50.)

Lote, s. fém., pour le *lotus*. (Am., I, CLXIII, t. I, p. 94.)

Loyer, s. masc., signifiait autrefois salaire, récompense.
... je me suis abusé
A louer les seigneurs : aussi je n'en rapporte
En lieu de mon loyer qu'une espérance morte.
(III, p. 374.)

Lucresse, nom propre, orthographe de Ronsard pour Lucrèce. (II, p. 420.)

Luitte et *Luicte*, s. fém., ancienne forme du mot lutte (Palsgrave, Nicot).
Ou à l'escrime ou à la luitte adestre. (II, p. 128.)

Lychnite, orth. de Ronsard pour *Licnite* (λιχνίτης), dérivé de λίχνος, van.
Le van qui sépare le grain de la balle était le symbole des mystères de Bacchus purificateur, qui nettoyait l'âme de ses souillures. Épithète donnée à Bacchus.
Je te salue, o Roy ! le lychnite admirable
Des hommes et des dieux... (V, p. 238.)

Ronsard orthographie Lychnite comme s'il le dérivait de λυχνίτης (flambeau, lustre, lumière), ce qui ne concorde pas avec le sens des vers précédents :

> Purgez de ta liqueur...

(c'est-à-dire purifiés par toi).

Lyerre, s. masc., pour lierre.
V. *Hierre*.

Lyonneau. V. *Lionneau*.

M

Macule, s. fém. (*macula*), tache. On ne le trouve qu'une fois dans les œuvres de Ronsard, et quelques vers plus loin il emploie le mot français : tache.

> Aux enfers comme un songe léger
> L'âme dévalle afin de se purger
> Et nettoyer la macule imprimée
> Qu'elle receut dans le corps renfermée.
>   (Franc., iv, t. III, p. 222.)

Magistrat, s. masc. (Nicot, Trévoux, Littré), se disait collectivement :

1° De ceux qui avaient le soin de la police et du gouvernement.

2° De la magistrature elle-même. Ex. :

(III, p. 145.)

Mahom, nom propre, abréviation de Mahomet.

> ... vous seul en aurez la victoire
> Et de Mahom effacerez la gloire.
>   (Boc. Roy., t. III, p. 320.)

Maigret, adj. qual., diminutif de maigre.

> De son maigret en-bon-point. (II, p. 353.)

Ronsard emploie encore un autre diminutif de ce mot : *Maigrelet.*

> Pucelette maigrelette. (II, p. 353.)

Maistrier, adj., vieux mot, digne d'un ouvrier passé maître en son art.

> Le manouvrier, ayant matière preste
> . . . .
> D'un art maistrier les vieux sapins transforme.
> (III, p. 61.)

Maistriser, v. trans., employé par Ronsard dans le sens très restreint de présider à, tenir sous sa dépendance, en parlant des astres et des dieux. Cf. *Commander.* Ex. : (I, p. 78 et 354.)

Mal, adv. de manière, sert à la formation d'adjectifs composés.

> Mal-plaisant. (III, 364.)
> Mal pudique.
> Mal-rongné. (III, 371.)
> Mal-caut. (V, 171.)
> Mal-accoustré. (V, 310.)
> Mal-basty. (V, 310.)
> Mal paré. (V, 310.)
> Mal-agencé. (V, 339.)
> Mal-façonné. (VI, 156.)
> Mal-rassis. (VI, 170.)
> Mal-tourné. (VII, 183.)

Mal-adestre, adj. qual., vieux mot repris par Ronsard : maladroit.

> ... à courir mal-adestre. (VI, p. 410.)

Mal-heurté, s. fém., créé par Ronsard pour la rime : malheur, infortune. Ex. : (VI, p. 327.)

Mamelu, s. masc., orthographe de Ronsard pour *Mameluk.* Nicot indique *Mamaluc* et *Mamaluque.* Ex. : (VI, p. 125.)

M'amour, élision pour ma amour.

    Ta mort sera pour m'amour terminée. (I, p. 12.)

Mandillon, s. masc. (Trévoux, Littré), diminutif du substantif *mandil,* ancien mot de même racine que *mantel. Mandil* avait formé le substantif féminin *mandille,* d'où *mandillon* : petit manteau court formé de trois pièces que portaient les laquais, les huissiers et les personnes de basse condition. De là l'expression « *porter la mandille* », être laquais (Boursault cité par Trévoux).

Ronsard l'emploie pour désigner le mantelet de Mercure, qui est comme le valet des dieux. Ex. :
    (III, p. 53.)

Mandragore, s. fém. dans Nicot, masculin dans Ronsard, féminin aujourd'hui (Littré) ; mais les botanistes distinguent deux espèces de mandragore : mâle et femelle (Trévoux) : plante narcotique de la famille des solanées. Ex. : (III, p. 214.)

Mange-sujet, adj. comp., créé par Ronsard et signifiant : qui pressure ses sujets.

    C'est Childéric, indigne d'estre roy ;
    Mange-sujet, tout rouillé d'avarice. (III, p. 235.

(Cf. δημοβόρος βασιλευς (*Iliade,* I, 231, et Laf., X, 5) l'épithète : *mangeurs de gens.*)

Manicles, s. fém. pl. (*maniclæ*), menottes. On n'en trouve qu'un exemple dans Ronsard.

    Les manicles aux mains, aux pieds la chaisne dure.
                                  (V, p. 241.)

Dans les sonnets à Hélène (IIe partie, s. 26), il les appelle des *manotes.*

    … De manotes on lie
    Des fols qui ne sont pas si furieux que moy. (I, p. 331.)

Manique (gr. μανικός, fou, qui inspire la folie), un des surnoms de Bacchus. (V, p. 237.)

Manotes, s. fém. pl. V. *Manicles.*

Mansine, s. fém., le manche de la charrue (lat. *manicula*).

> N'appose point la main à la mansine, après
> Pour ficher ta charrue au milieu des guerets.
> (Dern. vers de R., VII, p. 314.)

Marbrin, adj., qui a l'aspect du marbre.

> Tout au plus haut des espaules marbrines.
> (I, p. 136.)
> ... dans ses doigts marbrins. (IV, p. 55.)

Marche-tard, adj. comp., créé par Ronsard : « qui marche lentement », en parlant de la tortue :

> ... animal marche-tard. (VI, p. 65.)

Mariandin, adj., innovation de Ronsard, du pays des Mariandynes, peuple d'Asie Mineure (Bithynie).

> Au bord Mariandin. (V, p. 21.)

Marine, s. fém., signifiait quelquefois (Nicot, Regnier, Marot) la plage, la côte de la mer (Trévoux).

> ... un peuple en armes effroyables
> . . . .
> Va fremissant au bord de la marine. (III, p. 71.)

Marre, s. fém. (Nicot, Littré), sorte de pioche ou de houe, avait formé le verbe *marrer,* labourer avec une marre. Ronsard emploie marre. (VI, p. 91.)

Martelé (V. Littré, hist.), signifiait moucheté, tacheté.

> Je le desrobay jeune, au fond d'une vallée,
> A sa mère, au dos peint d'une peau martelée.
> (IV, p. 10.)

Martyrer, v. trans. (Nicot, Trévoux), et *Martirer* (Ronsard), vieux mot qui signifiait tourmenter, faire souffrir, martyriser (ex. de Ronsard, Marot, Voiture).

Ronsard orthographie *Martyrer* (I, p. 63) et *Martirer* (I, p. 407).

Masqueure, s. fém., cité par Nicot sans équivalent latin et expliqué par Richelet : « les prestiges, les illusions » des Démons. Ex. :
(Hymnes, I, VII, t. V, p. 127.)

Matassiner, v. intr., vieux mot (Littré), gesticuler comme les Matassins ou *Matachins,* nom qu'on donnait jadis à des danseurs bouffons.

Matassiner des mains (Nicot), se trouve dans Ronsard. (V, p. 236.)

Mathématique, s. fém. au sens primitif (gr. $\mu\alpha\theta\bar{\eta}\mu\alpha$), signifiait tout ce qui est objet d'étude, l'ensemble des sciences. C'est ainsi que l'entend Ronsard (II, p. 46), note de Richelet : « Il comprend toutes les espèces de la science, la géométrie, l'astronomie et les autres qui s'appellent toutes mathématiques. »

Maudisson, s. fém., forme populaire du mot malédiction employé par Ronsard et dont on retrouve des exemples dans J.-B. Rousseau et Voltaire (Trévoux et Littré). Ex. : (III, p. 149.)

Mauvaistié, s. fém., vieux mot, *méchanceté.*

Qui par gloire ou par mauvaistié.
. . . .
Aura tranché de l'amitié
Le saint nœud qui deux ames presse.
(II, p. 335.)

... et qui sans mauvaistié
Garde de tout son cœur une simple amitié.
(I, p. 145.)

Méandrin ou *Méandrien*, adj., dérivé du nom du fleuve Méandre.

>Et chanter son obsèque en la façon du cygne
>Qui chante son trespas sur les bords Méandrins.
>(VII, p. 314.)

>..... à l'entour
>Du bord Méandrien..... (V, p. 234.)

Méchantement, adv., pour méchamment, forme populaire du centre de la France.

>Tu mens meschantement. (VII, p. 112.)

Medusin, adj., tiré du nom de Méduse, l'une des Gorgones.

>Au regard medusin qui en rocher me mue.
>(I, p. 313.)

Megnie, s. fém., vieux mot que Ronsard fait revivre, = famille, ménage.

>« ... je suis d'opinion... lorsque tels mots grecs auront longtemps demeuré en France, les recevoir en nostre megnie, puis les marquer de l'*i* françois pour monstrer qu'ils sont nostres. »
>(Adv. au lecteur, II, p. 15.)

Mehaigne, adj., perclus. (III, p. 150.)

Ronsard ne l'emploie qu'une fois ; encore a-t-il mis la note suivante :

« Mehaigne, perclus, ce que les Grecs appellent πηρός. Nos critiques se moqueront de ce vieil mot françois, mais il faut les laisser caqueter. » Et il ajoute aussitôt :

« Je suis d'opinion que nous devons retenir les vieux vocables significatifs jusques à tant que l'usage en aura forgé d'autres nouveaux en leur place... »

On trouve aussi un exemple du participe *mehaignez,* rendus perclus.

> Leur mère, adonc, ah ! mère sans merci,
> Fera bouillir leurs jambes, et ainsi
> Tous mehaignez les doit jetter en Seine.
> (Fr. iv, t. III, p. 241.)

Ces mots viennent d'un mot *mehain* que Trévoux signale comme hors d'usage, ainsi que ses dérivés : *mehaigner, mehaigneur.*

Mehain, vieux mot qui signifie mutilation, laquelle rend un homme impotent et incapable de servir à la guerre.

Mehaigner, vieux verbe actif, estropier, *mutilare.*

> Et mourir et navrer et battre et mehaigner.
> (Roman de Bertrand Du Guesclin.)
> Diminuer de force, tuer, blesser.
> (Gloss. des Poésies du roy de Navarre.)

Mehaigné, adj., vieux mot, meurtri, maltraité de coups, incommodé. On dit aussi *mahaignié, mahangné* et *mahaux.*

Mehaigneur, s. masc., vieux mot qui se trouve dans l'ancienne coutume de Normandie. Il veut dire : qui *mehaigne,* qui mutile, qui estropie.

Mellinisé, part. passé d'un verbe *melliniser,* créé par Ronsard pour désigner les critiques acerbes dont l'accabla Mellin de Saint-Gelais. Ex. :
(VIII, p. 136.)

Mémoratif, adj. qual., n'est, dit Trévoux, tout au plus en usage qu'au Palais, n'est pas dans Nicot. Ronsard l'emploie pour signifier : qui rappelle le souvenir, etc. Ex. : (IV, p. 173.)

Mensonge, s. masc. aujourd'hui, a été féminin jusqu'au

seizième siècle : il est masculin dans Nicot. Ronsard l'emploie comme féminin.

> ... une plaisante mensonge. (II, p. 439.)

Menteresse, féminin de l'adjectif menteur.

> Hors de l'eau menteresse. (VI, p. 243.)

Mentir, v. trans., employé par Ronsard comme synonyme de démentir.

> Du beau Pâris (dont tu mens ta lignée)
> La beauté fut d'amour accompagnée. (III, p. 188.)

Mentonnier, adj. qual., créé par Ronsard : qui garnit le menton, est resté dans la langue comme terme scientifique.

> ... sa barbe mentonnière. (IV, p. 11.)

Mercerie, s. fém. (*merces*), n'a pas le sens particulier qu'il a pris de nos jours, mais bien celui plus général du latin *merces,* marchandise.

> La mercerie que je porte,
> Bertrand, est bien d'une autre sorte
> Que celle que l'usurier vend.
> (Odes, I, XVI, t. II, p. 114.)
> Ne l'Inde, riche en mercerie estrange.
> (Hymne à la France, t. V, p. 284.)

Mercurin, nom propre, diminutif de Mercure, pour Mercure enfant.

> ... lors que Maie Atlantide enfanta
> Son petit Mercurin... (V, p. 250.)

Merveillable. V. *Émerveillable.*

Mésavenue, s. fém., dérivé ancien du mot *mésadvenir.* Nicot ne cite que *mesadvenance* et *mesadventure :* mésaventure, malheur, accident. Ex. :

> (III, p. 177.)

Meschef, s. masc., vieux mot (Palsgrave, Nicot), accident, malheur, mésaventure.

> Jamais tes verds rameaux ne sentent nul meschef.
> (IV, p. 253.)

Meslage, s. masc., innovation de Ronsard pour *meslange* (Nicot), pour les besoins de la rime : mélange. Ex. : (II, p. 318.)

Meslier, s. masc. Du Cange (Gloss.) l'explique : *Mellerius-mespilus, néflier, aliàs à mellier* ou *meslier.*

> ... un meslier nouailleux. (IV, p. 48.)

Mesnage, s. masc., employé par Ronsard dans un sens très particulier. On disait autrefois *ménage de campagne* (Trévoux), pour désigner tout ce qui sert à l'exploitation d'une terre (charrues, harnais, outils, etc.). Par analogie, Ronsard applique ce mot *ménage* à l'ensemble de toutes les pièces qui constituent un navire (voiles, mâts, cordages).

> Et toute fois l'advis d'un homme sage
> Tout seul par art conduit tout ce mesnage.
> (III, p. 363.)

Le substantif *Mesnager* ou *Ménager* est employé par Ronsard. (I, p. 219.)

Mesnager, v. intr., faire le ménage.

> ... une disposte fille
> Qui devide, qui coust, qui mesnage et qui file.
> (I, p. 219.)

Mettre, formait au seizième siècle une foule de locutions aujourd'hui inusitées. On trouve dans Ronsard :

> Mettre à nonchaloir. (II, p. 67.)
> Mettre en nonchaloir. (II, p. 62.)
> Mettre à desdain. (II, p. 170.)
> Mettre à mespris. (II, p. 454.)

Meuble, s. masc., pris par Ronsard dans un sens très particulier pour désigner tout l'équipage de chasse.

> Larges espieux, cordages et filets,
> Limiers ardans, cerfs suivis à la trace
> Et tout le meuble ordonné pour la chasse.
>   (III, p. 101.)

Meule, s. fém., en termes de vénerie, est une espèce de bosse sur le haut de la tête du cerf d'où sort sa ramure, ou bois, ou marrein. Ex. : (I, 255.)
   V. *Vénerie.*

Meurdre, s. masc., forme ancienne de meurtre.

> Son luth doré prenoit entre ses mains
> Teintes encore de meurdres inhumains. (I, p. 126.)

Miauleux, adj. créé par Ronsard.

> Le chat cria d'un miauleux effroy. (VI, p. 71.)

Miellier, adj. qual., créé par Ronsard, en parlant de l'abeille, qui produit le miel.

> ... sa diserte bouche
> Où jadis se logeoit la miellière mouche. (VII, p. 51.)

Mignarder, v. trans. Ce mot signifiait au propre : caresser, flatter, traiter avec délicatesse (Trévoux). Ronsard l'emploie au figuré : chanter d'une façon mignarde.

> ... Baïf, d'une fleche plus douce
> Espoint au cœur, mignarda de son pouce
> Des jouissans les baisers savoureux
> Et de la nuict les combats amoureux. (VI, p. 44.)

   (Cf. *Mignotter.*)

Mignonnet, adj., diminutif de mignon. Il est aussi pris substantivement.

> Mon petit mignonnet... (III, p. 426.)

Mignoterie, dérivé de *Mignoter.*
   (V. *Mignotise.*)

Mignotise, s. fém. (Nicot), vieux mot (Palsgrave, Rabelais) : grâce mignonne.

> Tant leur mignotise darde
> D'amours à qui les regarde. (II, p. 344.)

(Synonyme : *Mignoterie,* employé t. III, p. 364.)

Mignotter, v. trans.; signifie :

1° Au sens propre : Caresser. Ex. :

> Toy, mignottant ton dormeur de Latmie. (I, p. 86.)

Pour désigner la lune caressant Endymion.

2° Au figuré : Arranger d'une façon mignonne, gracieuse.

> Et mignottoit un bouquet... (I, p. 36.)

(Cf. *Mignarder.*)

Milète, nom propre, orthographe de Ronsard pour *Milet,* ville d'Asie Mineure.

> Près les murs de Milete un temple s'élevoit,
> Où Cérès ses honneurs et ses autels avoit.
> (Boc. Roy., t. III, p. 295.

Mi-nuict et *Minuict* (Nicot), s. fém., double orthographe ancienne de *Minuit.* Les deux formes sont dans Ronsard. Ex. : (II, p. 208, et III, p. 162.)

Mire, s. masc., était si bien tombé en désuétude que Richelet dans son commentaire des Odes en donne l'explication : *Mires,* médecins, vieux mot français.

> O des mires le roy !
> (Odes, v, VI, à Phébus, t. II, p. 329.)

Trévoux : *Mire* ou *Myre,* s. masc., vieux mot qui signifioit celui qui exerce l'art de guérir les maladies. Jusqu'au règne de Louis VII il n'y avoit aucune distinction entre le médecin et le chirurgien. Ces deux termes n'étoient pas encore en usage. Tous ceux qui exerçoient l'art de guérir les maladies soit internes, soit externes, s'appeloient *mires, myres, myeres,* puis maîtres.

Miroër ou *Mirouër,* s. masc., orthographe conforme à la prononciation du seizième siècle : Miroir.

<blockquote>
Que maudit soit le miroër qui vous mire.

(I, p. 90.)

Le mirouer de vertu. (I, p. 301.)

Je ressemble au mirouër. (I, p. 316.)
</blockquote>

Ronsard l'écrit aussi *miroir.* (III, p. 269.)

Mitouin, adj. qual. (lat. *mitis*), doucereux.

<blockquote>(III, p. 365.)</blockquote>

Rapprocher ce mot du substantif *Mitou,* vieux mot qui signifiait un chat (Trévoux), et du surnom de *Mitis,* donné au chat par Lafontaine.

Mixtionner, et plus fréquemment alors *Mistionner,* v. trans. (Nicot), mélanger. Ex. :

<blockquote>(II, p. 157, et V, p. 285.)</blockquote>

Moiteux, adj. qual., créé par Ronsard comme synonyme de *moite* qui existait et avec lequel il forme double emploi : moite, humide.

<blockquote>
Ainsi ton front ne soit jamais moiteux. (I, p. 114.)
</blockquote>

De même. (III, p. 81.)

Mais il emploie aussi *moite.*

<blockquote>(Am., I, 197, t. I, p. 112.)</blockquote>

Moleste (lat. *molestus*), adj., triste, pénible : subst. : chagrin. Moleste est adjectif le plus souvent.

<blockquote>
La paix adonc, qui du trône céleste
Veit les effets de la guerre moleste.

(Boc. Roy., t. II, p. 344.)

Je ne veux par escrit
Vous estre plus moleste.

(Œuvres inédites, t. VIII, p. 108.)
</blockquote>

Cependant Ronsard l'emploie une fois comme substantif féminin : ennui, déplaisir.

> Si m'en croyez, vous passerez le reste
> De vos longs jours, sans peine ny moleste.
>
> (Boc. Roy., t. III, p. 383.)

Nous avons conservé le verbe molester qui se rattache à la même racine.

Moly, s. masc. (du gr. μῶλυ), plante dont parle Homère et à laquelle les anciens attribuaient des vertus merveilleuses, telles que celle de dissiper les enchantements (Trévoux, Littré). Plante bulbeuse de la famille de l'ail. Ex. :

> (I, p. 43 ; II, p. 124; VII, p. 28.)

Mondain, adj. qual., employé au sens étymologique par Ronsard pour désigner ce qui est de ce monde.

> Tous les regnes mondains se font et se desfont.
>
> (VII, p. 36.)

Monst'ray, abréviation pour *Monstreray*, 1re pers. du sing. du futur de *monstrer* (montrer). Ex. :

> (III, p. 211.)

Monstre, s. fém., orthographe ancienne de *montre* : apparence, « signe qui donne quelque espérance ». (Trévoux.)

> N'ayant rien du passé que la monstre honorable.
>
> (III, p. 284.)

Montagner, v. intrans., créé par Ronsard : « s'élever comme montaignes. » (Muret.)

> (Am. I, CXL, t. I, p. 80.)

Montaignier, adj. qual., créé par Ronsard : qui croît sur les montagnes.

> ... le pin montaignier. (II, p. 361.)

Montelet, s. masc., diminutif de montagne, fréquent au seizième siècle et surtout chez Ronsard. Ex. :

> (VI, p. 355.)

Moreau, adj., vieux mot. « Terme de manège qui se dit d'un cheval qui a le poil d'un noir foncé, vif et luisant... » (Trévoux.)

En parlant d'une cavalle :

... elle avoit la poitrine
Blanche, et le front, le reste de la peau,
Hors le pied gauche, estoit de poil moreau.
(III, p. 122.)

Morfonture, s. fém., orthographe que Trévoux signale comme vicieuse du mot *morfondure.* « Maladie qui vient aux animaux lorsqu'ils ont été saisis par le froid... Elle consiste dans un écoulement de matière par les naseaux. » (Trévoux.)

Garde nos petits troupeaux
. . . .
De tac et de clavelée
De morfonture. (V, p. 258.)

Morion (ital. *morione*), casque léger, vieux mot.

... fait boire aux François
Dans leurs creux morions, en lieu de l'eau de Seine
Les ondes de la Meuse. (II, p. 19.)
Et coiffer d'un morion sa teste. (III, p. 301.)

Mort, adj. employé substantivement par Ronsard dans l'expression *en son mort :* en son état d'immobilité. Ex. :

Si de l'esprit on n'a cure,
Autant vaut quelque peinture
Qui n'est vive qu'en son mort. (II, p. 205.)

Mortel, adj. employé substantivement par Ronsard pour désigner la partie mortelle d'un être.

... la gentille Euterpe, ayant ma dextre prise,
Pour m'oster le mortel par neuf fois me lava
De l'eau d'une fontaine où peu de monde va.
(V, p. 189.)
Et que j'ay peu mon mortel despouiller. (III, p. 64.)

Morte-paye, s. masc., vieux mot (Nicot, Littré) : soldat invalide ou vétéran utilisé dans quelque garnison peu pénible ou ne remplissant plus de service actif. Ex. : (III, p. 282.)

Mosquete (Ronsard) et *Mosquette* (Nicot), forme ancienne du mot mosquée. Ex. : (III, p. 376.)

Motté, part. passé, tapi contre une motte de terre (en parlant du gibier). (VI, p. 51.)

Moucher, v. intr., emprunté aux dialectes du centre de la France : être tourmenté par les mouches, s'agiter, s'affoler sous leur piqûre.

> Comme au printemps on void une genice
> . . . .
> A qui le tan aux aiguillons trenchans
> Pique le flanc et la pousse en furie,
> Ny les ruisseaux, hostes de la prairie,
> Forests ni fleurs, bocage ni rocher
> Ne la sçauroient engarder de moucher. (III, p. 171.)

Mourable, adj., ancien mot, synonyme de moribond. (Nicot.) Ex. : (V, p. 232.)

Mousquette, s. fém. (ital. *moschetto*), aujourd'hui mousquet, s. masc., signifie 1° l'arme :

> ... à coups de mousquette. (VI, p. 41.)

2° Coup de mousquet.

> Ayant rompu l'os de la jambe dextre
> D'une mousquette...

Mousse, adj. qual., ancien mot encore usité (Littré), émoussé. Ronsard l'emploie pour qualifier la lune pleine, *sans cornes*. Cf. l'expression usitée encore en économie rurale, *chèvre mousse*, chèvre sans cornes. Ex. : (V, p. 160.)

Muer, v. act. (*mutare*), changer. Nous ne l'employons plus que comme verbe neutre et dans un sens très restreint. Ronsard l'emploie avec son sens étymologique comme équivalent de : changer.

> Et mon malheur je mu'rois en bonheur.
> (Am., I, 84.)

(V. aussi t. I, Sonnets pour Hélène, I, p. 58. — Am. div., I, p. 369. — T. VIII, Œuvres inédites, p. 110.)

Mugler, v. neutre pour *Meugler*, mugir.

> Tout le ciel en mugle là haut.
> (Odes, I, X, t. II, p. 79.)

Mugueter, v. trans., vieux mot, dérivé de muguet (Nicot) : « faire l'amour à une femme », la courtiser. Ex. : (VI, p. 310.)

Muncérien, adj. qual., employé par Ronsard pour désigner l'une des sectes du parti protestant : de Münster.

> Et l'autre enrage après l'erreur Muncerienne.
> (VII, p. 27.)

Musin, adj. qual. Ronsard lui attribue le sens de : qui suit les Muses, qui cultive la poésie :

> Et toute la musine troupe. (II, p. 353.)

Myrteux, adj qual., du myrte, qui tient du *myrte*. Ronsard emploie aussi *myrtin*. (VI, p. 160.)

> Par les ombres myrteux je prendray mon repos.
> (Sonnets pour Hélène, t. I, p. 340.)

Myrtin, adj. qual., formé par Ronsard qui l'emploie concurremment avec *myrteux* (v. ce mot), du myrte.

> ... sous les branches myrtines. (I, p. 383.)

N

Nage (A). V. *Nou* (A).

N'agueres et *Naguiere*, pour naguère, forme ancienne.

> Regardant tant de rois en sépulture mis
> Qui n'agueres faisoient trembler toute la France.
> (III, p. 374.)

> Si j'aime depuis naguière
> Une belle chambriere,
> Je ne suis pas a blasmer. (II, p. 166.)

Nais, part. passé du verbe naître, forme fréquente au seizième siècle. On écrivait aussi *nay*, pluriel *nays*.

> ... ses pasteurs sont nais avant que le croissant
> Fust au ciel, comme il est, de nuict apparoissant.
> (IV, p. 29.)

Narcis et *Narcisse*, nom propre; Ronsard emploie indifféremment les deux formes.

> ... la meurtrière fontaine
> Par qui le beau Narcis aima son ombre vaine.
> (VI, p. 241.)

Et quelques vers plus loin :

> ... Narcisse aux beaux yeux.

Narré, part. passé du verbe narrer (Nicot, Littré), employé substantivement par Ronsard pour récit, narration. Ex. : (IV, p. 210.)

Naturel, adj. qual., employé par Ronsard comme synonyme de natal.

> ... ayant esmeu contr' elle
> Et contre sa grandeur sa terre naturelle. (VI, p. 12.)

Nau, s. masc., au féminin *Nef,* vieux mot (Nicot, Trévoux, Littré) : navire. Ex. : (II, p. 451.)

Ailleurs Ronsard orthographie *Naufs* (au pluriel). (III, p. 105.)

Naufrage, s. masc., employé par Ronsard pour désigner non la perte d'un vaisseau, mais l'homme qui a fait naufrage, le *naufragé.*

> Cet estranger, pauvre, chetif et nu,
> Un vif naufrage à ma rive venu. (III, p. 194.)

Naulage, s. masc. (Nicot), aujourd'hui plutôt *Nolage* (Littré), signifiait « la despence et fraiz qu'on paye pour estre mené dedans un navire » (Nicot). Ronsard : prix du passage dû à Caron, nautonier des enfers. Ex. : (VII, p. 187.)

Nautonnier, employé adjectivement par Ronsard : habile à diriger un bateau.

> De Charon la main nautonnière. (VI, p. 408.)

Navigage, s. masc., pour navigation.

> ... un long navigage. (III, p. 328.)

Navire, subst., jadis des deux genres, est le plus souvent féminin dans Ronsard.

> Dans les Champs Elysez une mesme navire
> Nous passera tous deux. (I, p. 383.)

> Et pour les eviter tient sa navire preste. (I, p. 162.)

Navrer, v. trans., vieux mot, au sens propre, blesser, faire une large plaie, subsiste au figuré.

> ... la beauté qu'en l'âme tu sentois,
> Qui te navroit d'une playe aigrissante. (I, p. 22.)

Ne, ancienne forme de la négation *Ni,* fréquemment employée par Ronsard.

Ne s'élide quelquefois. Ex. :

> Là nous ne verrons prée
> Sans leur faire un autel,
> N'eau qui ne soit sacrée
> A leur nom immortel. (II, p. 245.)

Nectareux, adj. qual., doux comme le nectar.

> ... la fleur
> De la douce vigne sacrée
> Qui de sa nectareuse odeur
> Le nez et le cœur me recrée.
> (Odes, II, XXI, t. II, p. 168.)

> A quel sucre egalerons-nous
> Ta nectareuse poësie? (Odes, v, VIII, t. II, p. 333.)

Népenthe (νηπενθές), s. masc., breuvage magique, charme.

Nicot constate qu'il n'a été employé que par Ronsard et se contente de copier l'explication que le poète lui-même en donne : « breuvage ayant telle vertu que quiconque en buvoit, pour ce jour là ne pouvoit sentir en son esprit aucune fascherie. » (Nicot, *Thrésor* de la langue française, éd. 1606.)

> Hélène sceut charmer avecque son népenthe
> Les pleurs de Télémaque.
> (Sonnets pour Hélène, I, V, t. I, p. 284.)

Ajoutons à la décharge de Ronsard qu'il emploie ce mot comme terme technique, pour ainsi dire, et par allusion au passage d'Homère où il est question de ce fait.

Neptun, nom propre pour Neptune, orthographe de Ronsard. (III, p. 77.)

Neufard, s. masc., pour *Nenufar*, ancienne forme du mot nénuphar.

> Le neufard toujours-verd.
> (Am. II, Voyage de Tours, t. I, p. 190.)

Neufiesme, adj. num. ordinal, orthographe étymologique pour *Neuviesme* : mais déjà la lettre *f* devant une voyelle se prononçait comme un *v*.

Sanctifier d'avril le neufiesme jour. (I, p. 301.)

Neuvain, adj., formé par Ronsard : qui comprend les neuf Muses.

... admirant ma belle Calliope,
Je devins amoureux de sa neuvaine trope.
(IV, p. 348.)

Cet adjectif a été employé dans le même sens par Malherbe.

Ronsard emploie le mot *Neuvaine,* s. fém., qui signifiait jadis « une troupe de neuf personnes, en poésie pour désigner les Muses ». (Trévoux.)

Comme un nouveau Phœbus
Des Muses conduisant la neuvaine céleste.

Et ailleurs :

Et toi, divin Daurat, des Muses l'artisan,
... amoureux de leur belle neuvaine.

Nice, adj., vieux mot qui signifie naïf, a formé les dérivés *Nicette,* diminutif employé par Ronsard (II, p. 231), et *Nicement* (II, p. 211).

Nier, v. trans., s'est employé jusqu'au seizième siècle dans le sens où nous employons *dénier,* refuser.

T'oseroit bien quelque poëte
Nier des vers, douce alouette? (II, p. 438.)

Nomian (gr. νόμος), loi, allusion à un des surnoms que les Grecs donnaient à Dionysos, νομοθέτης ou θεσμόφορος, le législateur. (V, p. 237.)

Non, adv. de négation, sert à la formation d'adjectifs composés.

Nompareil. (III, 161.)
Non-oisif. (VI, 91.)
Non-ocieux. (VI, 91.)
Non-dit. (V, 240.)

Non-challant, part. prés. du verbe *Challoir* (v. ce mot), précédé de la négation, orthographe plus usuelle *Nonchalant* (Nicot), s'emploie aujourd'hui absolument, au seizième siècle se construisait avec un complément précédé de la préposition *de.* Ex. :
(IV, p. 251.)

Nopcier, adj., qui préside aux noces, nuptial.
> Dessous la loy du nopcier Hyménée. (III, p. 154.)

Ronsard dit ailleurs : *la couche nopcière,* le lit nuptial. (IV, p. 212.)

Norouëgue, nom propre, orthographe de Ronsard pour Norwège.
> On dit qu'en Norouëgue ils se louent à gages.
> (V, p. 131.)

Nou (A) (Nicot), et *A Nage* (Ronsard). Nicot ne cite que l'ancienne expression *à nou* = en nageant, à la nage. Ronsard emploie les deux formes. Ex. :
> Passant à nou le fil d'une rivière. (III, p. 239.)
> ... gaigne le bord à nage. (III, p. 329.)

Nouailleux, adj. qual., noueux, plein de nœuds.
> Un meslier nouailleux ombrage le portail. (IV, p. 48.)

Noud, s. masc., orthographe conforme à la prononciation usuelle dans le centre de la France du mot : *nœud.*
> Mais le bras seulement fut captif de mes nouds.
> (I, p. 295.)

Nouer, employé absolument comme verbe intransitif, pour le réfléchi : se nouer.
> ... quand je veux louer
> Quelque homme ou quelque dieu, soudain je sens nouer
> La langue à mon palais..... (II, p. 171.)

Nouer, v. intrans., vieux mot usité dans le cours du Moyen âge, vieillissait déjà au seizième siècle, inusité au dix-septième : s'écrivait *Nouer* et *Noer,* et signifiait nager (*natare*).

> Tous animaux, ceux qui dans l'air se jouent,
> Ceux qui la mer entrecoupent et nouent. (III, p. 63.)

Nourriçon, s. masc., orthographe de Ronsard (ç = ss), pour *Nourrisson* (Nicot). Ex. : (IV, p. 40.)

Nourrissage, s. masc., signifie aujourd'hui la manière d'élever les bestiaux, signifiait autrefois les soins que l'on donne à un enfant.

> Si tu es envers elle enfant de bon courage
> Ores que tu le peux, rens-luy son nourrissage.
> (VII, p. 22.)

Nourrissement, s. masc. (Nicot : *educatio*), a un sens différent dans Ronsard : fruit, produit. Ex. :

> ... de noirs serpents
> . . . .
> Nourrissement de ses noires entrailles. (III, p. 184.)

Nourriture, s. fém., employé au sens ancien du mot (Nicot, Littré) : *éducation*.

> ... Souvent la nourriture
> Corrompt le naturel... (I, p. 355.)

Nouveau, adj. qual., employé par Ronsard comme synonyme de novice, inexpérimenté.

> Ces vierges encore nouvelles
> Et mal apprises au labeur. (II, p. 71.)

Nouvelet, adj. qual., diminutif de *nouveau*.

> Et ces sourcis, deux croissans nouvelets. (I, p. 5.)
> ... un rosier nouvelet. (I, p. 24.)

Nuaux, s. masc. pl., employé deux fois par Ronsard : nuages, nuées. Ex. : (I, p. 201, et II, p. 218.)

Nueux, adj. qual., vieux mot, nébuleux.

> Vénus...
> Songneuse d'eux, emmantela leurs corps

> D'une nueuse et obscure couronne
> Pour n'estre veus ni cognus de personne.
>
> (III, p. 112.)

Nuict, s. fém. pour *Nuit.* En vénerie, lieu où un animal passe la nuit, d'où l'expression *défaire la nuit* d'une bête, lui faire quitter l'endroit où elle fait sa nuit. (I, 255.)

(V. *Vénerie.*)

Nuisance, s. fém., dommage, préjudice. Trévoux : « vieux mot qui ne se dit plus qu'au Palais. »

> ... en cela l'abondance
> De trop de serviteurs porte grande nuisance.
>
> (IV, p. 282.)

Nuital, adj. qual., employé comme synonyme de nocturne.

> Et de ta belle nuitale flame. (II, p. 274.)

Nyctelian (gr. νυκτέλιος), dieu des fêtes nocturnes appelées νυκτέλια, un des surnoms de Bacchus.

(V, p. 237.)

Nymphal, adj. qual., tiré du substantif nymphe (Nicot).

> Et le troupeau nymphal des gentilles Naïades.
>
> (I, p. 188.)

Nymphette, s. fém., diminutif de nymphe, petite nymphe. Ex. : (I, p. 83.)

O

O pour *Od,* vieux déjà au quinzième siècle, employé comme synonyme de la préposition *avec.*

> Manger o mon compagnon.
>
> (Odes, III, XXI, t. II, p. 235.)

Oblivieux et ***Oublivieux***, adj. qual., qui fait oublier, qui cause l'oubli (*obliviosus*).

> Les Muses qui vives ne peuvent
> L'oublivieux tombeau souffrir.
>
> (Odes retr., t. II, p. 450.)

Il l'applique au Styx :

> ... l'onde
> Du grand fleuve oblivieux.
>
> (Odes, IV, IV, t. II, p. 257.)

Mais Ronsard emploie aussi *oublieux* avec le même sens.

Obscur; adj. qual., employé par Ronsard substantivement pour le mot abstrait, *obscurité*. Ex. :

(V, p. 269.)

Obsèque, s. fém., autrefois usité au singulier, aujourd'hui exclusivement au pluriel : funérailles faites avec une certaine pompe, convoi funèbre...

> (Il) appeloit les ames, qui venoient
> Et sur l'obseque espaisses se tenoient. (III, p. 109.)

Ocieux, adj. (lat. *otiosus*).

1° Qui jouit du repos, calme, tranquille.

> Avoir l'esprit et le cœur ocieux.
>
> (Am., I, CCI, t. I, p. 114.)

2° Qui procure le repos.

> Si tost que j'eus pressé les plumes ocieuses
> De mon lict paresseux. (Él., IV, t. IV, p. 225.)

3° Oisif. Ronsard en parlant de l'esprit humain dit que :

> ... sans le corps il serait ocieux.
>
> (Sonnets pour Hélène, L, t. I, p. 308.)
>
> ... la paresse ocieuse. (III, p. 59.)

Ocymore, mot forgé par Ronsard : « qui signifie de petite durée. » (VII, p. 178.)

Ode, s. fém. (Trévoux, Littré), « est de l'invention de Ronsard » (Richelet). (II, p. 7.)

Odoreux, adj. qual. pour *Odorant* (Nicot). Ex. :
> Tantost elle le baise et de fleurs odoreuses
> Environne son front... (IV, p. 10.)

Œillader, v. trans. (Nicot), ancien mot qui signifiait jeter l'œil sur, regarder, et que Trévoux signale comme familier et n'étant pas « du bel usage ».
> Lui qui debout se dressa
> Et de plus près les œillade,
> Les serrant d'une accolade
> Mille fois les caressa. (II, p. 74.)

Œuvre, substantif, souvent masculin au seizième siècle.
> Puis affectant un œuvre plus divin. (II, p. 128.)
> C'estoit un œuvre grand depandant de Fortune.
> (VII, p. 217.)

Offensé, part. passé du verbe *offenser* employé au sens du latin *offendere*, recevoir un choc, et au figuré être brisé par une émotion.
> Je veux souvent pour rompre ton esmoy
> Te saluer ; mais ma voix offensée
> De trop de peur se retient amassée
> Dedans la bouche et me laisse tout coy. (I, p. 120.)

Oincture ou *Ointure*, s. fém., vieux mot. (Lacombe, *Dict*.) Nicot donne *oignement, onction* et *onguent*, synonymes. Ex. : (I, p. 258.)

Oindre, v. trans., employé par Ronsard au figuré dans le sens de caresser, amadouer, flatter. Cf. l'ancien dicton : Oignez vilain, il vous poindra.
> Et fuy de bien loin les flateurs
> S'ils veulent oindre tes aureilles
> De fausses et vaines merveilles. (II, p. 39.)

Richelet traduit : « doucement amadouer. »

Oiselet, s. masc., diminutif de oiseau.

> Des libres oiselets plus doux est le ramage
> Que n'est le chant appris des rossignols en cage.
> (IV, p. 6.)

Oiseux, adj. qual., épithète appliquée par Ronsard à la glace prise comme symbole de l'hiver : lent, immobile.

> Après que l'oiseuse glace
> A quitté la froide place
> Au printemps doux et plaisant. (II, p. 146.)

Oligochronien, mot forgé par Ronsard : « qui signifie une vie de petite durée. » (VII, p. 178.)

Ombre, substantif longtemps masculin et féminin, est plus souvent masculin chez Ronsard.

> Faisant de toutes pars
> Un ombre espars. (II, p. 250.)
> Qui d'un grand ombre ombrageoit la campagne.
> (III, p. 73.)

Ombreux, adj. qual., signifiant jadis au propre : qui donne de l'ombre, a été pris au figuré par Ronsard dans le sens de : ténébreux. Ex. :

> Et qu'apres nos trespas, dans nos fosses ombreuses,
> Nous fussions la chanson des bouches amoureuses.
> (I, p. 230.)

Onc et *Oncques,* ancien adverbe de temps (lat. *unquam*), fréquemment employé par Ronsard.

Ondée, s. fém. (Nicot), est employé par Ronsard avec deux acceptions.

1° Ondes, ondulations, en parlant de la chevelure. Ex. : (I, p. 214.)

2° Gorgée. Ex. :

> ... boire... à friandes ondées. (III, p. 223.)

Ondelet, adj. qual., créé par Ronsard, formé d'ondes, en forme d'onde...

Ex. : A une fontaine...

Dessus ton sein ondelet. (II, p. 347.)

Ondette, s. fém., diminutif de *onde.* Ronsard dit aussi *ondelette.* (Odes, V, XII, t. II, p. 345 et 347.)

Ondeux, adj. qual., tiré par Ronsard du mot onde : roulé par les ondes, englouti par la mer.

(III, p. 107.)

Ondine, s. fém., employé comme nom propre pour désigner une Nymphe des eaux. (VI, p. 140.)

Oraison, V. *Orer.*

Ord, adj. qual. (lat. *horridus*), vieux mot souvent employé par Ronsard : repoussant, sale. Nous avons conservé le dérivé ordure.

C'est Childéric, roy de meschante vie,
Ord de luxure, infect de volupté. (III, p. 227.)

Les fertiles moissons des ordes voluptez.

(III, p. 270.)

Orendroit, adv. de temps, vieux mot : en ce moment, à présent. (VII, p. 202.)

Orer, v. (lat. *orare*). Nicot indique deux sens de ce verbe.

1° Discourir.

2° Prier.

C'est dans le sens de discourir qu'il se trouve dans Ronsard. Ex. : (VI, p. 107.)

De *Orer* vient :

Oraison, s. fém., employé au sens primitif de *oratio,* discours (Nicot, Littré). Ex. : (V, p. 95.)

On retrouve ce sens dans les dérivés : orateur, art oratoire.

Ores..., *Ore...*, *Or'...*, répété, vieux mot employé par Ronsard : maintenant..., maintenant, tantôt..., tantôt. (II, p. 51.)

Or seul a le sens de : alors. (II, p. 50.)

Ores que, ancien mot : tandis que.
>Aussi je ne veux mourir
>Ores que je puis courir,
>Ouïr, parler, boire et rire... (II, p. 354.)

Orfelin, adj. qual. (Nicot), au sens propre signifie : privé de ses père et mère, orphelin. Ronsard l'emploie au figuré (lat. *orbus*), privé de... Ex. :
>... orfelin de renom. (V, p. 311.)

Oribus, Trévoux : « Terme populaire qui se dit ironiquement en cette phrase : *Poudre d'oribus,* pour se moquer de ces poudres auxquelles les charlatans attribuent de merveilleuses propriétés, comme si elle étoit d'or ou pouvoit faire de l'or. » (Synonyme, *Poudre de perlimpinpin,* Trévoux, Richelet.) Ex. : (VII, p. 24.)

Orin, adj. qual., couleur de l'or, doré.
>Ces tresses orines. (I, p. 22.)

Orque, s. masc. C'est le mot latin *orcus,* pour désigner les enfers.
>... victime de l'Orque noir.
>(Odes, II, XVIII, t. II, p. 163.)

>Et l'Orque despiteux, de la fosse profonde
>Ici haut envoya les Furies.
>(Hymnes, I, VI, t. V, p. 109.)

Ortel, abréviation de *Orteil,* s. masc. (Nicot, Littré). Ex. : (VI, p. 414.)

Ost, s. masc., vieux mot, signifiant armée.
>(III, p. 241, 247; VI, p. 323.)

Oste-soif, adj. composé, créé par Ronsard.
>... l'oste-soif échanson. (VI, p. 343.)

Oste-soin, adj. composé, créé par Ronsard.
>... l'or oste-soin. (V, p. 222.)

Ouaille, s. fém., ancien dérivé du vieux mot *Oue,* brebis. On disait de même *Oueille* (Nicot, Littré). Encore usité au figuré dans la langue ecclésiastique. Employé au sens propre par Ronsard. Ex. :
>(IV, p. 260.)

Oursal, adj. qual., de la grande Ourse, du Nord, arctique ; épithète de l'Aquilon.
>Comme la nue en temps serein poussée
>Fuit à grands pas l'haleine courroucée
>De l'oursal Aquilon. (I, p. 215.)

>Comme les fils des oursaux Aquilons. (VII, p. 151.)

Ourselet, s. masc., diminutif de *Ours,* innovation de Ronsard. Nicot n'indique que le diminutif *Ourson,* encore usité. (Littré.) Ex. : (IV, p. 113.)

Osset, s. masc., synonyme d'*Osselet* (Nicot) : petit os. Ex. : (II, p. 210.)

Outre, préposition (Nicot), signifie :
   1° Au delà de.
>Puis que tost je doy reposer
>Outre l'infernale rivière... (Odes, v, XVIII, t. II, p. 356.)

   2° Derrière.
>... outre leur dos... (II, p. 332.)

Outré, adj. qual., s'employait jadis dans l'expression : outré de fatigue (Trévoux).
>Elle adonc lassement outrée. (II, p. 69.)

Outre-couler et *Oultre-couler,* v. trans. (Nicot), déborder. C'est le sens qu'il a dans Ronsard. Ex. :
>(V, p. 106.)

Outre-percé, part. passé, transpercé, percé d'outre en outre.

> Exemple unique de Ronsard. Poèmes *Les armes,* à J. Brinon.
>> Ayant d'un coup de plomb le corps outrepercé.
>>> (VI, p. 42.)

Oyra ou *Oyrra,* 3° pers. du sing. du futur de l'ind. de *Ouir* ou *Ouyr,* entendre : j'*oyrrai,* etc. On disait aussi j'*orrai,* tu *orras.* Ex. : (III, p. 315.)

> L'infinitif *Ouyr* est employé substantivement pour l'*Ouie.* (II, p. 377.)

P

Pair (sans), expression ancienne, sans pareil, sans égal.
> Vierge sans pair. (III, p. 195.)

Paletoc, s. masc. Nicot orthographie *Palletoc* (du Cange, Nicot, Littré), vêtement de guerre, sorte de capote sans manches, aujourd'hui paletot. Ex. :
(IV, p. 82.)

Palladien, adj. qual., dérivé de Pallas, créé par Ronsard. Il l'applique à la Quenouille inventée par Pallas, selon la légende. (I, p. 220.)

Palle-vermeil, adj. composé, créé par Ronsard.
> Le teint palle-vermeil. (III, p. 314.)

Panache ou *Pennache* (ital. *pennachio), panache* seul a subsisté. Ronsard emploie indifféremment les deux formes.
> Et sur l'armet luy plantoit son pennache.
>> (S. pour Astr., t. I, p. 268.)
> Avoient les bras chargez et le chef de panaches.
>> (Hymnes, I, III, t. V, p. 58.)

Pantois, adj., et *Penthois*, orthographe de Ronsard, « vieux mot qui signifiait celui dont la respiration est empêchée » (Trévoux), haletant.

> ... une pantoise haleine
> Bat leurs poumons... (III, p. 63.)

> J'ay la sueur au front, j'ay l'estomach penthois.
> (I, p. 352.)

Papat, s. masc., ancien mot « dignité du Pape »... On dit la papauté (Trévoux).

> Il faut tant seulement avecques hardiesse
> Détester le Papat, parler contre la messe.
> (VII, p. 60.)

Papegay (de l'esp. *papagayo*), c'est l'ancien nom du perroquet. On disait aussi dès le moyen âge, *Papejai*, *Papegard* et *Papegaut*.

> ... la couleur d'un gaillard papegay,
> Bleu, pers, gris, jaune, incarnat et verd-gay.
> (Él., XXIV, t. IV, p. 313.)

Ronsard l'emploie au pluriel une fois :

> ... les papegaux. (Él. retr., t. IV, p. 384.)

Par (*à*), orthographe de Ronsard pour à part.

> Avant que d'estre a vous je vivois sans esmoy :
> Maintenant sur les eaux, maintenant à par moy
> Dedans un bois secret, maintenant par les prées
> J'errois... (VI, p. 159.)

Parangon, s. masc. (esp. *paragon*), d'où le verbe actif *Parangonner*, comparer. Sont souvent employés par Ronsard.

> ... Son œil en beauté nompareil
> Qui çà ne là son parangon ne trouve.
> (Am., I, LXXIV, t. I, p. 43.)

(V. t. I, p. 347 ; t. VI, p. 329, etc.)

Quant au verbe *Parangonner*, il est généralement actif et a le sens de comparer.

> Je parangonne à vos yeux ce crystal.
> (Am., I, LXXV, t. I, p. 44.)

Mais Ronsard l'emploie une fois dans le sens passif de : être égal.

> ... hé ! bons Dieux, qui pourroit,
> Quand un Homère il parangonneroit,
> Qui pourroit faire esclairer la science
> Parmy les maux qui regardent la France?
> (Poëmes retr., t. VI, p. 329.)

De nos jours on emploie quelquefois le substantif *Parangon*, le verbe a disparu.

Paravant (Nicot), adverbe comme auparavant (Nicot, Littré). Ex. : (I, p. 287.)

Parce, pour *aussi*, c'est pourquoi.

> Il est minuict : parce marche plus viste.
> (III, p. 409.)

Cet emploi est rare dans Ronsard : il emploie plus fréquemment en ce sens *Pource*.

Parentage, s. masc. (Nicot), ancien synonyme du féminin parenté. (III, p. 208.)

Parleresse, s. fém., pour parleuse, féminin de parleur.

> De sa bouche parleresse. (II, p. 205.)

Parmi, employé absolument. Ex. : (II, p. 330.)

Part, s. masc., du latin *partus*, accouchement, enfant dont une femme vient d'accoucher, ne se trouve que deux fois dans Ronsard.

> On dit qu'un jour Vénus sans père la conceut.
> ... Et avorta du part... (Boc. Roy., t. III, p. 414.)

Ce mot est encore usité aujourd'hui dans les expressions juridiques : supposition de part, substitution de part, suppression de part.

Partir, est pour nous un verbe intransitif et n'a qu'un sens, celui de : quitter un lieu, s'en éloigner.

Ce verbe, dérivé du latin *partiri*, avait encore son

sens étymologique. Il était actif et signifiait : partager, diviser.

> Auparavant j'avoy, Brinon,
> Orné ce livre de ton nom,
> Mais ores je me delibère,
> Afin de doublement l'orner,
> De le partir et d'en donner
> Une partie à ta Sidère.
> (Œuvres inédites, t. VIII, p. 146.)

> Ainsi tous deux partirons l'Univers. (IV, p. 137.)

Parturoit, 3ᵉ pers. sing. imp. de l'ind. d'un verbe *Parturer*, innovation de Ronsard, enfanter, mettre au monde. Ex. : (II, p. 479.)

Passement, s. masc., pour passage (Nicot). Ex. :
(III, p. 76.)

Pasithée, s. fém., mot grec, surnom de l'une des Graces : toute divine.

> Pour obéir, la jeune Pasithée
> Toute divine abandonna les cieux. (IV, p. 178.)

Il se trouve encore avec cette acception.

> Est ce point Pasithée ou quelqu'une des Grâces?
> Œil, quiconque sois-tu, de splendeur tu surpasses
> Vénus et Pasithée... (Boc. Roy., t. III, p. 387.)

Ailleurs Ronsard l'applique à son Hélène.

> Soit que je sois haï de toy, ma Pasithée.
> (I, p. 290.)

Passementer, v. trans., employé au figuré : orner, couvrir d'une dentelle. Ex. : (IV, p. 13.)

Pastenade, s. fém. (Nicot, Littré), nom ancien du panais. On disait aussi *Pastenague* (Nicot, Littré). Ex. : (II, p. 235.)

Patientement, adv., pour patiemment.

> ... patientement le labeur il endure. (IV, p. 306.)

Patin, s. masc. « Soulier de femme qui a des semelles fort hautes et garnies de liege afin de paroître de plus belle taille » (Trévoux). C'était une chaussure élevée et élégante. (V, p. 221.)

Pau, s. masc., pour *Pal* (Nicot). Les deux formes existaient concurremment.

... le coq planté dessus un pau
A trois fois salué le beau soleil nouveau.
(IV, p. 252.)

Pegasin, adj. qual., tiré du nom de Pegase; au figuré : poétique.

Je m'irois abreuver ès ruisseaux pegasins.
(II, p. 175.)

Peinturer, v. trans. (Nicot), vieux mot : peindre, et au figuré : orné de fleurs. Ex. : (I, p. 362.)

Pelasse, s. fém. (Nicot), écorce d'arbre. Ex. :
(II, p. 416.)

Penader, v. intrans., synonyme de *Panader :* se pavaner, parader. Ex. : (VI, p. 122.)

Pencer. V. *Penser.*

Pendre, v. trans., dérivé du latin *pendere,* payer, employé par Ronsard dans le sens d'offrir, donner.

Je veux leur donner un festin
Et cent fois leur pendre la coupe. (II, p. 353.)

Pendre de (Nicot), employé par Ronsard pour dépendre de...

Tout n'estoit que hazard et pendoit de Fortune.
(I, p. 367.)
... le peuple suit les traces de son maistre;
Il pend de ses façons, il l'imite... (III, p. 269.)

Pennache. V. *Panache.*

Pennage, s. masc., vieux mot (du latin *penna,* bas latin *pennaticum*), plumage.

> Or maintenant ce Dieu sous les flames jumelles
> Des yeux de son hostesse estendoit ses deux ailes
> Et seichoit son pennage a leur belle clairté...
> (Boc. Roy., t. III, p. 387.)

Pensement, s. masc., rêverie, vieux mot dont on trouve encore des exemples dans Régnier et Lafontaine.

> Le resveillant d'un profond pensement. (III, p. 55.)

Penser, v. trans., panser. La distinction n'était pas encore nettement établie pour l'orthographe et pour le sens de ces deux mots distincts aujourd'hui. Aussi Ronsard écrit-il en parlant du maître d'un cheval :

> Luy donne avoine et foin, soigneux de le penser.
> (III, p. 284.)

De même : *Pencer.* (I, p. 375.)

Pentasilée, s. fém., nom propre, orthographe de Ronsard pour *Penthésilée.* (VII, p. 35.)

Pépineux, adj. qual., qui renferme des pépins.

> ... la poire pépineuse. (VI, p. 64.)

Perche, s. fém. En termes de vénerie, se dit du merrain, de la ramure d'un cerf ou du tronc de chaque tête de cerf où sont attachés les andouillers.
(I, 255.)

(V. *Vénerie.*)

Perche (*prendre la*), locution ancienne (Nicot) : venir se percher. Ex. : (III, p. 201.)

Perdurable, adj. composé, qui dure toujours, éternel.

> Là je veux que la Parque
> Tranche mon fatal fil,
> Et m'envoye en la barque
> De perdurable exil. (Odes, II, XIII, t. II, p. 156.)

> Cherchant par peine un perdurable nom.
> (Odes, III, XVIII, t. II, p. 223.)

Pérennel, adj. qual., formé sur le latin *perennis*, éternel, employé par Ronsard concurremment avec ce dernier.

> De ce palais éternel
> Brave en colonnes hautaines
> Sourdoit de vives fontaines
> Le vif surgeon pérennel.
> (Odes, I, X, t. II, p. 73, et V, p. 282.)

L'adjectif *pérennel* a disparu : mais l'on trouve encore aujourd'hui des exemples du substantif *Pérennité*.

Peris pour *Périls*, s. masc. ; pluriel du mot péril. On pouvait dans l'écriture supprimer devant l's du pluriel la consonne finale qu'on ne faisait pas sentir dans la prononciation.

> ... combien sur les eaux
> Il a de fois. . . . .
> . . . . . surmonté la fortune
> Et sur la terre eschappé de peris. (III, p. 43.)

Perleure ou *Perlure*, s. fém. Vénerie. « Grumeaux ou inégalités qui sont le long du bois des cerfs, daims ou chevreuils » (Trévoux). (I, 255.)

(V. *Vénerie*.)

Perleux, adj. qual., couvert des perles de la rosée.

> Sus ! debout ! allons voir l'herbelette perleuse.
> (I, p. 164.)

Perruque, s. fém., chevelure. C'est le sens primitif de ce mot.

> Hélène seule, estant gaignée
> D'une perruque bien peignée. (II, p. 115.)

Au figuré Ronsard l'emploie pour désigner le feuillage des arbres.

> Ta forest d'orangers, dont la perruque verte
> De cheveux éternels en tout temps est couverte.
> (I, p. 371.)

Perruqué, adj., coiffé de, ancien sens du mot. (Trévoux, Nicot, Littré.) Ex. : (V, p. 39.)

Pers, adj.; au fém., *perse*, « qui est d'une couleur bleue ou tirant sur le bleu » (Nicot, Trévoux).

> ... leurs formes diverses
> Peintes de cent façons, jaunes, rouges et perses.
> (I, p. 362.)

Pertuis, s. masc., vieux mot : trou, ouverture.

> ...les pluyes tortues
> Par cent pertuis se creverent des nues. (III, p. 93.)

De là le vieux verbe *Pertuiser :* percer de trous.

> Comme Pan (inventa) le chalumeau
> Qu'il pertuisa du roseau
> Formé du corps de s'amie (Syrinx). (II, p. 360.)

Peste, s. fém., employé dans le sens du latin *pestis*, fléau, mal, mal d'amour.

> Et si ne puis ma douleur secourir
> Tant j'ay sa peste en mes veines enclose.
> (Am. I, CLIII, t. I, p. 88.)

Pesteux, adj. qual., créé par Ronsard. Nicot cite *Pestilentieux* et *Pestilentiel*. Ex. : (VI, p. 345.)

Peupleux, adj. qual., synonyme de populeux.

> Les peupleuses citez. (V, p. 133.)

Peureux, Poureux et *Paoureux*. Ronsard emploie ces trois formes différentes du même mot. (II, p. 395; III, p. 358; IV, p. 320; VII, p. 287; VII, p. 299.)

Peu-sobre, adj. composé par juxtaposition.

> Les peu-sobres propos... (V, p. 233.)

Phalange, s. masc., nom vulgaire des faucheux et des mygales. (I, p. 395.)

Phanète. C'est une adaptation en français du grec Φάνης, *Phanès*, nom donné au dieu de la lumière dans la mythologie orphique.

> Dieu (disoit-il) qui tiens l'arc en la main...
> Qui du Chaos la caverne profonde
> Ouvris premier, et, paroissant armé
> De traits de feu, Phanète fus nommé.
> (Fr., II, t. III, p. 118.)

Philien, du grec Φίλιος, surnom de Jupiter considéré comme protecteur de l'amitié.

> Car Jupiter le Philien
> Quelquefois avecque le pire
> Punit le juste... (Odes, v, IX, t. II, p. 335.)

Phocenses, adj. Ronsard forme ce mot sur le latin *Phocenses*, qui désigne les habitants de la Phocide et qu'il confond ainsi avec les colons venus de Phocée, ville d'Asie Mineure, *Phocæenses*, d'où *Phocéens*, fondateurs de Marseille.

> Bien que Marseille...
> Vante bien haut ses phocenses ayeux...
> (Boc. Roy., t. III, p. 381.)

Phthinopore, mot forgé par Ronsard du grec φθινοπωρὶς, qui gâte les fruits. (V, p. 198.)

Pied, s. masc., terme de vénerie : la trace d'une bête. (I, 255.)
 (V. *Vénerie*.)

Pieds-de-chèvre, adj. composé, innovation de Ronsard.
> ... les Sylvains pieds-de-chèvres. (V, p. 199.)

Pied-vite, adj. composé, traduction du grec πόδας ὠκὺς Ἀχιλλεύς, créé par Ronsard.
> Achille pied-vite. (V, p. 65.)

Il a créé aussi *Viste-pied* (v. ce mot).

Piedmont, nom propre, ancienne orthographe du mot Piémont, province d'Italie.

> ... et les lis et les roses
> Au plus froid de l'hyver soient pour elle décloses
> Aux buissons de Piedmont! (Ecl. 1, t. IV, p. 38.)

Pieteux, adj. qual., innovation de Ronsard pour *Pieux.* Nicot donne *Piteux.*

> Quel sujet ne seroit devot et charitable
> Sous un roy pieteux? (III, p. 269.)

Pigné pour *Peigné,* part. passé du verbe peigner. On a dit : *pigne* pour *peigne* au moyen âge, et *pigner* pour *peigner.*

> Sa teste bien pignée. (I, p. 129.)

Piller, v. trans., n'a plus pour nous qu'un sens restreint : Ronsard l'emploie dans un sens tout à fait général d'après l'italien *pigliare,* prendre, ravir.

> ... d'un tour de ses yeux
> Piller les cœurs de mille hommes qui passent.
> (I, p. 116.)

Il a conservé ce sens général en vénerie dans l'expression *Pille!* cri par lequel le chasseur excite le chien à saisir le gibier.

Pilleresse, adj. fém., employé par Ronsard pour *Pillarde.*

> Fauche, garçon, d'une main pilleresse
> Le bel esmail de la verte saison. (I, p. 109.)

Pillerie, s. fém. (Nicot), ancien synonyme de pillage (Nicot, Littré). Ex. : (II, 296.)

Pillier, s. masc., orthographe de Ronsard (redoublement de *l*) pour *Pilier* (Nicot), au figuré appliqué aux courtisans. Ex. : (III, p. 376.)

Pincel, s. masc., forme plus ancienne que pinceau.
(II, p. 340.)

Pindariser, v. intrans., innovation de Ronsard : imiter Pindare.

> Si, dès mon enfance,
> Le premier de France
> J'ay pindarisé,
> De telle entreprise,
> Heureusement prise,
> Je me voy prisé. (Odes, II, II, t. II, p. 135.)

C'est en effet Ronsard qui a inventé le mot et la chose.

Nicot au figuré indique le sens de écrire ou parler d'un style pompeux. Ronsard l'emploie toujours au sens propre.

Piolé (Nicot, Trévoux, Littré), terme populaire, vieux mot : bigarré de diverses couleurs, synonyme de *Riolé* (Nicot). Ex. : (II, p. 228.)

Piteux, adj. qual., qui inspire la pitié.

> Piteux regard (spectacle pitoyable). (III, p. 120.)
> Et de son chant piteux les manes estonnoit.
> (III, p. 432.)

Pithon ou *Python* (gr. πειθώ), déesse de la persuasion ou de l'éloquence ; innovation de Ronsard.

> Tant la douce Python ses lèvres arrosa,
> Quand jeune enfant sa bouche composa...
> (Hymnes, I, IV, t. V, p. 73.)

> Pithon en l'allaittant sa bouche composa
> D'éloquence naïve... (III, p. 273.)

Plaint, vieux mot, s. masc., usité durant tout le cours du moyen âge : plainte.

> Si ton oreille encore se recrée
> D'ouïr les plaints des amoureuses vois. (I, p. 34.)

Planer, employé par Ronsard comme verbe intransitif dans un sens tout particulier : se convertir en plaines. (Am., I, 140, t. I, p. 80.)

Planté (Nicot, Littré), s. fém., vieux mot : abondance. On écrivait aussi *Plenté* (Nicot : *plenitas*). Ex. : (III, p. 295.)

Plastron, s. masc. On appelait ainsi une cuirasse qui ne couvrait que le devant du corps.

> Ces grands foudres de la guerre
> Non plus que toy n'iront pas
> Armez d'un plastron là-bas
> Comme ils alloient aux batailles. (II, p. 269.)

Platelle, s. fém., « qui est, dit H. Estienne (Préc. du lang. françois, éd. Feugère, p. 53), usité en quelques lieux qui sont près de Paris. » Trévoux orthographie *Platel*, un plat, et *Platelle*, une terrine.

Ces vers modifiés par des variantes, 1578, 1584, etc., ne se trouvent que dans l'édition de 1623.

> Comme l'esclair du soleil flamboyant,
> Ou du croissant, qui tremblotant sautelle
> Sur l'eau versée au creux d'une platelle.
> (Fr., III, t. I, p. 637, éd. in-fol. de 1623.)

Player, v. trans. (Nicot), ancien synonyme de navrer (Nicot, Littré) : blesser. Ex. : (I, p. 42.)

Plein d'effroy, au lieu d'être employé au sens passif, l'est au sens actif : qui inspire de l'effroi.
(VI, p. 158.)

Pleinte, s. fém., orthographe de Ronsard pour plainte (*ei* = *ai*). Ex. : (I, p. 51.)

Plombé, part. passé du verbe *plomber*, employé adjectivement : lourd comme le plomb. Ex. : (I, p. 46.)

Plomber, v. trans. (Nicot, Littré), au sens propre : garnir de plomb, au figuré : frapper à coups violents et réitérés. En ce dernier sens employé par Ronsard. (I, p. 131.)

Plombet, s. masc., balle de plomb, n'est pas cité par Nicot, innovation de Ronsard. Ex. :
(VII, p. 204.)

Plumeux, adj. Ronsard lui attribue deux sens.

1° Couvert de plumes.

... plumeux comme un oyseau. (I, p. 252.)

Et de même (III, p. 306).

2° Garni de plumes.

... un plumeux aureiller. (VI, p. 70.)

Pluyeux, adj. qual., employé par Ronsard pour pluvieux.

Une pluyeuse tempeste. (II, p. 191.)

De même (II, p. 337).

Il emploie aussi *pluvieux*. (III, p. 91.)

Poignant, part. prés. du verbe poindre (lat. *pungere*), piquant, bien aigu, au sens propre. Il n'est plus usité qu'au figuré.

De leurs aiguilles poignantes. (II, p. 271.)

Poinçonner, v. trans., employé par Ronsard comme synonyme de *poindre* (Nicot), de même que *espoinçonner* est synonyme de *espoindre* (Nicot). Ex. :
(VI, p. 23.)

Poinct (en ce), expression composée à laquelle Ronsard donne la valeur de l'adverbe *ainsi* (m. à m. dans cette situation). Ex. :

Des maris grecs l'industrieuse Heleine,
L'aiguille en main, retraçoit les combas ;
Dessus ta gaze en ce poinct tu t'esbas
Traçant le mal duquel ma vie est pleine. (I, p. 118.)

Poincture, s. fém., vieux mot dérivé du verbe poindre : piqûre (Nicot, Littré).

> ... tu sentiras un jour
> Combien leur poincture est amere. (II, p. 369.)

Ronsard l'écrit aussi *Pointure*. (I, p. 200.)

Pointe, s. fém., employé par Ronsard au sens du grec ἀκμή, dans l'expression : *la pointe de notre âge* (la fleur). Ex. : (III, p. 118.)

Poise, ancienne forme de la 3ᵉ pers. du prés. de l'ind. de peser.

> ... je lui feray cognoistre
> A coups ferrez combien poise ma destre.
> (IV, p. 151.)

Ronsard emploie d'ailleurs l'infinitif *Poiser*, ancienne orthographe du verbe peser. (V, p. 118.)

Poison, s. masc., aujourd'hui, est presque toujours féminin au seizième siècle.

> Je veux charmer, si je puis, la poison
> Dont un bel œil enchanta ma raison. (I, p. 109.)

> ... l'amoureuse poison. (I, p. 168.)

> ... la poison amère. (I, p. 194.)

Poisseux, adj., couleur de la poix, épithète que Ronsard applique à la nuit, *picea nox*.

> ... Une effroyable nuit
> Cachant la mer d'une poisseuse robe.
> (Fr. II, t. III, p. 93.)

De même : (VI, p. 40.)

Poissonnier, adj. qual., qui sert à la pêche.

> Berteau le pescheur s'est noyé
> En sa nacelle poissonniere... (VI, p. 408.)

Poliot, s. masc., pour *Pouliot*, nom vulgaire d'une espèce de menthe.

> Ni cannes ni roseaux ne bordent ton rivage,
> Mais le gay poliot, des bergeres amy... (I, p. 359.)

Pollu (lat. *pollutus;* part. de *polluere*), souillé, profané.

> Vous dites que des corps les amours sont pollues.
> (Sonnets pour Hélène, L, t. I, p. 308.)

Pommeler, v. intrans., employé par Ronsard dans le sens de : s'arrondir en forme de pommes.

> Vous avez les tetins comme deux monts de lait
> Qui pommelent ainsi qu'au printemps nouvelet
> Pommelent deux boutons. (I, p. 148.)

De là l'adjectif *Pommelu :* arrondi en forme de pomme.

> Pein son menton au milieu fosselu
> Et que le bout, en rondeur pommelu,
> Soit tout ainsi que l'on voit apparoistre
> Le bout d'un coing qui ja commence a croistre.
> (I, p. 135.)

Pommeux, adj. qual., employé par Ronsard pour signifier : dont le fruit est semblable à la pomme.

> Ou secouer le fruit d'un pommeux arbrisseau.
> (VI, p. 50.)

> ... le pied des pommeux orangers. (V, p. 195.)

Pompe; s. fém., ostentation.

> Je defens qu'on ne rompe
> Le marbre pour la pompe
> De vouloir mon tombean
> Bastir plus beau. (II, p. 249.)

Pomper, v. intrans., employé par Ronsard dans le sens de : rendre pompeux, parer, orner.

> Quand les forests, les plaines et les fleuves,
> Tertres et bois, vestus de robes neuves,
> Enorgueillis de cent mille couleurs,
> Pompent leur sein d'un riche émail de fleurs.
> (III, p. 160.)

Pompon, s. masc., « espèce de melon blanc, fort commun en Espagne » (Trévoux). On disait aussi *Pepons* (Nicot).

>   Achète des abricôs,
>   Des pompons, des artichôs. (II, p. 163.)

Populace, s. fém. aujourd'hui, est masculin dans Ronsard. Ex. : (VI, p. 239.)

Portaux, s. masc., ancienne forme du pluriel de portail (Nicot). Ex. : (III, p. 120 et 293.)

Porte, préfixe tiré du verbe porter, 3ᵉ pers. sing. prés. ind., employé par Ronsard dans la formation d'un certain nombre de mots composés.

Porte-brandon, adj. composé, créé par Ronsard qui en fait l'épithète de l'Amour par allusion à la torche emblématique que les poètes, les peintres et les sculpteurs attribuent à ce dieu. (Fr., II, t. III, p. 118.)

Porte-ciel, adj. composé, créé par Ronsard qui l'applique au géant Atlas qui portait, selon la mythologie, le ciel sur ses épaules.

>   Atlas porte-ciel. (V, p. 276.)

Porte-couronnes, adj. composé, créé par Ronsard. Il dit en parlant de la Fortune :

>   Elle renverse à bas les Roys porte-couronnes.
>   (VI, p. 158.)

Porte-épy, adj. composé, créé par Ronsard qui l'applique à la lavande (lat. *spica nardi*).

>   L'aspic porte-épy.
>   (Am., II, Voyage de Tours, t. I, p. 190.)

Porte-espée, nom composé formé par Ronsard.

>   Tu as ton connestable Anne Montmorency,
>   Ton Mars, ton porte-espée. (V, p. 73.)

Porte-flame, adj. composé, créé par Ronsard, épithète qu'il applique à la canicule.

>   ... quand la porte-flame,
>   La chienne du ciel, enflame
>   Le monde de toutes parts. (Odes, v, XII, t. II, p. 346.)

Porte-fléau, adj. composé, créé par Ronsard pour traduire le grec μαστιγοφόρος.

    Ajax porte-fléau. (Œuvres inédites, t. VIII, p. 150.)

Porte-laine, adj. composé, créé par Ronsard et appliqué aux moutons.

    Troupeau porte-laine. (Ecl., 1, t. IV, p. 19.)

Porte-lance, adj. composé, créé par Ronsard. Épithète de Bacchus : qui porte le thyrse, sorte de lance enguirlandée de pampre.

    Le bon Bacchus porte-lance. (VI, p. 390.)

Porte-maisons, adj. composé, créé par Ronsard. Épithète de nature appliquée au colimaçon.

    Le limas porte-maisons. (VI, p. 71.)

Porte-proye, adj. composé, créé par Ronsard : il dit en parlant des fourmis transformées en hommes :

    Leur dos porte-proye. (Boc. Roy., t. III, p. 334.)

Portendre, v. trans. (lat. *portendere*), présager. Ronsard n'a employé qu'une fois ce verbe qu'il a créé sur le latin, à l'imparfait de l'indicatif.

    Voulant savoir, du songe tout esmeu,
    Que portendoit ce grand fantaume veu.
               (Fr., IV, t. III, p. 218.)

Portraire ou *Pourtraire,* vieux mot (Palsgrave, Nicot, Littré) : représenter par le dessin, la gravure, etc. Ex. :

    ... un vaisseau fait au tour,
   . . . .
    Où maintes choses sont diversement portraites.
               (I, p. 12.)

Ronsard lui attribue aussi le sens de : orné de peintures, décoré, peint.

    Que son plancher ne soit lambrissé ny doré
    Ni pourtraict de tableaux que le vulgaire admire.
               (V, p. 320.)

De là l'emploi de l'ancien substantif *Pourtraicture*. (IV, p. 399.)

Poster, v. intrans., ancien mot dérivé de poste, aller la poste, « courir, aller ça et là en diligence », déjà signalé par Trévoux comme usité par la populace, subsiste encore avec le même sens dans la langue populaire.

> Poste, dit-il, marche, fuy. (II, p. 321.)

Poulcer, v. trans. Ronsard l'écrit ainsi parce qu'il le dérive de *Poulce* (pouce), et lui attribue le sens de : faire vibrer à l'aide du pouce. Nicot donne *Poulser* (lat. *pulsare*), qui serait peut-être préférable.

> (Les Muses)... m'apprindrent leurs mestiers,
> A bien faire des vers, à bien poulcer la lyre.
> (III, p. 372.)

Poupelin, s. masc., pour poupon.

> ... mon petit poupelin. (III, p. 426.)

Poupeliner, v. trans., bercer, caresser comme un enfant berce et caresse sa poupée. Ex. : (VI, p. 396.)

Poupine, s. fém., pour poupée. (Nicot, Trévoux, Littré.) Ex. : (VI, p. 391.)

Pouppier, adj., innovation de Ronsard qui l'applique au vent, qui prend le navire en poupe, favorable.

> Le vent en ma faveur, qui pouppier se reveille,
> Me poussa de Milete aux rives de Marseille.
> (Boc. Roy., t. III, p. 298.)

Pourfiler, v. trans., comme *Porfiler* (les deux dans Nicot), broder. Ex. : (III, p. 158.)

Pourperet, allongement de *Pourpret,* diminutif de pourpre. Cf. *Pourprin.*

> ... la rose pourperette. (II, p. 342.)

Pourprin, adj. qual. Ronsard l'emploie concurremment avec *pourperet, pourperé, pourpre, pourpré.*

... pourprine rose. (II, p. 342.)
... ses lèvres pourperées. (II, p. 345.)
... devant un sénat pourpré. (II, p. 357.)
... la rose pourperette. (II, p. 342.)

Pourpris, s. masc., vieux mot appartenant à l'ancienne langue : habitation, enclos (*conseptum*).

... la demeure
Où les heureux esprits
Ont leur pourpris. (Odes, IV, IV, t. II, p. 252.)

De même : (VII, p. 277.)

Pourtraire, Pourtraicture. (V. *Portraire.*)

Pousser, v. trans. Ronsard l'emploie dans le sens du latin *depellere, deturbare,* chasser, précipiter de...

Ex. : En parlant de l'inconstance de la Fortune.
Cadme sentit bien sa secousse
Et de quel tonnerre elle pousse
Les grands princes de leurs honneurs. (II, p. 37.)

Pousse-terre, adj. composé, créé par Ronsard et employé substantivement comme épithète de Neptune : *pousse-terre* (qui remue, qui ébranle la terre).
(III, p. 328.)

Poussinière, s. fém. Nom populaire de la constellation des Pléiades (Trévoux). Ex. : (VI, p. 408.)

Poutre, s. fém., vieux mot : jument (lat. *pullitrum*).
... les poutres hennissantes. (I, p. 214.)
Pourquoy, comme une jeune poutre
De travers guignes-tu vers moy ? (II, p. 288.)

On écrivait aussi *Poultre.*

Préau, s. masc. (lat. *pratulum*), petit pré (Nicot).
Ex. : (II, p. 448.)

Prédicant, s. masc., « terme de mépris sous lequel on désigne les ministres de la Religion Réformée » (Trévoux). Ex. : (VII, p. 85, 86 et 87.)

Ronsard en dérive le péjoratif : *Prédicantereau,* s. masc. (VII, p. 86.)

Prée, s. fém., vieux mot (*Roman de la Rose,* Palsgrave, Nicot).

> Io, voicy la prée verdelette. (I, p. 92.)

Premier, adv., signifiait pour la première fois (Nicot, Littré).

> Engendra les ayeux dont est sorty le pere
> Par qui premier je vy ceste belle lumiere.
> (IV, p. 297.)

Présagieux, adj. qual., qui porte avec soi un présage de malheur. (III, p. 277.)

> Avant sa mort les feux présagieux
> Le tremble-terre et les foudres des cieux
> Esbranleront sa royale demeure. (III, p. 232.)
> (Une comète) va signant les cieux
> De cheveux rougissants d'un feu présagieux.
> (III, p. 277.)

Presse, s. fém., « vieux mot, peine, affliction, persécution (Gloss. sur Marot), Trévoux ». Ronsard l'emploie dans le sens atténué de *insistance.*

> Je ne vous seray plus, d'une importune presse,
> Fascheux comme je suis. (I, p. 299.)

Presse sur presse, expression composée formée du mot *Presse,* pris au sens de foule, multitude de personnes ou d'objets qui se pressent, se serrent les uns contre les autres, de là le sens de cette expression : *sans intervalles.*

> En longs cheveux ornez presse sur presse
> De chaisnes d'or et de carquans gravez. (III, p. 245.)

Pressouer, ancienne forme du mot pressoir (Littré,

Roman de la Rose, Palsgrave), comme *Miroer* et *Mirouer* pour miroir (v. ce mot).

> Et tous les ans il voirra sur l'autonne
> Bacchus luy rire, et plus que ses voisins
> Dans son pressouer gennera de raisins. (III, p. 406.)

Preste, fém. de l'adj. prêt, employé par Ronsard dans le sens très restreint de : qui appartient à, qui est au pouvoir, à la disposition de quelqu'un.

> Gaignons ce jour icy, trompons nostre trespas ;
> Peut-estre que demain nous ne reboirons pas.
> S'attendre au lendemain n'est pas chose trop preste.
> (I, p. 159. Variante de 1584.)

Printaner, v. intrans. (en parlant de la nature), revêtir sa robe de printemps, se couvrir de verdure. Ex. : (I, p. 116.)

Proesme, s. masc., très ancien mot, dérivé de *proximus* : prochain (Nicot). Un exemple : (VI, p. 179.)

Prothenotaire et *Protonotaire*, s. masc. *Protonotaire* est seul indiqué par Nicot et semble avoir été seul usité. *Prothenotaire* est de l'invention de Ronsard, qui d'ailleurs a employé aussi *Protonotaire :* officier de la cour de Rome ayant un degré de prééminence sur tous les notaires de la même cour, et qui reçoit et expédie les actes des consistoires publics. Ex. : (II, p. 423, *Protonotaire*, et III, p. 401, *Prothenotaire*.)

Preud'homme, forme ancienne du mot prud'homme. On voit par l'emploi qu'en fait Ronsard qu'il le rattache à la racine *prudens homo*.

> ... ce preud'homme,
> Fin artisan de cauteleux moyens. (III, p. 194-195.)

Prime, adj. (lat. *primus*), premier, vieux mot (Littré, Nicot).

> Pollux, vaillant à l'escrime,
> Et son frère, qu'on loûra
> Pour des chevaliers le prime. (II, p. 233.)

> La volupté sur toutes doucereuse
> C'est en amour cueillir la prime fleur,
> Non un bouton qui n'a plus de couleur. (III, p. 181.)

De là le sens figuré : qui vient de se former, fin, délié, que Nicot traduit par *tenuis*.

> Ce Francion avait un beau menton,
> Crespu de soye et pareil au coton
> Prime et douillet, dont le fruitier autonne
> La peau des coings blondement environne.
> (III, p. 161.)

Prime, s. fém., jeu de cartes fort en vogue au seizième siècle et qui se jouait avec quatre cartes. « Jeu de cartes où l'on oste les huicts, les neufs et les dix, où les testes valent moins, et le sept plus ; le flus est de quatre semblables, et prime de quatre différentes ; et permis est de faire vade, tant que l'on aye ce que l'on desire. » (Note de Cl. Garnier.)

> Je cherche compagnie, ou je joue à la prime.
> (VII, p. 113.)

Prindrent, ancienne forme de la 3e pers. plur., passé défini de prendre : *prirent*.

> Ces mains, ceste bouche et ce front,
> Qui prindrent mon cueur. (I, p. 234.)

Printine, s. fém. Nom de Nymphe de l'invention de Ronsard. (VI, p. 139.)

Privément, adv., vieux mot (Littré, Nicot), d'une manière privée, familière, familièrement.

> Plus privément, en imitant l'exemple
> Des amoureux, tu me diras ton soin. (III, p. 197.)

Probosce, s. fém. (gr. προϐοσκίς), trompe de l'éléphant, subsiste dans le dérivé *Proboscidien*.

> Mocqueurs, causeurs, escornifleurs de tables,
> Qui bien repeus, autant de nez te font
> Qu'a de probosce un vieil Rhinoceront...
>
> (Eleg., XXXII, t. IV, p. 352.)

Pront, fém., *Pronte,* adj. qual., orthographe italienne (*pronto*) du mot prompt.

> Qui voudra voir une jeunesse pronte
> A suivre en vain l'objet de son malheur. (I, p. 1.)

Pronube, adj. fém. C'est l'épithète latine *pronuba* (qui préside au mariage), appliquée à Junon.

> La pronube Junon. (Boc. Roy., t. III, p. 430.)

Province, s. fém., pris dans le sens très particulier de : patrie, pays natal.

> ... mais, puisqu'il faut mourir,
> Donne-moy que soudain je te puisse encourir,
> Ou pour l'honneur de Dieu ou pour servir mon prince,
> Navré, poitrine ouverte, au bord de ma province !
>
> (V, p. 249.)

(C'est-à-dire aux frontières de mon pays.)

Pucelette, s. fém., diminutif de pucelle, antérieur à Ronsard.

> Une jeune pucelette. (VI, p. 353.)

Pucelle, s. fém., diminutif de puce, créé par Ronsard. (I, p. 61.)

Puissant, construit avec la préposition *de* et un infinitif complément, construction rare (Littré : ex. de Pascal) : qui a le pouvoir de.

> O déesse puissante
> De pouvoir secourir
> La vierge languissante
> Déjà preste à mourir. (II, p. 256.)

Purger, v. trans. (*purgare*), nettoyer, purifier.

> Le dix-septième siècle l'emploiera encore dans l'expression : *purger les passions*.

Ronsard l'employait dans le même sens en parlant de l'âme :

> ... aux enfers, comme un songe leger
> Elle devalle, afin de se purger
> Et nettoyer la macule imprimée
> Qu'elle receut dans le corps renfermée. (III, p. 222.)

Putain, s. fém., opposé à chemise (d'homme) : vêtement de dessous que portaient les femmes de mauvaise vie (?). (VII, p. 306.)

Pyralide, bête à laquelle on attribue ainsi qu'à la salamandre la propriété de vivre dans le feu.

Muret dans son commentaire en donne la définition suivante : « *Pyralides* sont petites bestes volantes qui ont quatre pieds et se trouvent en l'isle de Cypre, ayant telle nature qu'elles vivent dans le feu et meurent dès qu'elles s'en esloignent un peu trop. » Nicot a emprunté à Muret cette définition.

> Sans vivre en toi je tomberois là-bas (aux enfers).
> La pyralide en ce poinct ne vit pas
> Perdant sa flamme et le dauphin son onde.
> (Am., I, p. 138.)

Q

Quadrelle, s. fém. C'est le substantif italien *quadrello,* flèche, dard, carreau. Ronsard n'offre qu'un exemple de ce mot, qui d'ailleurs n'a pas pris racine dans notre langue.

> Amour, tu semble au phalange qui point
> Luy de sa queue, et toy de ta quadrelle. (I, p. 395.)

Quant, vieux mot, féminin *Quantes :* combien de.

> Dy quantes fois le jour, lamentant ma misère,
> T'ay-je fait souspirer. (I, p. 359.)

Querelle, s. fém. (lat. *querela*).

   1° Plainte.

     Ainsy se plainct, d'une longue querelle,
     Par les forests la veuve tourterelle.
                  (Œuvres inédites, VIII, p. 123.)

   2° Cri plaintif.

     Vous, gressets, qui servez aux charmes, comme on dit,
     Criez en autre part vostre antique querelle.

   3° Dispute.

     La contentieuse querelle
     De Minerve et du Cronien (Neptune).
                  (Odes, I, X, t. II, p. 75.)

Querre, ancien infinitif de *Querir,* antérieur à celui-ci comme *Courre* pour *Courir* (Littré). Ex. :
                            (II, p. 173.)

Quesse, s. fém. (Nicot), caisse. Nicot : « *Quesse,* qu'on deust escrire *Quaisse,* tout ainsi que le Languedoc qui le prononce *Caisse,* comme estant fait de ce mot *Capsa.* » Ex. : (III, p. 176.)

Queste (Nicot, Littré), s. fém., peut avoir deux acceptions.

   1° Sens actif, action de chercher.

     Au poinct du jour, comme il alloit en queste.
                            (III, p. 152.)

   2° Sens passif : la chose quêtée, la proie.

     Sans y penser te surprendra
     Comme une jeune et tendre queste. (I, p. 435-436.)

Quiers (*je*), 1re pers. de l'ind. prés. de *Querre* ou *Quérir.* Ex. : (II, p. 233.)

Quis, fém., *Quise,* participe passé de l'ancien verbe *Querre* ou *Quérir.* Ex. : (II, p. 141.)

Quitter, v. trans., au sens ancien : céder, abandonner (Nicot, Littré). Ex. : (I, p. 384, et III, p. 245.)

R

Rabas, s. masc. pl., au singulier *Rabat*. Claude Garnier dans son commentaire des Discours l'explique ainsi : « Rabat est un mot de Touraine qui veut dire un esprit qui raude et va de nuict. » Revenant. Ex. :

Tu as veu les rabas encore mieux que moy.
(VII, p. 100.)

Trévoux : « Rabat... lutin, esprit qui revient la nuit et qui fait du bruit dans la maison. *Larva, Lemures*. Rabelais parle de la momerie des Rabas et des Lutins. »

Racler, v. trans. (Nicot), employé au figuré par Ronsard : effacer. Ex. : (II, p. 58 et 349.)

Radoté, s. masc., pour radoteur (Littré). Un seul exemple chez Ronsard : (III, p. 124.)

Radouber, v. trans., terme de marine : réparer un navire. Ronsard l'emploie avec une acception plus générale : réparer, recoudre. Ex. :

L'autre jour que j'estois assis près d'un ruisseau,
Radoubant ma musette avecques mon alesne.
(IV, p. 13.)

Radresse, pour redresse, 3e pers. du sing. du prés. de l'ind. de redresser : dans le sens de corriger. Ex. :
(II, p. 179.)

Raffriandé, mot composé par Ronsard du simple : affriandé. Ex. : (I, p. 94.)

Raillard, adj. qual. (Nicot), ou railleur (N.).

L'un la satyre et l'autre plus gaillard
Nous sallera l'épigramme raillard. (VI, p. 45.)

Rais, s. masc. (lat. *radius*), vieux mot : rayon.

> Comme un beau lis, au mois de juin, blessé
> D'un rais trop chaud, languit a chef baissé. (I, p. 36.)

Ralenter. (V. *Alenter*.)

Ramager, adj. qual., innovation de Ronsard : qui a un joli ramage.

> Rossignols ramagers, qui d'un plaisant langage
> Nuict et jour rechantez vos versets amoureux.
> (Sonnets pour Hélène, II, XLIII, t. I, p. 14.)

Ramé, adj. qual., vieux mot. (*Roman de la Rose*.)

1° Garni de branches.

> ...il veit, par cas d'aventure,
> Sur un arbre Amour emplumé,
> Qui voloit par le bois ramé
> Sur l'une et sur l'autre verdure. (I, p. 435.)

2° Ronsard lui attribue le sens de : garni de rames. Ex. :

> Les nobles fils des dieux dans Argon enfermés
> Quittant le double rang de leurs sièges ramés
> D'une ancre au bec crochu la gallere arresterent.
> (V, p. 20.)

Ramée, s. fém. abstrait, employé au pluriel.

> Tant que les cerfs aimeront les ramées. (I, p. 30.)

Ramentoive, prés. du subj. du vieux verbe *ramentevoir* (Palsgrave, Nicot), v. trans. Rappeler à la mémoire, faire souvenir.

> ... je ne voy fleur, ni herbe, ni bouton,
> Qui ne me ramentoive ores ton beau teton,
> Et ores tes beaux yeux. (IV, p. 252.)

Rameux, adj. qual., formé par Ronsard : qui se divise en plusieurs rameaux.

> ...ses cornes rameuses. (IV, p. 10.)

Rampé, part. passé du v. intr. ramper (Nicot, Littré), employé par Ronsard comme adjectif. (III, p. 295.)

Ranc, s. masc., orthographe de Ronsard pour *rang,* à cause de la prononciation dure du *g* devant une voyelle.

> ... l'autre pend au mas
> A double ranc des aisles bien venteuses. (III, p. 62.)

Rancueur, s. fém., vieux mot. (*Roman de Troye,* Littré.) Se trouve encore dans Régnier et Malherbe, rancune, haine invétérée.

> Dans l'estomac jette luy la rancueur,
> Le désespoir, la fureur et la rage. (III, p. 185.)

Rang (*de*), expression ancienne, l'un après l'autre, à la file (Nicot).

> Le faucheur, à grand tour de bras,
> Du matin jusqu'à la serée,
> De rang ne fait tomber à bas
> Tant d'herbes cheutes sur la prée. (II, p. 201.)
>
> Autres de rang sur la place apportoient
> Tapis ouvrez. (III, p. 115.)

Rase-terre, adj. composé, innovation de Ronsard.

> ... le vent rase-terre. (VII, p. 119.)

Rasteau (lat. *rastellus*). Ronsard l'emploie au sens du dérivé râtelier.

> ... Francus entra dans le chasteau,
> Son javelot posa contre un rasteau,
> Où mainte pique en son long estendue
> Contre le mur au croc estoit pendue. (III, p. 115.)

Ratepenade, s. fém. (Nicot), ou *ratepennade* (Trévoux, Littré), ancien dérivé de *rate,* fém. de *rat* et du lat. *pennatus,* ailé, ou encore *ratepelade* (de *rate* et de *pelé,* sans poil) : sont encore usités comme nom vulgaire de la chauve-souris dans le midi de la France. Ronsard n'a employé que la forme *ratepenade,* pour désigner par dérision la figure glabre des mignons de Henri III et railler leur manie de s'épiler. (VII, p. 306.)

Ravageux, adj. qual., innovation de Ronsard. Ex. : (IV, p. 79.)

Rayeur, s. fém., formé par Ronsard sur le mot *rais*, rayon. Il ne l'emploie qu'une fois pour signifier *l'éclat et la lueur* des armes.

    Voyant du fer la rayeur. (II, p. 90.)

Réaume, s. masc., vieux mot antérieur à royaume.

    Et cependant ta finesse icy laisse
    Un réaume acquis. (Poèmes, I, t. VI, p. 78.)

Rebat, s. masc. (Nicot, Trévoux), était synonyme de *rebattement*, répercussion. Ronsard emploie *rebat*, avec le sens de reflet. Ex. : (III, p. 73.)

Rebeu (eu = u), part. passé du verbe *reboire* (Nicot, Trévoux, Littré) : boire de nouveau, boire à plusieurs reprises. Ex. : (II, p. 208.)

Re-blesser, v. trans., composé par Ronsard : blesser de nouveau. (VII, p. 22.)

Rebobiné, part. passé du verbe rebobiner, abréviation de *rebobeliner* (Nicot), ou *rabobeliner* (Cotgrave) : raccommoder, rapetasser (Trévoux, Littré). Ex. : (VI, p. 74.)

Reboute, allongement de *u* en *ou* de *rebute*, 3ᵉ pers. sing. du prés. ind. de rebuter. Ex. : (I, p. 15.)

Rebras, s. masc., vieux mot qui signifiait autrefois le rebord, le repli de quelque habit (Nicot, Trévoux, Littré).

    Un bouclier à sept rebras. (II, p. 166.)
    Une toque à rebras. (VII, p. 117.)

De là le verbe aujourd'hui disparu : *rebrasser*

(retrousser). On disait : rebrasser ses manches, son chapeau.

Rebruire. (V. *Bruire*.)

Recamé, part. passé du verbe *récamer* (esp. *recamar*), terme technique (Littré) : broder. Deux exemples :
(I, p. 229, et VI, p. 182.)

Rechante tes vers : « défais les charmes que tu as faits contre moy. » (Richelet.) Ex. : (II, p. 211.)

Recontre-balancer, v. trans., composé par Ronsard, qui lui attribue le sens de : donner en échange, récompenser.

> Et certes un tel serviteur
> Mérite que ta main royale
> Recontre-balance un grand heur
> A sa diligence royale. (II, p. 36.)

Recorder, v. trans., vieux mot : rappeler, chercher à se souvenir (Nicot, lat. *recordari*). Marot offre encore un exemple du vieux mot *record*, souvenir. Le verbe *recorder* subsiste, ainsi que le réfléchi *se recorder* : mais ils sont peu usités.

> Tout mon art je recordois
> A cet enfant pour l'apprendre. (II, p. 360.)

Recoursant et *Recoursé*, pour retroussant, retroussé, ne sont pas dans Nicot. Ex. :
(I, p. 53, et VI, p. 87.)

Le mot *recourser* semble être pour *racourser*, dérivé de *racour* (Trévoux), terme technique qui se disait des étoffes de laine raccourcies par la teinture : *racour* = diminution de longueur.

Recru, fém. *recrue*, part. passé du vieux verbe *recroire*, s'avouer vaincu. On a dit ensuite au figuré *recru* pour signifier harassé, excédé de fatigue

(Nicot, *Roman de la Rose*, Rabelais, Nicot, Littré, encore un exemple de Vaugelas).

> Et vous, ses sœurs, qui recrues
> D'avoir trop mené le bal
> Toute nuict vous baignez nues. (II, p. 203.)

Il a le sens de *tué*, englouti par les flots, dans un autre passage : (III, p. 101.)

Reflot, s. masc., dérivé de flot par analogie avec reflux dérivé de flux. Au figuré : les *crespes reflos* d'une chevelure. (II, p. 344.)

Refrizé pour *Refrisé*, part. passé du verbe *refriser*; au sens propre : friser de nouveau ; au figuré dans Ronsard pour exprimer l'entrelacement des rameaux de la vigne et du lierre. (VII, p. 241.)

Re-fu, 1re pers. du parf. déf. de être que Ronsard fait précéder du préfixe *re* pour signifier : je fus de nouveau. Ex. : (I, p. 92.)

Regard, s. masc., employé avec le sens de spectacle, chose à voir.

> ... Il attache de rang
> (Piteux regard!) pour parades aux festes
> De ses portaux les misérables testes. (III, p. 120.)

Regringoté, part. passé du verbe *regringoter*, formé par Ronsard du verbe gringotter, fredonner, « se disait par extension des hommes qui fredonnent mal ». (Trévoux.)

> Je dirois la grand' messe, et le temple voûté
> Retentiroit dessous mon chant regringoté.
> (VII, p. 99.)

Reguelice, s. fém., orthographe de Ronsard pour *reglisse* (Nicot, Littré) et *ragalisse* (Nicot). (Ex. : [IV, p. 88.)

Re-jettonner, v. intrans., produire des rejetons.

> Et re-jettonne en branches davantage. (III, p. 335.)

Relent, ordinairement substantif, est adjectif dans Ronsard : qui a une odeur de relent. Ex. :
(III, p. 116.)

Remascher, v. trans. (Nicot, Littré, Acad.), au figuré : repasser dans son esprit, ruminer.
> Icy cestuy de la sage nature
> Les faits divers remasche en y pensant. (II, p. 224.)

Rembuscher, s. masc., rentrée du cerf ou de toute autre bête dans son fort. On disait aussi le *rembuschement.* I, 255. V. *Vénerie.*

Ronsard tire ce substantif du verbe se *rembuscher,* rentrer dans le bois (en parlant du gros gibier).

Remirer, v. trans. (Palsgrave, Nicot, Littré) : mirer de nouveau.
> Ainsi disoit Helene en remirant son teint. (I, p. 341.)
> ... la face trop remirée. (II, p. 168.)

Renarde, s. fém. (Trévoux, Littré, Acad.) : femelle du renard. Ex. : (I, p. 260.)

R'engendrer, orthographe de Ronsard pour *rengendrer* (Nicot) : ancienne forme de régénérer, renouveler. Ex. : (V, p. 15.)

Renglacer, v. trans., mot nouveau créé par Ronsard : il le tire du verbe *englacer,* qui est aussi une de ses innovations. (V. *Englacer.*) Ex. : (I, 1.)

Rengreger, v. trans. (Nicot, Trévoux, Littré), au propre et au figuré : accroître, augmenter, envenimer, empirer. Ex. : (I, p. 100.)

Rengrever, v. trans. (Nicot, Littré), vieux mot dérivé de *grief :* alourdir, rendre plus pesant.
> Je sens toujours un penser qui me mord,
> . . . .
> Me fait la guerre et mes peines rengrève. (I, p. 8.)

Repous, s. masc., pour repos, se dit encore dans le centre de la France.

> Ainsi puisses-tu vivre en amoureux repous
> Jusqu'a la mort, Claudine, avecque ton espous.
> (IV, p. 68.)

Requoy (à), expression ancienne (Palsgrave, Nicot, Trévoux) : à l'écart, en particulier, tranquillement. On disait aussi *en requoy*. *Requoy*, dérivé de *coi* (*quietus*), tranquille, s'employait aussi comme adjectif (Marot).

> Ha Dieu ! que je suis aise alors que je le voy
> Esclore au poinct du jour sur l'espine à requoy
> Aux jardins de Bourgueil, près d'un bois solitaire.
> (*Sonnet à la rose*, I, p. 152.)

Respan (Je), 1re pers. du prés. de l'ind., orthographe ancienne, l's étant paragogique dans les verbes de la 4e conjugaison, à la 1re pers. du prés. de l'ind., de même qu'à l'impératif, 2e pers. Aussi Ronsard écrit-il de même *ren* pour l'impératif de rendre.
(I, p. 170.)

> Plus je respan de traits sus hommes et sus dieux.
> (I, p. 175.)

Responderez (vous), 2e pers. plur. fut. ind., ancienne forme pour *respondrez*, reprise par Ronsard pour la mesure du vers (*e* intercalé, repris à l'infin. latin : *respondere*).

> Vous me responderez qu'il est un peu sourdaut.
> (I, p. 399.)

Responsette, s. fém., diminutif créé par Ronsard du mot *response*, fém. (Nicot), ou *raipons*, masc. (Nicot) : sorte de campanule comestible, *raiponce*. Ex. : (VI, p. 87.)

Ressemblable, adj. qual., innovation de Ronsard pour la rime : ressemblant. (Ex. : II, p. 367.)

Ressembler, v. intrans. (Littré) aujourd'hui, était

transitif et intransitif (Nicot) : Ronsard offre des exemples de ce double emploi. (III, p. 259 et 311.)

Ressoudre (Se), employé par Ronsard pour la rime au lieu de *se ressouder :* se réunir, se confondre avec. Ex. : (II, p. 238.)

Reth, s. masc. (lat. *retis*), orthographe ancienne du mot *rets,* filet.

> Et vos cheveux frisez d'une crespe cautelle,
> Qui vous servent d'un reth. (IV, p. 220.)

Ronsard l'orthographie aussi *rhé.* (V, p. 177.)

Retoffu, adj. qual., dérivé par Ronsard de *toffu* (touffu) : dont les rejetons forment comme une touffe. (VI, p. 183.)

Retonner, employé comme verbe transitif par Ronsard pour : faire retentir, célébrer. Ex. : (V, p. 96.)

Retors, part. passé du verbe retordre, est employé au sens propre. (III, p. 56.)

Retraire, v. trans., vieux mot (Nicot, Littré), lat. *retrahere,* signifiait retirer, puis retirer chez soi, accueillir, recevoir.

> (Moi) qui ay voulu retraire
> Tout soudain un estranger
> Dans ma chambre et le loger. (II, p. 164.)

Retrepigner, v. intrans., fréquentatif du vieux verbe *treper,* qui existe encore dans le dialecte du centre de la France et qui avait formé *trepiller* et *trepigner :* ce dernier seul subsiste.

> J'oy la terre
> Retrepigner durement
> Dessous la libre cadence
> De leur dance. (VI, p. 359.)

Re-tuer, v. trans., composé par Ronsard : tuer de

nouveau, métaphoriquement : « re-tuer Hector »,
Chanter de nouveau la mort d'Hector. (VII, p. 22.)

Rhé, s. masc. (V. *Reth*.)

Rhétoriqueur, s. masc. Nicot n'indique que *rhéteur*. Il est cité par Trévoux (Ex. : de Marot), comme vieux mot : orateur. (VII, p. 24.)

Riagas, s. masc. (de l'espagnol *rejalgar*), sorte de poison, dit Muret dans son commentaire. Nicot l'explique : « *Riagas*, espèce de poison, qu'aucuns nomment *reagal*, *Aconitum*. »

> De la mielleuse et fielleuse pasture
> Dont le surnom s'appelle trop aimer,
> Qui m'est et sucre et riagas amer,
> Sans me saoûler je pren ma nourriture.
>   (Am., I, 153, I, p. 88.)

On le trouve encore :

> Dans cet œil je ne scay quoi demeure
> Qui me peut faire en amour à toute heure
> Le sucre fiel et le riagas miel.
>   (Am., I, 194, I, p. 110.)

Ce mot employé par Ronsard comme terme technique a complètement disparu sans laisser de trace. La langue moderne possède le mot *realgar*, forme espagnole de l'arabe *rahdj-algar*, poudre des cavernes, qui désigne non l'aconit, comme le pense Nicot, mais le sulfure rouge d'arsenic.

Riban, s. masc., ancienne forme du mot ruban (v. Littré, *Hist.*), usitée dans le centre de la France et qu'on retrouve dans le terme familier qui en est dérivé : ribambelle.

> Je voudrois estre le riban
> Qui serre ta belle poitrine. (II, p. 287.)

Ribler, v. neutre. Nicot l'explique ainsi : « Ribler est avec port d'armes troller çà et là et courre sus à chacun. *Grassari.* » Ronsard l'applique au feu qui court de maison en maison.

> ... les feux indontez
> Riblant par les maisons. (Boc. royal, III, p. 296.)

L'étymologie en est incertaine : on l'a rapproché de *ribaud*.

Trévoux : « *Ribler*, terme populaire et vieux qui signifioit courir la nuit, comme les filous, les débauchés. *Grassari, divagari noctu.* Ce mot vient de *ribla* qui en langage celtique ou bas-breton signifie la même chose. »

Rien, employé au sens étymologique *rem*, quelque chose (Nicot, Littré).

> ... ferme bien l'huis sur moy ;
> Si rien me vient troubler, je t'asseure ma foy,
> Tu sentiras combien pesante est colere. (I, p. 413.)

Rien-ne-vaut, employé substantivement par Ronsard pour : un vaurien. Ex. : (VI, p. 283.)

Rober, v. act. (ital. *rubare, voler*), employé par Ronsard comme synonyme de dérober, fréquent dans l'ancienne langue, qui en avait formé le substantif *roberie*, vol, larcin.

> Depuis qu'il eut **robée**
> La flamme prohibée. (II, p. 255.)

Rondache, s. fém., vieux mot (Trévoux, Littré) : grand bouclier rond en usage dès le temps de Charlemagne. Ex. : (III, p. 300.)

Rondement, adv., tout en rond.

> ... enflant
> Sa bouche rondement. (VII, p. 119.)

Cet adverbe subsiste, mais avec un sens tout différent.

Ronge-pampre, adj. composé créé par Ronsard.

> ... le bouc ronge-pampre. (VI, p. 410.)

Ronge-poumon, adj. composé créé par Ronsard.

> ... la toux ronge-poumon. (V, p. 194.)

Roquet, s. masc., subsiste sous la forme *rochet* (Littré). Espèce de manteau qu'on portait jadis : il n'allait que jusqu'au coude et n'avait point de collet.

> Leur roquet pendoit jusqu'aux hanches.
> (Odes, I, 10, II, p. 91.)

C'est ainsi qu'il faut, croyons-nous, interpréter ce vers d'après le contexte où Ronsard décrit l'apparence, le costume et le maintien des Parques. M. B. de Fouquières propose le sens de *roquet : bobine,* forme lyonnaise du mot rochet, « bobine sur laquelle les ouvriers en soie dévident celle qu'ils emploient dans leurs fabriques » (Trévoux). Ce sens ne nous semble pas admissible ici, la strophe suivante étant consacrée à la description de leur quenouille, du pezon et des fuseaux qu'elles emploient.

Ce sens de *roquet* semble justifié par un autre exemple. (II, p. 476.)

Rosin, adj. qual., couleur de la rose.

> Ces doigts rosins. (I, p. 22.)
> Sein de couleur de liz et de couleur rosine.
> (I, p. 346.)

Roter, v. trans., vient de *(e) ructare,* signifie expirer avec force. Ce verbe est devenu bas. Rare dans l'emploi poétique que lui donne Ronsard.

> Ny du Vésuve tout le chaud,
> Ny tout le feu que rote en haut
> La fournaise sicilienne. (Odes, III, 10, II, p. 210.)

Rouer, v. trans. (du latin *rotare*), faire tourner. Ex. :

> Typhée
> Qui rouoit une fronde en l'air.
> (Odes, I, 10, II, p. 79.)

Ronsard l'emploie encore en parlant des astres ; il signifie alors : décrire son orbite, accomplir un mouvement circulaire.

> Astres, qui dans le ciel rouez vostre voyage.
> (Am., II, 45, I, p. 197.)

Ce vers a un sens analogue : conduire en rond (Nicot, Littré), dans le passage suivant :

> Tousjours les belles Naiades
> . . . .
> Puissent rouer leurs carolles
> Autour de tes rives molles. (II, p. 347.)

De là le verbe réfléchi *se rouer*, tourner sur soi-même, se rouler.

> ... et autour de la proue
> Maint tourbillon en escumant se roue. (III, p. 83.)

Rouhard, adj. qual., créé par Ronsard. Sorte d'onomatopée imitant le roucoulement du pigeon. Ex. :
(I, p. 216.)

Rousée, s. fém., forme très ancienne du mot rosée (Palsgrave, Nicot, Littré).

> ... la terre arrousée
> De la fertile humeur d'une douce rousée. (I, p. 275.)

De là l'ancien verbe *rousoyer*, repris par Ronsard et employé au participe présent *rousoyant :* couvert de rosée.

> ... fleurs et herbes rousoyantes.
> (Am., I, Sonnets, 66, I, p. 39.)

Et (I, p. 54.)

Rousoyer. (V. *Rousée.*)

Route, employé par Ronsard pour déroute.

> ... saccagé la plaine
> Des Flamans mis en route.
> (Ode au roy Henri II, II, p. 19.)

Ruer, v. trans. (Nicot, Littré), vieux mot (lat. *ruere*) : jeter avec force.

> Vy sans que jamais tonnerre
> Ou la coignée, ou les vents
>   Ou les temps
> Te puissent ruer par terre. (II, p. 276.)

Au figuré : jeter.

> ... Le géant, d'autre part
> Sur luy ruant un terrible regard. (III, p. 126.)

Ruineux, adj. qual. (Trévoux, Littré), avait le sens passif : qui menace ruine, et le sens actif : qui cause des ruines. C'est le dernier sens que l'on trouve dans Ronsard (V, p. 74) : le vent *ruineux*.

S

Sacquer ou *Saquer,* v. trans., vieux mot. Nicot n'indique que l'orthographe *sacquer*. On dit aussi : *sacher* (Trévoux : Perceval, *Songe du Verger*) : tirer l'épée hors du fourreau. Ex. :

> (III, p. 133 et 224.)

Saquer se dit encore en marine pour : tirer avec effort et soubresauts (Trévoux, Littré).

Safrané, part. passé employé adjectivement du vieux verbe *safraner,* peindre en jaune ou couleur de safran (V. *Safranier*), au figuré épithète de l'Aurore, de l'aube ; couleur de safran (lat. *croceus*), d'un jaune doré.

> Voicy l'aube safranée. (VI, p. 364.)

Cf. *Ensaffrané.*

Au propre Ronsard, l'emploie dans le sens de *bistré :* les « yeux saffranez ». (VII, p. 83.)

Safraniers, adj. qual., couleur du safran, c'est-à-dire : banqueroutiers, vieux mot.

> En la façon que les marchands rusez
> Qui safraniers, par meschantes practiques,
> N'ont point de draps aux secondes boutiques,
> Mais monstrant tout dès le premier abord,
> Font bonne mine et se vantent bien fort. (IV, p. 352.)

« Il n'y a pas longtemps, dit le *Dictionnaire de Trévoux,* qu'on *peignoit de jaune et de couleur de safran, les maisons des banqueroutiers* ou de ceux dont les biens étoient confisqués avec note d'infamie. »

Sage-preux, adj. composé créé par Ronsard, qui, s'adressant au connétable Anne de Montmorency, l'appelle :

> Sage-preux connestable. (V, p. 329.)

Sagette (lat. *sagitta*), flèche.

> ... son sourcil ressemblant
> A l'arc d'un Turc qui la sagette a mise
> Dedans la coche. (Am., II, Chanson, I, p. 155.)

V. *Ibid.* Am., II, 10, I, p. 158.

De même : Franc., I, III, p. 79 :

> ... une viste sagette...

Saigneux, adj. qual., innovation de Ronsard : sanglant, ensanglanté.

> Et font pleurer le ciel d'une pluye saigneuse.
> (V, p. 130.)

> Si que tousjours sa main sera saigneuse
> Du sang hardy de l'Espagne odieuse. (V, p. 296.)

Saillir, v. intr., vieux mot (Nicot, Littré), s'élancer avec impétuosité, sortir.

> Puis sans rien profiter du college sailly
> Je vins en Avignon. (IV, p. 299.)

Salemandre, s. fém., orthographe de Ronsard, ou *Salmandre* (Nicot) : Salamandre. (VI, p. 152.)

S'amie. Élision pour *sa amie*.

Cf. *M'amour*. Emploi fréquent jadis. (V. Littré, *Histoire du mot : mie*.)

Chantoit l'amour de Briseis s'amie. (I, p. 126.)

S'amour. Élision pour *sa amour*, fréquent jadis.

Cf. *M'amour, S'amie*, etc. Ex. : (I, p. 206.)

Sanglantement, adv. dérivé de sanglant, cité par Nicot : de la couleur du sang. (VI, p. 38.)

Saquer. (V. *Sacquer*.)

Sarclouëre, s. fém., prononciation du Centre pour : sarcloir, s. masc., instrument qui sert à sarcler.
(VI, p. 411.)

Sas, s. masc. (Nicot, Littré), crible (bas latin *sedatium, sitacium* pour *setaceum*), tissu lâche et résistant soutenu par un cercle, qui sert à passer des liquides ou des matières pulvérulentes.

Le crible servait aux diseurs de bonne aventure. Ex. : (I, p. 185.)

Saturne, nom propre, employé comme nom commun pour désigner l'astre qui préside aux destinées humaines. Ex. :

... forcer je ne puis
Mon Saturne ennemy. (III, p. 370.)

Cf. *Maistriser*.

Sauteler, v. neutre, diminutif de sauter, bondir.
(I, p. 80.)

De même (III, p. 56, 57.)
... autres, fols de pensée,
Comme agités de fureur sauteloient.

Sauvagin, adj. qual., innovation de Ronsard, qui lui attribue le sens de : qui tient de l'animal sauvage. Un exemple :

> M'a fait Acteon cornu
> Me transformant ma nature
> En sauvagine figure. (II, p. 345.)

Savourable, adj. qual., employé par Ronsard comme synonyme de savoureux.

> Il bénit de Cérès le présent savourable. (V, p. 33.)

Scadron, s. masc., première forme du mot escadron. (II, p. 487.)

Sceptré, adj. qual., employé par Ronsard pour signifier qui porte le sceptre. Ex. : (III, p. 366.)

Sciamaches (σκιαμαχέω), gens qui combattent des ombres. (Épître au lecteur, II, p. 13.)

Scintille, s. fém. (*scintilla*), ancienne forme savante du mot : étincelle. (Nicot indique les deux.) Nous n'avons plus que le verbe scintiller.

Le substantif *scintille* est employé par Ronsard.

> De foudre pers, de scintille et de suye.
> (Fr., II, t. III, p. 92.)

Et (I, p. 167.)

Scophion. (V. *Escofion.*)

Secous et *Secoux,* part. passé du vieux verbe *secorre,* secouer, employé pour la rime en place de secoué.

> Pour eux tombe en abondance
> Le glan des chesnes secous. (V, p. 260.)

> Et le vanneur my-nud, ayant beaucoup secoux
> Le blé, de çà de là, de sur les deux genoux.
> (VII, p. 122.)

Secretain, s. masc. Sacristain : les deux mots sont dans Cotgrave, Nicot, Trévoux. Ex. : (V, p. 263.)

Secretaire, s. masc., au sens étymologique du mot : confident.

> Parlent profondément des mystères de Dieu;
> Ils sont ses conseillers, ils sont ses secretaires,
> Ils scavent ses advis, ils scavent ses affaires.
> (VII, p. 59.)

Seicher, v. trans., sécher. Nicot indique les deux orthographes.

> Et pour ce je te supplie
> De me conduire à ton feu
> Pour m'aller seicher un peu. (II, p. 165.)

Séjour, s. masc., peut avoir deux sens indépendamment de son sens habituel.

1° Durée.

> ... l'amour qu'on charme est de peu de séjour.
> (I, p. 296.)

2° Retard.

> ... ma maistresse, après si long séjour,
> Voyant le soin qui ronge ma pensée,
> . . . . ira payant
> Les intérêts de ma peine avancée. (I, p. 27.)

Et ailleurs, s'adressant au soleil :

> ... tire hors de l'onde
> Ton char, qui fait pour nous trop de séjour;
> Haste ton cours... (IV, p. 137.)

Séjour (à), expression ancienne signifiant : à loisir, en toute liberté.

> Pour m'y plonger une nuict à séjour. (I, p. 13.)

De là l'expression un homme *de séjour,* c'est-à-dire qui séjourne, qui peut y mettre le temps.

> ... il faudroit bien un homme de séjour
> Pour, gaillard, satisfaire à une seule amie.
> (I, p. 398.)

Sembler, v. intrans., longtemps employé avec le sens de ressembler.

> Ny ceste belle Grecque a qui ta beauté semble,
> Comme tu fais de nom. (I, p. 384.)

Semestre (*semestris*), aujourd'hui n'est plus que substantif et a le sens de : espace de six mois ; il est adjectif dans Ronsard, qui d'ailleurs ne l'a employé qu'une fois en l'appliquant à Proserpine, et P. de Marcassus explique que c'est : « à cause qu'elle demeuroit six mois aux enfers et six mois avec nous ».

> Supplioient la Déesse (Cérès) et sa semestre fille.
> (Boc. Roy., III, p. 295.)

Semoner (Ronsard), ou *Semonner* (Trévoux, Littré), forme ancienne du verbe *semondre* (Nicot, Trévoux, Littré), qui signifiait convier, inviter. Ex. : (I, p. 135.)

Sempervive, s. fém., mot composé créé par Ronsard pour désigner probablement l'immortelle. « C'est, dit Richelet, une sorte de simple qui prend son nom de sa nature. Et ce n'est pas sans cause qu'il fait ce présent à Hélène ; la Sempervive est d'une habitude à faire aimer. C'est pourquoy on l'attachoit anciennement aux portes des maisons pour en chasser toutes haines et inimitiez. »

Senestre, adj. (lat. *sinister*), vieux mot : gauche.

> ... luy flatant de la destre
> Les genoux, de la senestre
> Le sous-menton luy toucha. (II, p. 80.)

Sentinelle, s. fém., employé au masculin par Ronsard. Ex. : (I, p. 311.)

Sérancer (Nicot, Trévoux, Littré), v. trans., dérivé de *séran* (Nicot, Trévoux, Littré), ou *sérans* (Trévoux), sorte de peigne qui sert à diviser la filasse du lin ou du chanvre : sérancer = peigner avec le séran cette filasse. Ex. : (V, p. 132.)

Ce terme subsiste comme terme de métier et a donné naissance aux dérivés *sérançoir*, synonyme de *séran*, et *séranceur*, ouvrier qui se sert du *séran*.

Serée, s. fém. (ital. *sera*), soir, nuit. Il est à regretter que ce joli mot ait disparu de la langue. Ronsard en fait un usage fréquent.

> Je ne suis point, Muses, accoustumé
> Voir vostre bal sous la tarde sérée.
> (Am., I, 170, I, p. 98.)

V. II, p. 201, 474 et *passim*.

Serene, s. fém., ancienne forme du mot *sirène* (Nicot, Littré).

> De la serene antique (Parthenope)
> Je verray le tombeau. (II, p. 247.)

Serener, v. trans., employé jadis aussi bien au sens propre qu'au figuré, rendre serein, a formé le dérivé rasséréner.

> O terre fortunée,
> Des Muses le séjour,
> Qu'en tous ses mois l'année
> Serene d'un beau jour! (Odes, II, 13, II, p. 155.)

Serpens-pied, adj. composé, créé par Ronsard.

> ... les Geans serpenspiez. (VI, p. 40.)

Serpentes, s. fém. pluriel, tiré du mot serpent par Ronsard : vipères.

> Serpentes d'Alecton. (VII, p. 312.)

Serpentier, adj. créé par Ronsard, synonyme de l'adjectif verbal serpentant.

> D'une course serpentière. (Odes, V, 12, II, p. 347.)

Il emploie de même l'adjectif *serpentin,* mais avec un sens différent.

> ... une âme serpentine. (VII, p. 64.)

Service, s. masc. (V. Littré, ex. du *Roman de la Rose*, de Malherbe), attachement en amour. On disait aussi : l'amoureux *servage*.

> Mais ce qui plus redoubla mon service,
> C'est qu'elle avoit un visage sans art. (I, p. 269.)

> Pour retenir un amant en servage
> Il faut aimer. (I, p. 274.)

Servir, v. intrans., employé dans le sens de : être le serviteur, l'esclave de... obéir à...

> ... vous estes véritable,
> Et non courtisan variable
> Qui sert aux faveurs et au temps. (II, p. 239.)

Et (IV, p. 305.)

Seulet, adj. qual., diminutif de seul (Nicot, Littré).

> Tantost j'errois seulet par les forests sauvages.
> (I, p. 362.)

Si, conjonction conditionnelle et dubitative, ne s'élide plus aujourd'hui que devant le pronom *il :* pouvait jadis s'élider devant tout mot commençant par une voyelle. Ex. :

> S'un roy, pour sa defence,
> A vos freres repoussez
> De sa terre avec sa lance. (II, p. 205.)

> ... s'on vouloit. (II, p. 273.)

Si, s'employait aussi avec une valeur affirmative et signifiait :

1° De plus, en outre, et aussi.

> Le rossignol a haute vois
> . . . .
> Se plaint d'eux et leur dit injure :
> Si fait bien l'arondelle aussi. (VI, p. 350.)

2° Toujours est-il que.

> Encores que la mer de bien loin nous sépare,
> Si est ce que... (VI, p. 9.)

3° Néanmoins, pourtant.

> Quoique tu sois au combat dangereux,
> Si seras tu, Phovère, bien heureux
> D'aller victime à l'onde acherontide. (III, p. 126.)

Si, renforce *très* pour marquer le superlatif. Ex. :
> ... Si tres chaut. (I, p. 412.)

Siagre, nom propre pour *Syagrius*, général romain vaincu par Clovis.

> Il poursuivra d'une ardante colère
> Siagre, fils de Gillon. (III, p. 230.)

Sicambrien et *Sicambrois*, double forme employée par Ronsard : des Sicambres, ancienne tribu franque. (III, p. 217 et 224.)

Sidère, s. fém., vieux mot déjà cité par Palsgrave. (*Escl. de la langue françoise*, II, 39.) Ronsard l'emploie comme synonyme de : dame, maîtresse. (Œuvres inédites, VIII, p. 146.)

Siller, v. trans., terme emprunté à la fauconnerie, couvrir d'un chaperon la tête du faucon pour l'aveugler. L'étymologie demande l'orthographe *ciller*.

Ronsard l'emploie toujours dans le sens figuré de : fermer les yeux.

> ... la Parque noire
> Avant le temps sillant nos yeux.
> (II, 153, 238, 392, etc.)

Nous avons perdu le mot simple *siller*, mais conservé son dérivé *dessiller* qui nous fait comprendre le primitif.

Simplesse, s. fém., vieux mot (Palsgrave, Nicot, Littré), simplicité.

> ... les riches habits d'artifice pesans
> Ne sont jamais si beaux que la pure simplesse.
> (I, p. 380.)

Soldan (Nicot), et *Soudan* (Trévoux). « Ce mot en langue moresque signifie roi ou prince : d'où l'on a fait sultan qui est le titre du grand Seigneur » (Trévoux).

> Du grand Turc je n'ay souci
> Ny du grand soldan aussi. (II, p. 276.)

Soldat (italien : *soldato*). Ronsard l'écrit indifféremment au pluriel : *soldars* (I, 268), *soldarts* (III, 45), *soudars* (V, 58) et *soldats* (VII, 199 et 200).

Sole, s. fém., terme de vénerie. Nicot : « C'est la basse superficie du pied, *solum*. » Deux exemples :

> (Il) cognoissoit bien le pied, la sole, et les alleures.
> (I, 255.)

> Nature fit présent de cornes aux taureaux,
> Et pour armes de crampe et de sole aux chevaux.
> (VI, p. 271.)

Solennel, adj. qual. (lat. *solennis*), employé avec son acception étymologique : annuel, qui se répète chaque année (Littré).

> Ce temple, fréquenté de festes solennelles,
> Passeroit en honneur celuy des immortelles.
> (I, p. 229.)

Soliciteux, adj. qual., employé par Ronsard avec la préposition *de* (*sollicitus de...*) : inquiet de... Ex. :
(II, p. 335.)

Solitaire, adj. qual., employé substantivement comme synonyme de solitude. Ex. : (VI, p. 392.)

Sommeillard, adj. qual., employé par Ronsard concurremment avec *sommeiller* et *sommeilleux* : qui produit le sommeil.

> Et que la nuict un bandeau sommeillard
> Des deux côtés de l'horizon allonge. (I, p. 34.)

> Quand le somme vient lier
> D'une chaîne sommeillere
> Mes yeux clos sous la paupière. (II, p. 164.)
>
> ... et la nuit sommeilleuse
> De nos propos est, ce semble, envieuse. (III, p. 197.)

Sommeilleux, adj., qui tient du sommeil, de l'oubli ou de la mort. (II, p. 336; VI, p. 92.)

Songe-creux, employé comme adjectif par Ronsard.
> Mercure songe-creux. (V, p. 253.)

Songeard, adj. qual., pour songeur, rêveur.
> ... mon âme songearde. (I, p. 106.)
>
> Boy donc, ne fay plus du songeart. (II, p. 351.)

Sonner, v. trans., employé par Ronsard dans le sens restreint de célébrer, chanter en vers.
> De vouloir prendre à gré
> Nostre chanson sonnée. (II, p. 245, 246.)

De là le substantif *sonneur* employé fréquemment par Ronsard pour poète (sonneur de vers).
> Il eut pour sa prouesse un excellent sonneur.
> (I, p. 356.)

Sorcelage, s. masc., innovation de Ronsard pour la rime. Nicot ne donne que *sorcellerie.* On trouve *sorcerie* plus anciennement. (*Roman de la Rose.*) Ex. : (II, p. 159.)

Sorcelière, adj. fém., tiré par Ronsard du mot *sorcier.* Un exemple :
> ... Ta sorcelière science. (II, p. 473.)

Sotane, s. fém., ancienne forme du mot soutane.
> Le prestre, orné d'une sotane blanche. (III, p. 57.)

Soucis, s. masc. pl., pour *sourcils,* conformément à la prononciation du centre de la France. Ex. :
> Qui t'a noircy les arcs de tes soucis ? (I, p. 198.)

> O de Paphos et de Cypre régente,
> Déesse aux noirs soucis. (II, p. 213.)

Souef, adj. qual., ancienne forme populaire du mot suave (lat. *suavis*), doux.

> ... quelque drap d'escarlate
> Qui si fin et si souef en sa laine sera
> Que pour un jour de feste un roy le vestira.
>   (I, p. 220.)

Soulasser (Se), v. réfl., ancien dérivé de *soulas* : consolation, joie, plaisir. Le mot *soulas* avait formé le mot *soulasse* (Lacombe, *Dict.*), ivre, enivré de... d'où le sens de *se soulasser* dans le vers suivant :

> Se soulasser d'amour. (IV, p. 272.)

On a dit aussi *soulacier* (Lacombe) (*ci* = ss).

Souloir, v. intr. (lat. *solere*), avoir coutume ; usité dès le moyen âge et fréquemment employé par Ronsard.

Am., II, stances, I, p. 233.

Sonnets pour Hélène, II, 30, I, p. 333.

> Là souloit à midi ceste beste outrageuse
> Fouiller et tout son corps de bourbe revestir.
>   (Songe, III, p. 290.)

Souple-jarret, adj. composé, innovation de Ronsard. Ex. : (III, p. 199.)

Souquenie, s. fém., ancienne forme du substantif *souquenille* (Nicot, Rabelais, Littré) : un méchant habit. (II, p. 270.)

Sourcer, v. intrans., innovation de Ronsard. « Produire une source de fontaine » (Nicot).

> ... boire en la fontaine
> Fille de ce cheval qui fist sourcer le mont.
>   (III, p. 260.)

Et (II, p. 254.)

Sourçoyer, v. intrans., dérivé par Ronsard du verbe sourcer. (V. ce mot.) (Poèmes, VI, p. 53.)

Sourdesse, s. fém., vieux mot (Palsgrave), surdité. Nicot indique trois synonymes : *surdité*, *sourdeté* et *sourdise*. Trévoux les signale comme vieillis.

> Tu dis qu'une sourdesse a mon oreille close?
> (VII, p. 102.)

Sourdre, v. intrans. (Nicot, Littré). 1° Jaillir, en parlant de l'eau, d'une source. Ex. :

> Sourdoit de vives fontaines
> Le vif surgeon perennel. (II, p. 73.)

2° En parlant des oiseaux, s'élever dans l'air (Nicot). Se dit encore d'un nuage qui sort de l'horizon et s'élève vers le zénith (Trévoux). En ce sens Ronsard l'accompagne d'un pronom. Ex. :

> Tu enleves ton corps lavé
> . . . .
> Tremoussant d'une aile menue;
> En te sourdant à petits bons,
> Tu dis en l'air de si doux sons. (VI, p. 348.)

3° Au figuré il signifie : s'élever, résulter, naître (Nicot, Littré).

Sourire (Se), forme réfléchie du verbe sourire usitée autrefois (Nicot, Pasquier), indiquée encore par Trévoux qui cite un exemple de d'Ablancourt.

> Alors Vénus se sou-rit. (II, p. 271.)

De même (III, p. 284).

Sous-voix (à), traduction littéraire de l'expression italienne : *sotto voce* = à voix basse. Ex. :

> (IV, p. 342.)

Souventes-fois et *Souventefois*, expression ancienne, synonyme de souvent (Palsgrave, Nicot, Littré).

> Je fus souventes-fois retansé de mon père.
> (VI, p. 189.)

Spartes, s. masc. pl., employé pour signifier les habitants de Sparte, les Spartiates.
>(Poèmes, I, Le Souci, VI, p. 110.)

Ailleurs Ronsard emploie *Spartain* adjectivement.
> O les fils putatifs du Spartain Tyndarée. (V, p. 58.)

Stygial et *Stygieux*, adj., du Styx, propre au Styx.
>(VII, p. 31, I, p. 439.)

Suader, v. trans., et *Suasion*, s. fém., tous deux indiqués par Nicot, dérivés anciens de *suadere, suasio*, formes primitives des mots *persuader, persuasion*.
>(V, p. 91 et 93.)

Submettant, part. prés. du verbe *submettre*, antérieur à soumettre. On disait de même *submission* pour soumission (Nicot).
> Me submettant. (I, p. 438.)

Subvertir, v. act. (*subvertere*), retourner, changer du tout au tout (Nicot).

Il n'en est pas d'autre exemple que celui-ci :
> Mais il ne faut ouïr vostre docte éloquence,
> Qui pourroit subvertir des juges la sentence.
>>(Boc. Roy., III, p. 357.)

Trévoux : subvertir la religion, les lois.

Succez, s. masc. (Nicot, Littré), au sens primitif du mot : état de ce qui succède, suite. Ex. : *le succez de réparation* = les réparations successives.
>(V, p. 17.)

Sueux, adj. qual., tiré par Ronsard du substantif sueur : plein de sueur, suant.
> D'une sueuse escume il est tout blanchissant.
>>(V, p. 66.)

Suivir, v. trans., vieux mot. (*Roman de la Rose*.

— Trévoux cite Marot, — Littré), suivre. Nicot n'indique que suivre.

> Sus ! quenouille, suis-moy, je te meine servir
> Celle que je ne puis m'engarder de suivir. (I, p. 219.)

Supplier, v. trans. aujourd'hui, employé par Ronsard avec *à* et un complément indirect à l'imitation du latin. (V. Littré : cite Amyot et Commines.)

> Supplie à Dieu qu'en santé très-parfaite
> Viviez cent ans en la paix qu'avez faite. (III, p. 385.)

Surgeon, s. masc. (Nicot, Trévoux, Littré), jet naturel en parlant de l'eau, et au figuré rejeton. Ronsard l'emploie au propre :

> ... De vives fontaines
> Le vif surgeon perennel. (II, p. 73.)
> Sources qui bouillonnez d'un surgeon sablonneux.
> (I, p. 341.)

Montaigne qui l'emploie l'écrit *sourgeon*.

Au figuré Ronsard dit :

> Ame, surgeon de la divine flamme. (III, p. 221.)

Surnouer, v. intrans., vieux mot, composé de *sur* et de *nouer*, nager. Nicot n'indique que *surnager*. Ex. : (VI, p. 374.)

Survivre, employé comme verbe transitif avec un complément direct.

> « Les doctes folies des poëtes survivront les nombreux siècles à venir. »
> (Épître au lecteur, II, 14.)

Sus, ancienne interjection équivalente au latin *age, agite,* s'employait pour exciter quelqu'un à prendre courage, à agir.

> Sus ! quenouille, suis-moy. (I, p. 219.)

Sus est aussi une ancienne forme de la préposition *sur*. Ex. :

Plus je respan de traits sus hommes et sus dieux.
(I, p. 175.)

Sus s'employait aussi dans l'expression *par sus*, équivalente à *par dessus*. Ex. :

... par sus toute chose. (I, p. 28.)

Quand par sus la raison le cuider a puissance.
(VII, p. 35.)

Suspens, ancien adjectif dérivé du lat. *suspensus* (Nicot, Trévoux, Littré) : suspendu. Ex. :
(III, p. 158.)

Subsiste dans la locution : *en suspens* et comme terme de droit canonique : un prêtre suspens (interdit). (Académie.)

Suttilement pour *Subtilement*, orthographe ancienne. Ex. : (I, p. 59.)

Sympathie, s. fém., si français aujourd'hui, est une heureuse innovation de Ronsard.

Les cieux, fermez aux cris de sa douleur
Changeant de front, de grâce et de couleur,
Par sympathie en devindrent malades.
(Am., I, 197, I, p. 112.)

T

Tabourin, s. masc., vieille forme (Palsgrave, Nicot, Littré) du mot tambourin.

Les uns frappoient les tabourins enflez. (III, p. 56.)

Tac, s. masc., vieux mot encore usité en art vétérinaire pour désigner une maladie contagieuse de la peau qui attaque les moutons, les chiens et les chevaux. On appela aussi de ce nom une sorte de peste qui désola Paris au début du quinzième siècle et qui se manifestait par « des fièvres et tremblements » accompagnés d'une grande lassitude, d'une toux violente et de crachements de sang (Trévoux). Ex. : (V, p. 258.)

Au figuré : s'applique aux péchés qui sont comme la lèpre de l'âme. (III, p. 222.)

Taie. (V. *Taye.*)

Tais, s. masc., orthographe de Ronsard pour *test* (v. ce mot), tête, enveloppe du cerveau, crâne.

<blockquote>Dedans le tais luy tourne la cervelle. (III, p. 131.)</blockquote>

Talonnier, s. masc., ailes que Mercure avait aux pieds selon la légende. (III, p. 54.)

Ronsard emploie aussi le s. fém. *talonnière,* encore usité. (II, p. 322.)

T'amie, élision pour *ta amie.* V. *M'amour, s'amie,* emploi fréquent jadis. Ex. : (I, p. 175.)

Tançon, s. fém., pour *tenson* ou *tençon* (Trévoux). On appelait ainsi dans les cours et les puys d'amour une discussion en vers, un dialogue poétique entre deux ou plusieurs personnages sur une question de galanterie.

L'Académie en fait un mot masculin. Mais, conformément à l'étymologie (*tensio,* querelle, dispute), Ronsard lui attribue le genre féminin.

Ce mot a pour lui deux sens :

1° Chant poétique.

<blockquote>(Lors) que l'oiseau parmy les bois ramez
Du Thracien les tançons recommence.
(Am., 156, I, p. 90.)</blockquote>

2° Poésie, œuvre poétique.

<blockquote>Et feray résonner d'un haut et grave son
(Pour avoir part au bouc) la tragique tançon.
(Am., II, Elégie, I, p. 146.)</blockquote>

Tandis, adv., employé au sens primitif du mot. (V. Littré; Chevallet, *Origine et formation de la langue française*, III, p. 318.) Pendant aussi longtemps, pendant tout ce temps-là.

> Tandis les vents avaient gaigné la mer. (III, p. 92.)

De même (III, p. 107, 112, 114.)

Tant seulement (v. Littré), vieille expression qui n'est plus usitée que dans le langage familier, signifiait seulement, rien davantage (Trévoux).

> J'ay soucy tant seulement
> De parfumer cointement
> Ma barbe. (II, p. 276.)

Tane, nom propre employé au féminin par Ronsard pour désigner le *Tanaïs*.

> Outre la Tane on m'entende crier
> Jo! Jo! (I, p. 50.)

Tapon, s. masc., autre forme du mot tampon : bouchon. (V. Chevallet, I, 479, Littré, Brachet, *Dictionnaire*.)

> Fais après à ma bouteille
> Des feuilles de quelque treille
> Un tapon pour la boucher. (II, p. 163.)

Taq. (V. *Tac.*)

Tard, « tantost est adverbe de temps, *sero, tarde*, tantost est nom adjectif, *serus, tardus* » (Nicot). Aujourd'hui il n'est plus employé que comme adverbe.

> Le tard vaisseau qui t'iroit poursuivant. (VI, p. 27.)

Tardis, adj. qual. au masc. pl. pour *tardifs* par atténuation de *f* devant le signe du pluriel.

> Les fevres de Vulcan sont plus lents et tardis
> A demener les bras, que ces guerriers hardis
> A manier les mains. (V, p. 62.)

Targe. (V. *Targue.*)

Targue, s. fém., autre forme du mot *targe* (Nicot, Littré), nom donné autrefois au bouclier. On retrouve la forme *targue* dans le dérivé *se targuer,* se couvrir de quelque chose comme d'un bouclier, s'en prévaloir avec ostentation.

> ... Francus, secouant en la main
> Un javelot à la pointe d'airain,
> Ayant au col sa targue à mainte houppe,
> Vers le chasteau mena sa jeune troupe. (III, p. 112.)

La forme *targe* se trouve aussi fréquemment. Ex. : (II, p. 443.)

Taye, s. fém., ou *Taie* (Nicot, Trévoux, Littré), enveloppe membraneuse (Trévoux), qui entoure la cervelle. Ex. : (III, p. 239, et V, p. 57.)

Temple, s. fém., vieux mot antérieur à *tempe* (Palsgrave). Nicot cite *temple* et *tempe.*

Trévoux indique encore *temple* comme terme d'anatomie.

> Dessous le fer sifflant comme tempeste
> Ores leur joue, ores sonnoit leur teste,
> Ores la temple. (III, p. 129.)

Tendre, adj. qual., s'emploie encore par opposition à dur. Ronsard l'emploie comme synonyme de fragile. (I, p. 31.)

Tendret, adj. qual., diminutif de tendre (Nicot, Littré).

> Une avette sommeillant
> Dans le fond d'une fleurette
> Lui piqua la main tendrette. (II, p. 271.)

Tempester, v. intr., s'employait pour : être agité par la tempête. Ex. : (II, p. 278.)

Ronsard l'emploie aussi au figuré pour *troubler.*

Tempête (Trévoux) se disait du trouble moral, du malheur. Ex. : (II, p. 196.)

Temps, s. masc., *Bon temps, vieil temps* (I, p. 255), termes de vénerie. Voir les mots *erres* et *vénerie*.

Tenteresse, nom féminin, innovation de Ronsard pour *tentatrice*.

> ... si quelque déesse
> En cent façons doucement tenteresse
> M'accoloit... (Am., I, 209, I, p. 118.)

Terrain, adj. qual., employé par Ronsard avec le sens de terrestre, qui vit sur terre.

> Les autres moins terrains sont à part habitans
> Torrens, fleuves, ruisseaux...
> Or paroissant sur l'eau et ores sur les rives.
> (V, p. 132.)

Ronsard emploie aussi *terréen* et *terrien*. (V. ces mots.)

Terréen et *Terrien*, adj. qual. Ronsard emploie indifféremment les deux formes comme synonymes de terrestre.

> Vous, despouillé du manteau terréen,
> Irez au ciel à la gloire éternelle.
> (Boc. Roy., III, p. 312.)
> Tout le soin terrien. (V, p. 317.)

Terre-né, adj. composé, innovation de Ronsard : né de la terre, fils de la terre.

> Les géans terre-nez ont senti ton pouvoir.
> (V, p. 237.)

Tesnière, s. fém., ancienne forme du mot tanière (Nicot). Ex. : (III, p. 333.)

Test, s. masc. = tête; les deux mots sont dans Nicot, mais *test* désigne spécialement le crâne.

> Ton test n'aura plus de peau.
> (Am., I, Stances, p. 75.)

Quelques vers plus loin Ronsard emploie *tête* et nous montre ainsi la différence qu'il fait, comme ses contemporains, entre les deux mots.

Les testes des cimetières.

La différence est peut-être encore plus sensible dans les deux exemples suivants :

... un cheval qui rua,
De coups de pied l'un de mes gens tua,
Lui escrageant d'une playe cruelle
Bien loin du test la gluante cervelle. (VI, p. 70.)

... cette hideuse beste
Se vint coucher tout auprès de ma teste. (VI, p. 70.)

Ronsard écrit aussi *tais*. (V. ce mot.)

Tétace (*c* = *ss*), ou *Tétasse* (Trévoux, Littré), vieux mot populaire encore usité pour désigner les mamelles flasques et pendantes. Ex. : (V, p. 193.)

Tétineux, adj. qual., innovation de Ronsard qui l'emploie au sens figuré : dont le sein est fécond.

... de Nature le sein
Est tousjours tetineux pour tout le genre humain.
(IV, p. 341.)

Thusque, adj. qual., et *Tusque*, pour toscan :

1º En parlant de Pétrarque.

... les thusques vers. (I, p. 43.)

2º Les tusques mains ingénieuses. (II, p. 297.)

Pour désigner les ouvriers de Florence. (Note de Richelet.)

Tiers, fém. *Tierce*, ancien adjectif antérieur à *troisième*, dont il a la signification (Nicot, Littré).

Je me fey tout françois, aimant certes mieux estre
En ma langue ou second, ou le tiers, ou premier,
Que d'estre sans honneur à Rome le dernier.
(VI, p. 191.)

Tige, s. fém. aujourd'hui ; masc. au seizième siècle,

employé au masculin par Ronsard dans le sens de : *ancêtre*.

> Francus, le tige de nos rois. (Fr., II, III, p. 121.)

« *Tige,* se dit figurément en généalogie de la branche principale à l'égard des branches cadettes qui en sont sorties. » (*Dictionnaire de Trévoux.*)

> ... il sortoit
> De l'heureux tige de sa race. (II, p. 74.)

Tigre, s. fém., employé par Ronsard pour désigner la femelle du tigre : ailleurs il emploie le terme courant : tigresse. (V. Littré, hist.)

> Mon roy n'a pas d'une tigre sauvage
> Succé le lait. (I, p. 126.)

Tigreau, s. masc., diminutif de tigre : jeune tigre, innovation de Ronsard calquée sur *lionneau* dérivé de lion. Ex. : (IV, p. 280.)

Tiltre, s. masc. (Nicot), orthographe usuelle au seizième siècle du mot titre (Littré). Ex. :

> ... sans nul tiltre. (III, p. 144.)

Tine, s. fém., tonneau, cuve (Nicot, Trévoux, Littré), a formé le dérivé *tinette*. Ex. : (V, p. 252.)

Tintouin, s. masc., vieux mot (Nicot en fait l'histoire), encore usité aujourd'hui quelquefois au sens propre : bourdonnement dans l'oreille, tintement d'oreilles, devenu familier au sens figuré : inquiétude, tracas, soucis. Ronsard l'emploie au sens propre.

> Maint tintouin aux oreilles luy bruit. (III, p. 131.)

Tirace (*c* = *ss*), pour *Tirasse,* 3ᵉ pers. sing. prés. ind. du verbe *tirasser,* vieux mot (Trévoux, Littré), employé par Ronsard comme synonyme de *tirailler,* tirer deçà delà, tracasser. Ex. : (II, p. 391.)

Tirace, s. fém. (Trévoux, Littré), sorte de filet usité à la chasse. (VI, p. 346.)

Tirade, s. fém., employé par Ronsard (Nicot), pour signifier : l'action de tirer. Ex. : (I, p. 63.)

Tire-loin, adj. composé, créé par Ronsard qui l'applique à Apollon dont les flèches selon la mythologie grecque étaient infaillibles.

>Apollon tire-loin. (III, p. 80.)

Tirelire, s. fém., onomatopée imitant le cri de l'alouette. Trévoux indique le verbe intransitif *tirelirer*, crier comme fait l'alouette. Ex. :

>Tu dis en l'air de si doux sons
>Composez de ta tirelire. (VI, p. 348.)

Tissure, s. fém. (lat. *textura*), vieux mot (Nicot, Littré), encore usité au figuré, s'employait jadis au sens propre pour désigner :

1° l'art et la manière de faire un tissu, puis 2° le tissu lui-même. C'est dans ce dernier sens que Ronsard l'a employé.

>En la tissure estoient pourtraicts au vif
>Deux Cupidons. (III, p. 163.)

Tistre, v. trans., vieux mot (Lacombe, *Dictionnaire*) : tisser, faire de la toile. Ex. : (II, p. 301.)

Titanin, adj. qual., tiré par Ronsard du nom des Titans :

>... les geans séditieux
>Méchante race Titanine. (VI, p. 317.)

Tormente, s. fém., orthographe de Ronsard pour tourmente, ancienne forme du même mot.

>Adieu tormente, adieu tempeste, adieu. (I, p. 377.)

Tors, adj. qual. Ronsard lui attribue trois formes au féminin : *torse, torce, torte*. (V. Littré.)

> Les cheveux tors à la façon
> D'une folastre Italienne. (II, p. 150.)
>
> La rondeur de cette couronne
> Trois fois torse d'un ply thébain. (II, p. 69.)
>
> Par sa voye courbe et torte. (II, p. 229.)
>
> Si fine soye au mestier ne fut torce. (I, p. 117.)

Tortis, adj. qual., employé par Ronsard (Nicot) : *tordu.* Ex. :

> ... ses blonds cheveux tortis. (II, p. 341.)
>
> Après fay-lui son beau sourcy voutis
> D'ébène noir, et que son ply tortis
> Semble un croissant. (I, p. 133.)

Au féminin : *tortisse.*

> Et la vigne tortisse
> Mon sepulchre embellisse. (Odes, IV, 4, II, p. 251.)

Tortis est aussi employé substantivement dans le sens de tresse, couronne, guirlande (Nicot, Littré). Ex. :

> ... un tortis de violettes. (Odes, I, 10, II, p. 71.)

Il sert aussi à former la locution : *en tortis.*

(III, p. 94.)

Touffeau, s. masc. Du Cange (*Glossaire*) donne *toffel,* dérivé du vieux français *toffe,* touffe, poignée, d'où vient le verbe *touffer* (agric.), disposer en touffes, et l'adj. *touffu.* Ex. :

> Et tel present vaudra peut-être mieux
> Qu'un grand touffeau de fleurs mal-agencées.
>
> (V, p. 339.)

Ailleurs Ronsard emploie le mot *bouquet.*

(I, p. 397, V, p. 339.)

Toujours-verd, adj. composé, créé par Ronsard.

> Je veux faire un beau lict d'une verte jonchée,
> . . . .
> De neufard toujours-verd qui les tables imite
> Et de jonc qui les bords des rivières habite.
>
> (I, p. 190.)

Tourbe, s. fém. (Nicot, Littré), avait encore au seizième siècle la signification étymologique du latin *turba*, foule, troupe. (Subsiste aujourd'hui avec un sens péjoratif.)

Ronsard l'emploie fréquemment pour troupe, foule.

... la tourbe
Des vieux peres laissez sur le rivage courbe.
(II, p. 173.)

Fends la tourbe des François. (II, p. 178.)
La tourbe des chantres divins. (II, p. 81.)
V. III, p. 48.

Tournasser, v. trans. (Littré), encore usité au sens propre comme terme technique (façonner sur le tour), est employé par Ronsard dans le sens de tourner et retourner. Ex. : (VI, p. 345.)

Tourner, v. trans., changer, métamorphoser (au sens du latin *vertere*). Emploi ancien de ce mot (Nicot, Littré). Ex. : (I, p. 257.)

Tournoyement, s. masc. (Trévoux, Littré) : sorte de vertige. Ex. :
... tournoyement de cerveau. (V, p. 194.)

Tournoyer (Nicot, Littré), était intransitif. Ronsard l'emploie comme verbe transitif dans le sens de : tourner autour, faire le tour de... Ex. :
(III, p. 312, et IV, p. 398.)

Tourterin, adj. qual. Ronsard l'emploie comme épithète du *baiser*. V. *Colombin*.
... mille baisers d'Amour,
Colombins, tourterins. (IV, p. 289.)

Tourtre, s. fém., vieux mot. Nicot indique la forme *tourte* (V. Littré), ancien nom de la tourterelle.
Tourtres qui lamentez d'un éternel veufvage.
(I, p. 341.)

Tout-oyant, adj. composé, créé par Ronsard.

> Fils de Saturne, Roy, tout-oyant, tout-voyant.
> (V, p. 143.)

Tout-voyant, adj. composé, créé par Ronsard.

> Fils de Saturne, Roy, tout-oyant, tout-voyant.
> (V, p. 143.)

Trac, s. masc., vieux mot (Palsgrave, Nicot, Littré), trace, s'est maintenu longtemps dans la langue de la vénerie pour signifier la piste d'une bête (Trévoux). Ex. :

> Quand la limace, au dos qui porte sa maison,
> Laisse un trac sur les fleurs. (I, p. 184.)

De là l'emploi du verbe *tracer,* traverser, parcourir en marquant d'une trace.

(Am., I, 125, I, p. 116.)

Trafiq', abréviation par syncope du substantif *trafique,* ancienne forme de *trafic,* licence d'ailleurs autorisée au seizième siècle et prônée par Ronsard. (*Abrégé de l'Art poétique.*)

> L'artisan par ce monstre a laissé sa boutique,
> . . . .
> Sa nef le marinier, son trafiq' le marchand.
> (VII, p. 140.)

Ailleurs Ronsard l'écrit *traficq.*

> S'il n'eust eu traficq avec toy. (II, p. 259.)

Ou encore *traficque.* (II, p. 328.)

Ou *trafique.* (II, p. 357.)

Trafiqueur, vieux mot qui s'employait comme substantif et comme adjectif : aujourd'hui *trafiquant* (Nicot, Littré). Ronsard l'emploie comme substantif.

> Je suis le trafiqueur des Muses
> Et de leurs biens, maistres du temps. (II, p. 114.)

Du Bartas l'emploie adjectivement :

> ... nos trafiqueurs vaisseaux.

Traire, v. trans. (lat. *trahere*), tirer ; sens primitif de ce mot (Nicot, Littré). Ex. : (III, p. 119.)

Traison, s. fém., pour *Trahison*. Ex. : (III, 103.)

Traitis, adj. qual., employé par Ronsard avec le sens de *traître*.

> Qui peindra les yeux traitis
> De Cassandre ma déesse ? (II, p. 341.)

De même (I, p. 134).

Traîtrement, adv., synonyme de traîtreusement. Nicot cite les deux. (Am., I, 181, I, p. 103.)

Tram, s. masc., onomatopée pour imiter le son du cor, de la trompe.

> Tantost d'un tram de trompe, et tantost de la voix
> Je leur donnoy courage. (Songe, III, p. 289.)

Tranche, s. fém., terme technique encore usité en agriculture pour désigner une sorte de pioche ou de houe.

> Quand il te plaist becher, Dimanche,
> Ton grand nez te sert d'une tranche.
> (Épigrammes, VI, p. 411.)

Translateur, s. masc., dérivé de *translater* (Nicot, Littré) : traducteur. *Translater* et *translateur* sont antérieurs à traduire et traducteur. Ex. :
(VI, p. 238.)

Travail, s. masc., peine, souffrance... (Nicot, Littré), sens ancien du mot travail. Ex. : (I, p. 285.)

Travers (par le), expression équivalente à *au travers* (ex. : d'Amyot dans Littré), encore usitée en marine, mais avec une acception différente.

> Elle qui tint dessus sa face un voile
> Par le travers du crespe l'apperceut. (III, p, 203.)

Trébucher, v. intrans., s'employait jadis comme synonyme de tomber (v. Littré) : sens vieilli aujourd'hui et peu usité.

> Comme toisons de neiges innombrables
> Qu'on veoit du ciel espaisses trebucher. (III, p. 71.)

Treluisant, adj. qual., brillant, éclatant, mais d'un éclat intermittent.

> ... les aciers brilloient en treluisans esclairs.
> (V, p. 30.)

C'est le participe présent employé adjectivement du vieux verbe *treluire,* qui signifiait, selon Trévoux : « voir imparfaitement quelque chose par le moyen de quelque petit éclat de lumière. » Ce verbe avait donné naissance à l'expression populaire *avoir le trelu,* voir une chose autrement qu'elle n'est, avoir la vue trouble (Trévoux).

Ronsard offre un exemple du verbe *treluire.*

> Et ses rayons treluisoient a l'envy.
> (Am., 1, 91, I, p. 53.)

Tremble-terre, s. masc., mot composé par Ronsard pour tremblement de terre.

> Le tremble-terre et les foudres des cieux
> Esbranleront sa royale demeure. (III, p. 232.)

Tremeiller ou *Tremailler,* v. trans. (Nicot, Trévoux), aujourd'hui *tramailler* (Littré), vieux mot.

Trévoux : « Nicot dit que ces mots viennent de *trois* et *maille,* comme si l'on eût dit à trois rangs ou à trois doubles de maille. » Nous possédons encore : *tramail* (filet composé de trois nappes superposées ou de trois rangs de mailles), et ses dérivés *tramaillé* (fait en forme de tramail) et *tramaillon* (diminutif de tramail).

Ronsard emploie *tremeiller* comme v. intrans. pour décrire la marche des fourmis sur trois files. Ex. : (VI, p. 323.)

Trepiller, v. intrans., fréquentatif du verbe *treper,* encore usité dans le centre de la France pour *sauter.* Ex. : (II, p. 149.)

Ronsard emploie aussi *trepigner* et même *retrepigner.* (V. ce mot.)

De *trepiller* vient l'adj. *trepillard,* bondissant.

> A l'envi des eaux jazardes,
>   Trépillardes,
> Vous chanterez mille vers. (VI, p. 360.)

Très, employé conformément à l'usage ancien avec *si* pour renforcer la signification de l'adjectif et lui donner valeur d'un superlatif absolu.

> ... quelque chanson nouvelle
> Dont les accords seront peut-estre si très-doux.
> (V, p. 240.)

Tressuer, v. intrans. (Nicot), suer abondamment, suer à grosses gouttes, encore usité dans quelques provinces, vieux mot. (*Roman de la Rose.*)

> ... nous tressuons d'ahan. (IV, p. 306.)

Trette, s. fém., ancienne orthographe de traite (changement de *ai* en *è,* ou ce qui revient au même *ett*).

> Ses coureurs, haletans de la pénible trette.
> (VI, p. 190.)

Trop plus, usage ancien : trop servant à renforcer la signification de l'adverbe *plus.*

> ... troupe chere,
> Que j'ayme trop plus que mes yeux. (II, p. 82.)

De même devant un comparatif. Ex. :

> ... trop plus cher. (I, p. 426.)

On le trouve encore devant l'adverbe mieux : *trop mieux.* Ex. : (I, p. 410 et 413.)

Et devant le comparatif meilleur : *trop meilleur.* (II, p. 302.)

Troque et *Troq'*, orthographe de Ronsard. Nicot n'indique que *troq*, aujourd'hui *troc*, s. masc., échange. Le féminin *troque* subsiste pour signifier le commerce d'échange. (II, p. 40.)

Trouble-cerveau, adj. composé, créé par Ronsard : qui trouble la raison.
> ... breuvage trouble-cerveau. (III, p. 331.)

Troupelet, s. masc., diminutif de troupeau, créé par Ronsard : troupe, petite troupe. Ex. :
> ... des neuf sœurs le sacré troupelet.
> (VI, p. 415.)

Et IV, p. 81.

Truchemant, s. masc. (Littré) (esp. *trucheman*), interprète.
> Le truchemant et le héraut des Dieux.
> (Am., I, 30, I, p. 18.)

Trufer, v. trans. (Nicot), ou *Truffer* (Trévoux, Littré), vieux mot qui signifiait moquer (Nicot), railler et tromper (Littré). Ex. : (V, p. 57.)

Tue ou *Tû*, 3⁰ pers. du sing. du prés. de l'ind. du verbe *tuer*, employé comme préfixe par Ronsard dans la composition des mots suivants :

Tû-géans, adj. composé, épithète d'Hercule.
> ... ce tû-géans Hercule.
> (Am., I, Élégie à Muret, I, p. 127.)

Tue-Lyon, adj. composé, épithète d'Hercule.
> Hercule tue-lyon. (Titre d'un fragment, VII, p. 306.)

Turquois, adj. qual., vieux mot déjà usité dans le *Roman de la Rose* : turc, d'origine turque.

Ce mot subsiste comme substantif : *turquois*, pour désigner une sorte de moulin à vent en usage en Normandie (l'usage des moulins à vent venant d'Orient); et *turquoise,* pierre précieuse.

> Je vy qu'il portoit des ailes,
> Dans la main un arc turquois. (II, p. 165.)

Tuscan pour *Toscan,* épithète par laquelle (IV, p. 357) Ronsard désigne habituellement Pétrarque, de même que pour lui le Florentin (IV, p. 356) est le Dante.

Tuscane, nom propre, pour *Toscane.*

> ... je me paissois d'espoir
> De faire un jour à la Tuscane voir
> Que nostre France autant qu'elle est heureuse
> A souspirer une plainte amoureuse. (I, p. 125.)

Tusque. (V. *Thusque.*)

De là l'adverbe *tusquement :* à la façon toscane, c'est-à-dire à l'imitation de Pétrarque. Ex. :

(IV, p. 357.)

Tymbre, s. masc. (Nicot, Littré). On nommait ainsi au moyen âge le casque ou *heaume.* Ex. :

> Et planté sur ton tymbre un menaçant pennache.
> (III, p. 300.)

U

Ulcere, s. masc. (Nicot, Trévoux, Littré). Nicot n'indique que le sens propre : plaie. S'employait au seizième siècle et au dix-septième au figuré, pour signifier une cause de destruction ou de corruption progressive. Ronsard l'emploie pour désigner la blessure, le mal d'amour. Ex. :

(I, p. 39, 64, 256, 304.)

Un chacun, s'employait jadis là où la langue moderne emploie *chacun.* (II, p. 74.)

V

Vague, adj. qual., employé substantivement au masculin par Ronsard pour désigner l'immensité déserte de l'air. (II, p. 93.)

Vain, adj. qual., faux, illusoire, qui n'a pas de réalité ; d'où le sens de *vide,* dans les vers suivants de Ronsard :

> Fay-nous au moins, sur le bord de ces eaux,
> Le triste apprest de quelques vains tombeaux.
> (III, p. 108.)

Quelques vers plus loin : *sepulcre parfait,* c'est-à-dire contenant les corps des disparus.

Vain, adj. qual., employé à la façon des Grecs comme neutre pour la chose vaine, l'image, le fantôme : *le vain.* (III, p. 47.)

Valecluze, nom propre, orthographe de Ronsard pour Vaucluse.

> ... de la contrée
> Ou Laure, jusqu'au cœur de son Petrarque entrée,
> Fit pour elle si haut chanter ce Florentin,
> . . . .
> Si qu'aujourd'huy le Rhosne, et Sorgue et Valecluze
> Murmurant son renom, sont cognus par sa Muse.
> (Él., XXIII, IV, p. 305.)

Valeter (Se), v. réfl., innovation de Ronsard, « se profaner comme un valet » (Note de Richelet). Se prostituer.

> Des hauts Dieux la fille eternelle
> Ne se valette pas ainsi. (Odes, I, 11, II, p. 100.)

Value, s. fém., vieux mot, synonyme de valeur : les

deux sont dans Nicot. *Value* n'est plus usité que dans l'expression plus-value (Trévoux, Littré). Ex. : (III, p. 406.)

Vanoyer, v. intrans., se perdre, disparaître (lat. *vanescere*), cité sous la forme *vanoier,* par Nicot, comme une création de Ronsard.
(Am., P. retr., 2, I, p. 389.)

Vanteur, s. masc. (Trévoux, Littré), synonyme de vantard. Ex. : (I, p. 125.)

Varrie, nom propre. *Varius,* ami et éditeur de Virgile. (III, p. 378.)

Vasquine, s. fém., dérivé de l'espagnol *basquina* (jupe).

Ronsard l'écrit ainsi : l'orthographe moderne basquine se rapproche davantage de l'étymologie. Un seul exemple :

    ... les Nymphes à minuit
En leur simple vasquine. (Ecl., IV, p. 7.)

Vate, s. masc. (lat. *vates*), innovation de Ronsard : poète. Ex. : (V, p. 234.)

Vénerie, s. fém. Nous citons sous cette rubrique une partie des vers d'Eurymedon et Callirhée où Ronsard a pris plaisir à accumuler un certain nombre de termes de vénerie. On trouvera l'explication de chacun de ces mots à sa place dans le Lexique.

    C'estoit un Méléagre au mestier de chasser.
    Il sçavoit par sus tous laisser courre et lancer,
    Bien démesler d'un cerf les ruses et la feinte,
    Le bon temps, le vieil temps, l'essuy, le rembuscher,
    Les gaignages, la nuict, le lict et le coucher,
    Et bien prendre le droict et bien faire l'enceinte.
. . . .
    Il jugeoit d'un vieil cerf, à la perche, aux espois,
    A la meule, andouillers et à l'embrunisseure,
    A la grosse perleure, aux goutieres, aux cors,
    Aux dagues, aux broquars bien nourris et bien forts,

> A la belle empaumeure et à la couronneure.
> Il sçavoit for-huer et bien parler aux chiens,
> Faisoit bien la brisée, et le premier des siens
> Cognoissoit bien le pied, la sole et les alleures,
> Fumées, hardouers et frayoirs, et sçavoit
> Sans avoir veu le cerf quelle teste il avoit,
> En voyant seulement ses erres et fouleures.
>
> (I, p. 254-255.)

Venteux. (V. *Ventueux.*)

Ventrée, s. fém., aujourd'hui synonyme de portée et appliqué aux seuls animaux, s'appliquait jadis à la femme. (*Roman du Renard*, Calvin, Nicot, Littré) : couche.

> ... criant Lucine, accoucha
> De neuf filles d'une ventrée. (II, p. 70.)

Ventreux, adj. qual., synonyme de ventru, dont le ventre est gros, disproportionné.

> ... la ventreuse araignée. (V, p. 196.)

Ronsard l'emploie aussi au figuré :

> ... pour voir les esponges ventreuses
> De nostre court, en argent plantureuses,
> Grosses de biens. (VI, p. 265.)

Ventueux et *Venteux*, adj. qual. Ronsard emploie le plus souvent la seconde forme.

> (I, p. 84, 202; III, p. 62, 104; VII, p. 150.)

On trouve cependant *ventueux*. (I, p. 117.)

> ... des venteuses maisons (synonyme de navires).
>
> (III, p. 61.)

Au figuré : *venteux*, vain, qui n'a pas plus de consistance que le vent.

> ... un titre venteux. (III, p. 308.)

Verdeler, v. intrans., se couvrir de verdure, devenir vert. V. l'adj. *verdelet*.

> ... aux couteaux voisins
> Jamais Bacchus n'y fait verdeler ses raisins.
>
> (VI, p. 42.)

Lex. Ronsard.

Verdelet, adj. qual., diminutif de verd : qui verdit.

>... en ce pré verdelet. (II, p. 148.)

Ronsard l'emploie aussi au figuré dans le sens de : jeune.

>Et de ce sein les boutons verdelets. (I, p. 5.)
>
>... ce sein verdelet. (I, p. 24.)

Verdelet est encore usité aujourd'hui en ce sens.

Verdine, s. fém., nom de Nymphe de l'invention de Ronsard. (VI, p. 140.)

Verdugade. (V. *Vertugade.*)

Verdureux, adj. qual., innovation de Ronsard : printanier, qui renouvelle la verdure. Ex. : (I, p. 354.)

Vergelette, s. fém., ancien diminutif de *vergette* (Nicot, Littré), qui est lui-même un diminutif de *verge*. On a dit aussi *vergerette* (Littré) et *vergerelle,* petite verge. Ex. : (VI, p. 395.)

Vergongner ou *Vergogner* (Nicot, Littré), vieux mot dérivé de *vergongne* ou *vergogne* (Nicot, Trévoux, Littré). *Vergogner,* signalé comme actif par Nicot, est intransitif dans Ronsard : avoir honte... Ex. : (I, p. 110.)

Vergongne (ex. : I, p. 257).

Vermeillet, adj. qual., ancien diminutif de vermeil (Nicot).

>Les autres boutons vermeillets. (II, p. 342.)

Vermeillon, diminutif de vermeil, employé substantivement par Ronsard pour désigner métaphoriquement les lèvres de Cassandre.

>(Am., I, Sonnets, 54, I, p. 32.)

Emploi analogue : (II, p. 198.)

Verré, adj. (lat. *vitreus*), innovation de Ronsard qui

l'applique à l'eau, « claire, liquide et transparente » (Richelet).

> Tousjours sa course verrée
> Se joigne à l'onde Loirée. (II, p. 348.)
> Ceste belle onde verrée. (VI, p. 374.)

Verriere, s. fém. (Nicot, Trévoux, Littré) : vitre. On a dit aussi *verrine* (Nicot, Trévoux, Littré). Ex. : (I, p. 289.)

Vers, prép., emploi ancien de ce mot pour *envers* (Littré).

> ... à peine deux ou trois
> Vivent après leur mort, pour n'avoir esté chiches
> Vers les bons escrivains. (III, p. 374-375.)

Vert-gay, adj. composé, synonyme de vert clair.
(IV, p. 313.)

Vertugade, s. fém. (esp. *vertugala*). On a dit aussi *vertugale*. Nicot et H. Estienne (Ap. p. Hérod.) indiquent cette dernière forme.

1° Bourrelet que les femmes portaient autrefois au-dessus de leur corps de jupe pour le faire bouffer.

2° Robe rendue bouffante par un de ces bourrelets. C'est en ce dernier sens que Ronsard l'emploie :

> Et mignottoit un bouquet de couleurs
> Echevelée en simple vertugade. (I, p. 36.)

Ailleurs *verdugade* (VII, p. 306).

La *vertugade* s'appela aussi *vertugadin*. Cette mode abandonnée au début du dix-septième siècle reparut vers 1720 ; mais la *vertugade* s'appelait alors *panier*. De nos jours enfin vinrent les crinolines et les tournures, toutes inventions du même genre, différentes de nom seulement.

Vespre, s. masc., ou *Vesprée*, s. fém. (Nicot, Littré,

Roman de la Rose), vieux mot : la seconde moitié du jour, le soir.

> ... à ce vespre. (I, p. 397.)
> ... ceste vesprée. (II, p. 117.)

Vespre formait la locution *à vespre* (Nicot) : vers la tombée du jour.

> Voyez au mois de mai sur l'espine la rose,
> Au matin un bouton, à vespre elle est esclose,
> Sur le soir elle meurt. (III, p. 258.)

Vestir, v. trans. Ronsard l'emploie dans un sens tout particulier : revêtir la forme de...

> J'aimerois mieux vestir un poisson escaillé.
> (IV, p. 291.)

Vesture, s. fém., vieux mot (Palsgrave, Nicot, Littré), signifiait vêtement : subsiste encore pour désigner spécialement la cérémonie religieuse qu'on appelle aussi d'un autre nom : prise d'habit.

> Un crespe delié luy servoit de vesture. (V, p. 178.)

Veuil, s. masc., vieux mot (Palsgrave, Nicot) dont on trouve des exemples dans Marot, Rabelais : vouloir, volonté. Ex. :

> Et le forçant veuil des dieux. (Odes, I, 1, II, p. 28.)
> Pour le veuil des dieux esprouver.
> (Odes, I, 1, II, p. 33.)

Il s'écrivait aussi *vueil* (ue = eu).

> ... pour ensuivre mon vueil. (I, p. 189.)

Ronsard emploie aussi *vouloir*, substantif.
(I, p. 295.)

Vèze, s. fém., instrument de musique dont se servaient les bergers. (VI, p. 50.)

Viande, s. fém. La forme plus ancienne était *vivande* (bas lat. *vivanda*). Le mot viande avait encore au seizième siècle sa signification générale et primitive : vivre, nourriture, aliment (Nicot, Brachet, *Dictionnaire* ; Littré). Ronsard l'emploie en ce sens :

> Toy qui jadis des grands roys les viandes
> Faisois trouver plus douces et friandes. (II, p. 127.)

De même Rabelais : « c'est *viande* céleste, manger à desjeuner raisins avec fouace (galette) fraische. »

Cependant viande avait aussi déjà le sens restreint de *chair*. Ex. :

> Ne m'achete point de chair,
> Car, tant soit-elle friande,
> L'esté je hay la viande. (II, p. 163.)

Le sens primitif de viande subsiste dans les termes de vénerie *viander* (pâturer en parlant des bêtes fauves) et *vianais* (pâture).

Viateur, s. masc. (Nicot, Trévoux, Littré), ancien mot (lat. *viator*) : voyageur. Ex. : (VI, p. 285.)

Vieillard, employé adjectivement.

> ... leur chef tristement vieillard. (II, p. 91.)

De même : (III, p. 77).

> Père vieillard, escumeux et chenu.

Ronsard l'emploie au superlatif :

> Les plus vieillards, d'un baston secourus. (III, p. 54.)

Viel-jouvenceau, s. composé masc., appliqué à Bacchus par allusion à l'éternelle jeunesse que lui attribuait la mythologie.

> ... un Bacchus potelé, gros et gras,
> Viel-jouvenceau. (Poëmes, I, La Lyre, VI, p. 64.)

Viergeallement, adv., créé par Ronsard d'un adjectif *viergeal* (dérivé par lui de Vierge), comme virginalement dérive de virginal. Ex. : (V, p. 52.)

Viloteur, s. masc., ou *Vilotier* (Littré), ou plutôt *Villotier* (Trévoux, Littré), homme qui mène une vie joyeuse : débauché, libertin. Ex. : (III, p. 285.)

Vinage, s. masc., employé par Ronsard pour signifier : la boisson, la bonne chère. Emploi assez rare de ce mot ; signalé cependant par Trévoux. Ex. : t. VI, p. 398 : *Pour mieux digérer son vinage.*

Ce mot était plus usité comme terme de coutume pour désigner :

1° Un droit seigneurial sur les vignes et sur la vendange.

2° Une redevance payée aux seigneurs par les communautés pour l'entretien des ponts et passages.

3° Une redevance en vin. (V. Trévoux et Littré.) Aujourd'hui : addition d'alcool dans le vin.

Vineux, adj. qual., fréquemment employé par Ronsard avec des acceptions très variées.

1° Qui produit la vigne.

... les coteaux vineux. (I, p. 39.)

2° Plein de vin.

... le gobelet vineux. (II, p. 474.)

3° Causé par la boisson.

... les vineux propos. (II, p. 351.)

4° Causé par l'abus du vin.

... la vineuse rage (pour l'ivresse). (II, p. 196.)

Virer (Se), v. réfl., vieux mot (Littré), se tourner.
... l'an se vire
Plus doux vers nous. (II, p. 343.)

Vire-volter, orthographe de Ronsard, ou *Virevolter* (Littré). Nicot n'indique que *virevoulter.* On a dit aussi *virevouster, virevouter,* et *virevousser :* faire des *virevoltes,* tourner sur soi-même. Ex. :

> Les uns plus gais dessus les herbes molles
> Virevoltans à l'entour des carolles
> Suivront ta note.
> (Poèmes, II, les Isles fortunées, VI, p. 177.)

Viril, adj. qual., employé par Ronsard comme substantif abstrait : *le viril* pour la virilité, la maturité de l'homme, l'âge viril. Ex. : (VI, p. 420.)

Vis, s. masc., vieux mot, visage (Nicot, Littré).

A vis de... loc. prép... en face de...

> ... ce prince, pour mieux voir
> Son estranger, courtois le fit asseoir
> A vis de luy. (III, p. 116.)

Nous avons conservé l'expression *vis-à-vis de...*

Visgot, s. masc., abréviation de *Visigoth.*
(VII, p. 61.)

Viste, adj. qual., subsiste comme adverbe. Ex. :
> ... un pied viste. (III, p. 153 et passim.)

Viste-pied, adj. composé, créé par Ronsard. (V. *pied-vite.*)
> ... les coursiers viste-pieds. (VI. p. 123.)

Vitupère, s. masc., blâme, et *Vitupérer,* v. act., blâmer, formés tous deux sur le latin *vituperare,* ne se trouvent chacun qu'une fois dans les œuvres de Ronsard.

> Quel los r'emportez-vous d'un si grand vitupère
> En Sparte la cité? (Hymnes, I, 3, V, p. 59.)

> Si quelqu'un icy me vitupère.
> (Boc. Roy., III, p. 316.)

C'est un des vieux mots repris par Ronsard : il

est cité par Palsgrave. (*Esclaircissement de la langue française*, II, 39.)

Voire, adv., vieux mot (Nicot, Littré) : vraiment, assurément, sans doute. On disait aussi *voirement*.

(Sonnets retr., I, p. 398.)

Voirie, s. fém. (Littré), qui signifiait primitivement le lieu où l'on dépose les ordures et les immondices, a pris par extension le sens de charogne, cadavre, débris d'animaux. C'est le sens qu'il a :

(IV, p. 351.)

Voirrons (*nous*), 1re pers. du plur. futur ind. du verbe *voir*, ancienne forme.

Quand voirrons-nous quelque tournoy nouveau ?
(III, p. 384.)

Et quelques vers plus loin deux autres exemples de la même forme.

Vois (*tu t'en*), ancienne forme de la 2e pers. sing. prés. ind. du verbe aller, fréquente dans l'ancienne langue pour : tu t'en vas. (III, p. 75.)

Volter, v. trans., vieux mot (Nicot), faire exécuter à son cheval un mouvement circulaire, le faire tourner sur lui-même. On emploie en ce sens encore aujourd'hui le substantif *volte*.

(II, p. 200, et II, p. 288.)

Voltiger, v. intrans., employé par Ronsard dans le sens de : faire de la voltige. (V, p. 66.)

Encore usité en équitation avec le même sens.

Vouloir, s. masc. (V. *Veuil*.)

Voutis, adj. qual., ancien mot repris et employé par

Ronsard pour désigner les sourcils : en forme de voûte, arqué.

> Son beau sourcy voutis. (I, p. 133.)

Voyageable, adj. qual., créé par Ronsard : accessible, qui peut être visité par...

> ... mon isle est voyageable
> A la mouette et aux marins oiseaux. (VI, p. 77.)

Voyagère, adj. qual. fém. de voyageur, créé par Ronsard.

> De prompte jambe voyagère. (II, p. 336.)

Voye, s. fém. On appelait jadis « des étoffes à *claires voies* » la gaze, le canevas et « autres tissus qui laissent passer le jour » (Trévoux). Ronsard emploie l'expression à *rare voye* qui semble signifier le contraire (c'est-à-dire un tissu serré) dans le vers suivant :

> Prit un collet ouvert à rare voye.

On appelle encore aujourd'hui *claire-voie* la disposition d'une clôture formée de barreaux espacés et laissant du jour entre eux, sens que cette expression avait aussi jadis.

Vueil. (V. *Veuil.*)

Vulcan, nom propre, orthographe de Ronsard pour Vulcain. (I, p. 83.)

X

Xénien, protecteur de l'hospitalité, du grec ξένιος, épithète de Jupiter.

> Ayant le Roy pour office divin
> A Jupiter versé le dernier vin,
> Dieu xenien qui aux hostes preside. (III, p. 117.)

Y

Yvoirin. (V. *Ivoirin.*)

Yvrer (*S'*), v. réfl., pour *s'ivrer*, ancien mot, forme simple de s'enivrer. Ex. : (II, p. 101.)

FIN DU LEXIQUE.

TABLE

	Pages.
Préface de M. Petit de Julleville	vij
TUDE SUR RONSARD	xj
Théories de Ronsard sur la langue	xvij
Vocabulaire et ses éléments constitutifs	xxv
Orthographe	xlviij
Syntaxe	lix
Conclusion	lxxij
LEXIQUE	1

PARIS. TYP. DE E. PLON, NOURRIT ET Cie. — 1.

www.ingramcontent.com/pod-product-compliance
Lightning Source LLC
Chambersburg PA
CBHW060403170426
43199CB00013B/1976